Das Hobbythek Buch 7

Jean Pütz

# DAS HOBBYTHEK-BUCH 7

Unter Mitarbeit von
Heinz Gollhardt

vgs

CIP-Kurztitelaufnahme der Deutschen Bibliothek

**Pütz, Jean:**
Das Hobbythek-Buch/Jean Pütz. Unter Mitarb. von
Heinz Gollhardt. – Köln: vgs
Bd. 2 verf. von Jean Pütz; Wolfgang Back.
Bd. 1 und d. T.: Back, Wolfgang: Das Hobbythek-Buch
NE: Back, Wolfgang:
7. – 1. Aufl. – 1982
ISBN 3-8025-6106-6

**Das Kapitel „Patchwork" stammt von:**
Eckhard Huber, Margit Kinzinger.

**Bildquellen:**

Archiv R. Girshman, Rolle (CH) S. 11, Abb. 1.Maurice Chureville, Paris, S. 12, Abb. 2. Jean Pütz, Köln, S. 15, Abb. 4; S. 18, Abb. 18; S. 19, Abb. 9; S. 36, Abb. 31; S. 37, Abb. 32; S. 115, Abb. 2; S. 142, Abb. 1; S. 146, Abb. 3. Cosmopress, Genf, S. 87, Abb. 3. Eckhard Huber, München, S. 86, Abb. 1; S. 90, Abb. 4 a, b, c; Abb. 6; S. 91, Abb. 7, 8; S. 93, Abb. 13; S. 94, Abb. 15, 16; S. 95, Abb. 17, 18; S. 96, Abb. 21; S. 98, Abb. 25; S. 99, Abb. 26; S. 100, Abb. 28; S. 102, Abb. 30. Rich. Hengstenberg, Esslingen, S. 106, Abb. 1, 2; S. 111, Abb. 8. Carl Kühne KG, Hamburg, S. 114, Abb. 1; S. 118, Abb. 3a, 3b.
Gerhard Praßer, Köln: alle übrigen Fotos.
Ernst Ebner, Bad Brückenau: alle Zeichnungen.

1. Auflage 1982

Reproduktion der Abbildungen: Regrafo GmbH, Kempen
Satz: Aug. Laub + Co, Elztal-Dallau
Druck: Universitätsdruckerei H. Stürtz AG, Würzburg
Printed in Germany
ISBN 3-8025-6106-6

# Liebe Leser!

Diesmal haben wir ein paar besonders attraktive Themen für Sie. Das Kapitel „Bier, selbstgebraut" ist ja von vielen Freunden der Hobbythek ungeduldig erwartet worden. Es zustande zu bringen, war nicht sehr einfach. Beim Bier gibt es nämlich strenge Gesetze. Deshalb möchte ich mich beim Biersteuerreferat des Bundesfinanzministeriums und bei den regionalen Hauptzollämtern, die die Hobbythek-Sendung „Bierbrauen" letztlich erst durch unbürokratische Vereinfachung der Antragsprozedur für Heimbrauer ermöglicht haben, herzlich bedanken. Zugleich aber möchte ich Sie bitten, die wenigen notwendigen Formalitäten beim Bierbrauen sorgfältig zu beachten.
In einem anderen, nicht weniger reizvollen Themenbereich dieses Buches geht es ums Saure. Schauen Sie einmal in die vier letzten Kapitel dieses Buches. Da geht es um Sauerkraut und Senf, Salzgurken und Essig, Salatsaucen und ungewöhnliche Ketchups. Diese Kapitel haben uns besonders viel Arbeit gemacht – nicht nur die Ferien mußten deshalb dran glauben. Aber es hat sich gelohnt.

Nicht zuletzt durch die qualifizierte redaktionelle Betreuung des Verlages ist es mir möglich, neben meiner täglichen Arbeit als Fernsehredakteur, Drehbuchautor und Moderator auch das Medium Buch zur Veröffentlichung zu nutzen. Auch wenn der Verlag behauptet, dies gehöre zu seinen normalen Tätigkeiten, möchte ich der vgs bei dieser Gelegenheit danken, bei der ich nicht ohne Grund fast alle meine Bücher – 14 an der Zahl – herausgebracht habe.
Danken möchte ich aber auch meinen unmittelbaren Mitarbeitern bei der Hobbythek: Christine Niklas, Marianne Kieffer, Klaus Tietze und Jost Niemeier und vor allem auch Eckhard Huber vom Bayerischen Rundfunk, der schon seit langem mit zwei Sendungen pro Jahr zur Reihe der Hobbythek beiträgt. In diesem Buch stammt das interessante Thema „Patchwork" von ihm.
Noch ein kurzes Wort zum Thema „Saures", das lustig macht. Wenn Ihnen die Darstellung des wissenschaftlichen Hintergrundes etwas umfangreich vorkommt, dann bedenken Sie, daß wir bei diesem Thema teilweise Neuland zu betreten hatten. Dafür können Sie aber auch sicher sein, daß das „Natursäuern" mit der richtigen Milchsäure in der von uns teilweise neuentwickelten Art sehr narrensicher und einfach ist. Außerdem wird das Verfahren, mit wenig Salz auszukommen, Ihrer Gesundheit gut tun.

Viel Spaß und Erfolg wünscht Ihnen

Ihr Jean Pütz

# Inhalt

# Bier, selbstgebraut

*Abb. 1:* Ein „Bierfaß“ aus Ton, das man vor etwa 3.500 Jahren im Empfangsraum eines Hauses in der orientalischen Stadt Susa eingebaut hatte.

## Schon im alten Babylon . . .

Es ist ja nicht das erste Mal, daß wir in der Hobbythek ein Nahrungsmittel mit uralter Geschichte vorstellen. Zunächst war es der Wein *(Hobbythek-Buch 2)*, auf dessen Zubereitung sich die Menschen seit mindestens 7000 Jahren verstehen. Und dann war es das Sauerteig-Brot *(Hobbythek-Buch 2)*, das man schon mindestens seit 3500 Jahren kennt. Und nun das Bier! Man trank es bereits im alten Babylon; von heute an gerechnet also vor rund 6000 Jahren. Schon damals wurden 20 verschiedene Biersorten gebraut; darunter Weißbier, Dünnbier, Schwarzbier, rotes Bier und eine als Lagerbier bezeichnete Sorte, die man schon in dieser fernen Zeit exportierte. Über verschiedene Bier-Rituale weiß man z.B. von Grabsteinen, auf denen ein Diener zu sehen ist, der die Götter mit Bier gnädig zu stimmen versucht.

In der Frühzeit der Braukunst verband das Bier zwei Handwerke: das Brotbakken und das Bierbrauen. Beides hat mit Hefe zu tun, wie wir noch sehen werden.

Die ersten Bierbrauer waren übrigens Frauen. Allerdings blieb ihnen dieses Privileg nicht allzu lange erhalten, weil man bald herausfand, daß Bier ein ausgezeichneter Handelsgegenstand ist. Der Handel aber war Sache der Männer, und so geriet die Bierbrauerei bald in deren Hände.

Durch französische Ausgrabungen der alten Stadt Susa im südwestlichen Persien hat man herausgefunden, wie man mit Bier vor etwa 3500 Jahren umging. Man fand bei den Grabungen nämlich große kugelförmige Tongefäße, die in den Erdgeschossen der Häuser in den Fußboden eingegraben waren. Bedeckt waren diese unterirdischen Bierkrüge mit einem Ziegel, der in der Mitte ein Loch hatte. Durch dieses Loch schöpfte man entweder das Bier mit einem schmalen Becher heraus, oder man steckte ein Trinkrohr hindurch und bediente sich direkt. Man hat herausbekommen, daß in wohlhabenderen Häusern diese Bierkrüge in denjenigen Räumen eingelassen waren, in denen die Männer über ihre Geschäfte sprachen.

Aber es gab zu dieser Zeit auch schon öffentliche Bierschänken, die meist vor der Stadtmauer lagen. Sie waren – wie heute in Biergegenden oft auch noch – mit einer kleinen Brauerei verbunden. Auch in diesen Schänken waren die tönernen Bierfäßchen in den Fußboden eingegraben. Kleine Tonmodelle zeigen, daß man sich damals zum Essen und Trinken auf niedrigen Liegen niederließ. Aus Abbildungen weiß man auch, daß es bei dieser Zecherei durchaus zu handfesten Liebesgeschichten gekom-

*Abb. 2:* Ein Terrakottarelief aus Tello im Alten Persien, auf dem ein Mann und eine Frau sich miteinander vergnügen, während die Frau durch ein Rohr Bier trinkt.

men sein muß (vgl. dazu *Abb. 2*). Geführt wurden diese Schänken übrigens von Frauen, die als Dienerinnen der Göttin Ischtar galten – der Göttin der Liebe.
Machen wir einen weiteren Sprung, zu den alten Germanen. Sie sorgten vor allem im nördlicheren Europa für die Verbreitung des Bieres. Die entsprechende Bezeichnung für diesen Stoff im Althochdeutschen lautete *Peor* oder *Beor*, in der sich unschwer das heutige Wort *Bier* erkennen läßt.
Nun war das Bier zu damaliger Zeit alles andere als ein süffiges Pils. Es muß recht pappig und süßlich geschmeckt haben. Das änderte sich erst, als man im 12. Jahrhundert den *Hopfen* für das Bier entdeckte. Er gibt ihm seinen feinen bitteren Geschmack und macht es zugleich haltbarer.
Die moderne Biergeschichte ist – wie könnte es anders sein – eng mit dem *Münchner Hofbräuhaus* verknüpft. Es entstand im Jahr 1598 als *Herzogliche Braunbier-Brauerei*. Es war zu damaliger Zeit nicht nur ein Tempel der Bierfreunde, sondern zugleich eine munter sprudelnde Geldquelle für Fürsten und Herzöge. Herzog Maximilian bestritt einen großen Teil seiner nicht gerade niedrigen Kriegskosten im Dreißigjährigen Krieg aus den Einnahmen des Hofbräuhauses.
Was die weltlichen Herren konnten, konnten die Männer der Kirche allemal: nämlich mit gutem Bier gute Geschäfte machen. Mehr noch, die Gottesmänner sind darin den Fürsten sogar vorangegangen. Die älteste Brauerei in Deutschland ist nämlich das Kloster *Weihenstephan*, das 1040 gegründet wurde und heute als Brauerei immer noch in Betrieb ist. Allerdings wurde 1803 diese Klosterbrauerei von weltlichen Herren übernommen, die sie mit einer Landwirtschaftsschule verbanden, die heute zur Technischen Universität München gehört. Sie sehen: Bier ist längst zum Gegenstand der Wissenschaft geworden.

## Das Reinheitsgebot

Aber Bier wird nicht nur in Bayern gebraut und in Ehren gehalten, sondern auch in Berlin. Dort gibt es die *Versuchs- und Lehranstalt für Brauerei*, die zur dortigen Technischen Universität gehört. Hier sitzen die „Bierpäpste", wie man sie in der Brauerbranche nennt; Fachleute, die in ihren Labors bis auf den heutigen Tag über die Einhaltung des *Reinheitsgebotes* von 1516 wachen. Dieses Reinheitsgebot ist die älteste Lebensmittelverordnung der Welt. In ihr ist z.B. festgelegt, daß Bier nur aus *Malz, Hopfen, Hefe* und *Wasser* gebraut werden darf. Herzog Wilhelm IV scheint hellseherische Fähigkeiten gehabt zu haben, als er im 16. Jahrhundert dieses Gebot erließ; denn seine Verordnung liest sich so, als habe er vorausgesehen, daß auch dem Bier einmal mit Chemie zu Leibe gerückt werden könnte: „Ganz besonders wollen wir, daß forthin allenthalben in unseren Städten, Märkten und auf dem Lande zu keinem Bier mehr Stücke als allein Gersten, Hofen und Wasser verwendet und gebrauchet werden sollen" – so der Herzog 1516.
Die strengen Regeln des Reinheitsgebotes für Bier haben mit dafür gesorgt, daß Deutschland den Ruf genießt, das beste Bier der Welt zu brauen. Hoffen wir, daß die EG-Richtlinien keine Lockerung dieses Gebotes bringen; denn längst wird im Ausland mit Konservierungsstoffen, Klärmitteln, Schaumbildnern, Schaumbremsern, Stabilisatoren und Farbe als Zusatzstoffe für das Bier gearbeitet. Auch wir halten uns in unserer Anleitung an die Regeln des Reinheitsgebotes.

## Bier hat auch etwas mit Behörden zu tun

Wein können Sie in der Küche selbst keltern; es gibt kein Gesetz, das Sie daran hindern könnte. Beim Bier ist das anders. Da gibt es das Biersteuergesetz, und das hat uns bei der Vorbereitung der „Hobbythek"-Sendung zunächst ganz schön zu schaffen gemacht. Daß die Sendung – und schließlich auch dieses Kapitel – doch noch zustande kamen, ermöglichten uns die zuständigen Beamten im Biersteuerreferat des Bundesfinanzministeriums; denen hier noch einmal herzlich gedankt sei. Sie gestatteten für den Hausbrauer ein erheblich vereinfachtes Genehmigungsverfahren, über das Sie Genaueres ab *Seite 36* nachlesen können.

## Was ist eigentlich Bier?

In der bierernsten Sprache des Lexikons ist Bier „ein kohlensäurehaltiges, alkoholisches, nahrhaftes Getränk, das aus gekeimten Zerealien (meist Gerste) unter Zusatz von Hopfen und Hefe durch alkoholische Gärung ohne Destillation gewonnen wird". Da kann man direkt einen trockenen Mund kriegen!

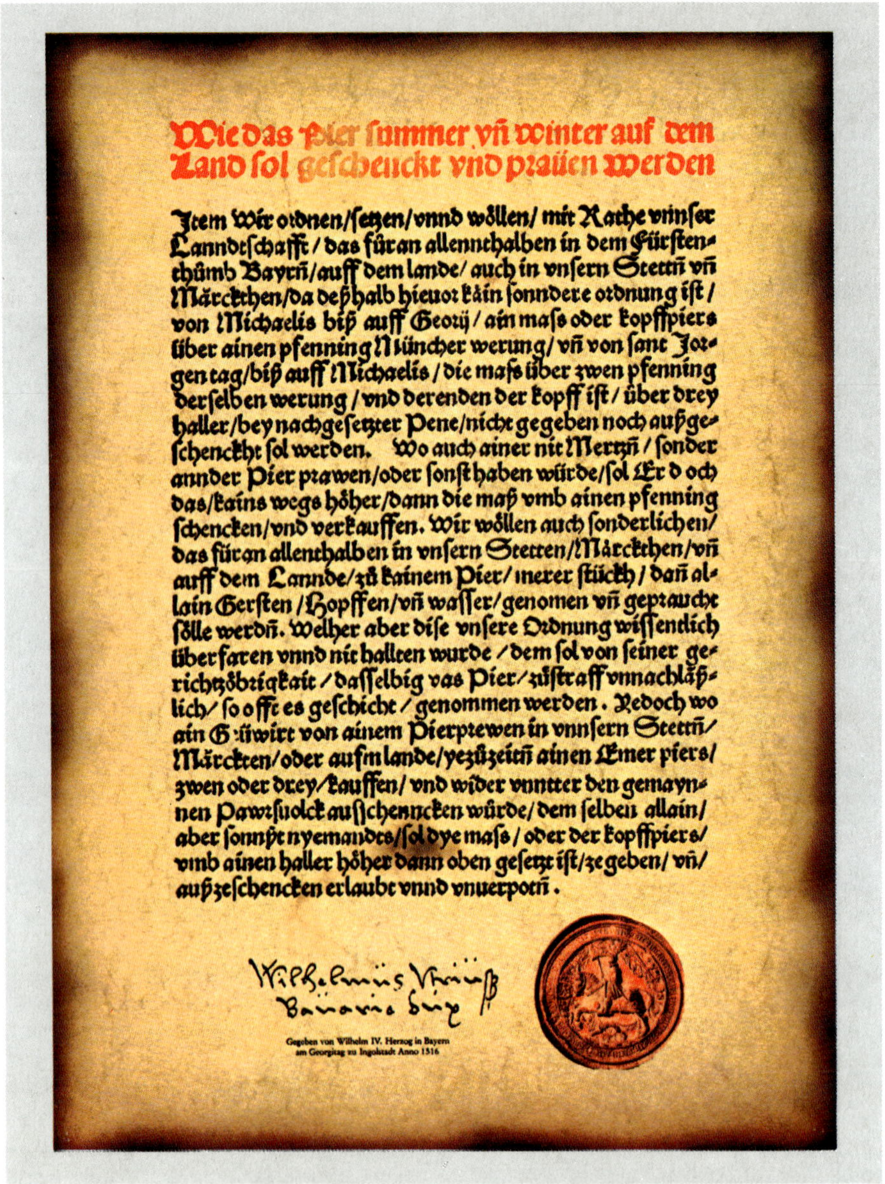

Wie das Pier summer vñ winter auf dem Land sol geschenckt vnd praüen werden

Item Wir ordnen/setzen/vnnd wöllen/ mit Rathe vnnser
Lanndtschafft / das füran allenthalben in dem Fürsten-
thûmb Bayrñ/auff dem lande/ auch in vnsern Stettñ vñ
Märckthen/da deßhalb hieuor kain sonndere ordnung ist /
von Michaelis biß auff Georij / ain maß oder kopffpiers
über ainen pfenning Münicher werung/ vñ von sant Jor-
gen tag/biß auff Michaelis / die maß über zwen pfenning
derselben werung / vnd derenden der kopff ist / über drey
haller/bey nachgesetzter Pene/nicht gegeben noch außge-
schenckht sol werden. Wo auch ainer nit Mertzñ / sonder
annder Pier prawen/oder sonst haben würde/sol Er doch
das/kains wegs höher/dann die maß vmb ainen pfenning
schencken/vnd verkauffen. Wir wöllen auch sonderlichen/
das füran allenthalben in vnsern Stetten/Märckthen/vñ
auff dem Lannde/zů kainem Pier/merer stückh / dañ al-
lain Gersten /Hopffen/vñ wasser/genomen vñ gepraucht
sölle werdñ. Welher aber dise vnsere Ordnung wissentlich
überfaren vnnd nit hallten wurde / dem sol von seiner ge-
richtzöbrigkait / dasselbig vas Pier/ zůstraff vnnachläß-
lich/ so offt es geschicht / genommen werden. Jedoch wo
ain Gäuwirt von ainem Pierprewen in vnnsern Stettñ/
Märckten/oder aufm lande/yezůzeitñ ainen Emer piers/
zwen oder drey/kauffen/ vnd wider vnnter den gemayn-
nen Pawrsuolck außschenncken würde/ dem selben allain/
aber sonnst nyemandts/sol dye maß / oder der kopffpiers/
vmb ainen haller höher dann oben gesetzt ist/zegeben/ vñ/
außzeschencken erlaubt vnnd vnuerpotñ .

Gegeben von Wilhelm IV. Herzog in Bayern
am Georgitag zu Ingolstadt Anno 1516

*Abb. 3:* „Reinheitsgebot" (Urkunde)

Die Hauptbestandteile des Bieres nennt bereits das oben zitierte Reinheitsgebot: Malz, Hopfen, Hefe und Wasser. Beginnen wir mit dem Malz.

## Malz – Gott erhalt's

Die meisten Biersorten bei uns werden aus Malz gebraut, das aus Gerste gewonnen wurde. In manchen Gegenden ist aber auch Weizenbier verbreitet. Theoretisch ließe sich aus sämtlichen anderen Getreidesorten ebenfalls Bier brauen; nur hat man mit der Zeit herausbekommen, daß Gersten- und Weizenbier am besten schmecken.

Man kann freilich das Getreide nicht einfach so, wie es vom Feld kommt, verbrauen. Was ist der Grund dafür?

Ähnlich wie bei der Weinherstellung soll beim Bierbrauen durch Gären Alkohol entstehen. Dazu braucht man aber Zukker, denn nur er läßt sich vergären. In den Weintrauben ist dieser Zucker von Natur aus mehr oder weniger reichlich vorhanden – dort gibt es also keine Probleme. Das Getreide besteht aber zum größten Teil aus Stärke, die erst in Zucker umgewandelt werden muß. Hinter diesen Umwandlungsprozeß sind die Menschen schon sehr früh gekommen – wie gesagt, vor über 8000 Jahren. Das dazu notwendige Verfahren heißt *Mälzen*.

Dazu wird das Getreide zunächst sorgfältig gereinigt und in den Brauereien in weitläufigen Räumen zum Keimen gebracht. Weitläufig müssen sie sein, weil die Getreidekörner zunächst gewässert und anschließend auf flachen Rosten bei etwa 10° bis 15 °C ausgebreitet

*Abb. 4:* Blick in die Mälzerei einer Brauerei.

liegen müssen. Während des Keimens bilden sich im Korn *Enzyme*, die die spätere Umwandlung der Stärke in Zukker bewirken. Enzyme sind natürliche Hilfsstoffe, die biologische Prozesse auslösen oder beschleunigen können.
Anschließend werden die Körner von ihren Keimen befreit und getrocknet. Auch dieses Trocknen, das man fachmännisch *Darren* nennt, ist eine wichtige Phase der Bierherstellung, weil in ihr die Farbe des Bieres mitbestimmt wird. Getrocknet werden die vorgekeimten Körner in einem turmähnlichen Silo, in das von unten heiße Luft eingeblasen wird. Will man ein helles Bier brauen, dann ist diese Trockenluft etwa 80 °C heiß – eine Temperatur, die wir auch bei unseren Rezepten empfehlen werden. Bei Trockentemperaturen bis zu 105 °C erhält man ein dunkleres Malz, das für die verschiedenen Dunkelbiersorten benötigt wird. Schließlich gibt es noch ein spezielles Färbemalz zum Abtönen des Bieres; seine Darrtemperatur liegt über 105 °C.
Um das Darren hat sich vor einigen Jahren eine heftige Diskussion entzün-

*Abb. 5: Links:* unbehandelte Gerste; *rechts:* in Malz verwandelte Gerste.

det. Stichwort: *Nitrosamine*. Das sind Stoffe, die Krebs erzeugen können. Nitrosamine können entstehen, wenn die Malzkörner unmittelbar durch heiße Brenngase getrocknet werden. In Deutschland sind inzwischen sämtliche Mälzereien so umgebaut worden, daß die Körner mit den Brenngasen nicht mehr direkt in Berührung kommen. Man benutzt Wärmeaustauscher, in denen die Luft in Heizschlangen erhitzt wird, die dann die gekeimten Körner trocknet.

Die getrockneten Malzkörner unterscheiden sich kaum von unbehandeltem Getreide, da ja die Keime entfernt wurden (vgl. *Abb. 5*). Zwischen den Fingern gerieben, fühlen sich Malzkörner jedoch wesentlich weicher an; außerdem haben sie bereits einen leicht süßlichen Geschmack. Ein kleiner Teil der Stärke ist nämlich schon in Zucker umgewandelt. Man nennt ihn Maltosezucker, oder auch kurz *Maltose*. Er ist leichter verdaulich als unser normaler Kristallzucker, und er schmeckt ähnlich wie Malzbonbons, die aus diesem Zukker hergestellt werden (das Rezept finden Sie auf *Seite 38*).

Es wäre für Sie sehr umständlich, das Gerstenmalz, das wir für unsere Bierrezepte brauchen, selbst herzustellen. Besorgen Sie sich Malz am besten in einer Mälzerei, die es fast überall in Deutschland gibt. Vielleicht verkauft Ihnen auch eine Brauerei die kleine Menge, die Sie für Ihre Hobby-Brauerei brauchen. Falls Sie es nirgendwo bekommen, wenden Sie sich an eine der im Anhang genannten Adressen.

Wir finden es überhaupt verwunderlich, daß es Malz nicht überall zu kaufen gibt. Grob geschrotet verbessert es jede Müsli-Mischung; denn Malz schmeckt auch ohne Zucker angenehm süß. Außerdem hat es einen hohen Enzym- und Ballaststoffgehalt, der die Verdauung fördert.

## Ohne Hefe geht es nicht

Ohne Hefe wären unsere knusprigen, lockeren Brötchen ein feuchter und fester Kloß, wäre der Wein ein alkoholloser Traubensaft, wäre das Bier eine fade Brühe. Hefepilze sorgen im Brötchen für das Aufgehen des Teiges, und in Wein und Bier vollbringen sie wahre chemische Wunderwerke. Diese mikrokleinen Einzeller sind in der Lage, was chemische Fabriken nur mit enormen Aufwand vollbringen könnten: sie verwandeln durch Gärung Zucker in Alkohol. Dabei kann man den Zucker durchaus als die Nahrung der Hefepilze verstehen, und den Alkohol als den Verdauungsrückstand. Hinzukommt, daß sich die Keime bei diesem Prozeß ständig vermehren. Allerdings sind sie bei diesem Vorgang so eifrig, daß sie bei ausreichendem Zuckervorrat sich schließlich selbst töten. Wenn z.B. beim Wein etwa 16 Volumenprozent Alkohol erreicht sind, gehen die Hefepilze an ihrer eigenen Alkoholproduktion zugrunde. Beim Bier ist diese Grenze bei 4% erreicht.

Genauso wie es für die Weinherstellung inzwischen verschiedene *Zuchthefen* für die einzelnen Weinsorten gibt, hat man auch für Bier diverse reinrassige Hefestämme gezüchtet – sogenannte *Reinzuchthefen* –, die den späteren Geschmack des Bieres ganz wesentlich mitbestimmen. Früher war die Zucht der Bierhefen ein streng gehütetes Geheimnis der Brauereien. Heute bedient man sich bei sogenannten Hefebanken; die bekannteste ist bei uns die *Brautechnische Forschungs- und Versuchsanstalt Weihenstephan*.

Hefe bekommen Sie entweder als dickbreiige Flüssigkeit mit hohem Schauманteil in einer Brauerei (gehen Sie am

*Abb. 6:* Verschiedene Hefearten. *Links:* die breiige Hefe aus einer Brauerei; *mitte:* Preßhefe; *rechts:* Trockenhefe.

besten mit einem absolut sauberen und sterilisierten Glas mit Schraubverschluß dorthin) oder Sie können sie sich als Preß- bzw. Trockenhefe von einer der im Anhang genannten Adressen schicken lassen.
Die Hefe ist im frischen Zustand oder als Preßhefe relativ empfindlich. Im Kühlschrank kann man sie aber 2 bis 3 Wochen aufheben. Trockenhefe hält sich sogar bis zu einem Jahr.

### Auffrischen und Vermehren der Hefe

Zunächst das Auffrischen:
Wer ganz zünftig vorgehen will und sich seine Hefe aus der Brauerei holt, muß das sterilisierte Glas mit der Hefe auf jeden Fall sofort in den Kühlschrank stellen. Dabei aber bitte den Schraubverschluß nicht festschrauben, sondern nur locker auflegen. Die breiige Hefe gärt im Gefäß nämlich oft weiter, wobei sich Kohlensäuregas (Kohlendioxid) bildet, das einen Überdruck im Glas erzeugt. Er wird das Glas zwar nicht gleich sprengen, beim Aufschrauben könnte Ihnen aber die Hefe leicht um die Ohren spritzen.
Wenn Sie die frische Hefe nicht innerhalb von 14 Tagen und die Preßhefe spätestens in 4 Wochen verarbeitet haben, muß die biologische Kraft der Hefe wieder aufgefrischt werden. Für diese Auffrischung brauchen Sie einen Malzsud, wie er auch beim Bierbrauen verwendet wird (vgl. dazu *Seite 23*). Zur Not reicht zur Auffrischung aber auch eine 10- bis 12%ige Zuckerlösung, in die Sie 2 bis 3 Schnapsgläschen Bier schütten. Die Hefe braucht nämlich außer Zucker auch einige Eiweißstoffe, und die sind in der Bierzugabe enthalten. Kochen Sie diese Mischung aus Zuckerlösung und Bier zur Sterilisierung kurz auf und lassen Sie sie dann abkühlen. Erst dann die Hefe hinzufügen. Bei untergäriger Hefe wird der Sud bei 8 bis 10 °C eingemischt und bei obergäriger Hefe bei 16 bis 20 °C. Was ober- und untergärig ist, dazu im nächsten Abschnitt gleich mehr.

Das Vermehren:
Wenn Sie die Hefe vermehren wollen, dann nehmen Sie ein Drittel bis einen halben Liter dieses Suds. Bei der dickbreiigen Hefe aus der Brauerei genügen 2 Eßlöffel für diese Sudmenge, bei Preßhefe reichen etwa 5 g, um eine ausreichende Hefevermehrung in Gang zu bringen. Achten Sie aber bei unter- bzw. obergäriger Hefe wieder auf die richtigen Temperaturen.
Wichtig ist, daß bei allen diesen Arbeiten *absolut sauber und steril* vorgegangen wird. Die Gefäße und Geräte also zunächst gut spülen und dann in kochendem Wasser oder in einem heißen Backofen bei 120 bis 150 °C sterilisieren. Die Backofenmethode ist energiesparender. Füllen Sie die Gefäße möglichst auch nur halb mit aufgefrischter oder sich vermehrender Hefe, weil sich durch die Gärung immer Schaum bilden kann.
Die Vermehrung und gleichzeitig die Auffrischung der Hefe braucht nur etwa 2 bis 4 Tage. Untergärige Hefe vermehrt sich am besten im Kühlschrank; die obergärige lassen Sie am besten 3 bis 4 Tage bei Zimmertemperatur stehen, bevor Sie auch diese Hefe in den Kühlschrank stellen.
Die Hefevermehrung sollten Sie höchstens 2 bis 3 mal hintereinander vornehmen; denn Hefezellen neigen dazu, zu mutieren, wie der Fachmann sagt. Hefezellen teilen sich nämlich bei Idealtemperatur und günstigem Zuckergehalt alle 2 bis 3 Stunden so oft, daß sich ihre Menge jeweils verdoppelt. Dabei kann es durchaus zu „Erbsprüngen" kommen, bei denen Hefen entstehen, die dem Bier einen unangenehmen Beigeschmack geben.
Wer es sich etwas vereinfachen möchte, nimmt getrocknete Hefe. Damit sie aber im Bier ihre volle Gärkraft entwikkelt, behandeln Sie sie ähnlich wie bei der eben beschriebenen Vermehrung. Nehmen Sie also etwa einen Viertel Liter Sud aus 10%iger Zuckerlösung mit ein paar Spritzern Bier, geben Sie das Päckchen unter- oder obergäriger Hefe hinein, und lassen Sie alles 24 Stunden bei Zimmertemperatur in einem Glas stehen, das mit Cellophanfolie abgedeckt ist.

Bei all dem nicht vergessen:
Wer beim Hefeauffrischen und Vermehren oder beim Bierbrauen überhaupt nicht peinlich sauber arbeitet, kann schnell Pech haben. Nicht nur Hefezellen vermehren sich schnell, sondern auch andere Schimmelpilze oder Fäulnisbakterien. Gewinnen die aber erst einmal die Oberhand im Bieransatz, dann entsteht zwar nicht ein gesundheitsgefährdendes Getränk, aber ein Bier, das ziemlich scheußlich schmeckt.

### Preisfrage: Was ist obergärig und untergärig?

Die Freunde des sogenannten *Kölsch* und des *Altbieres* – beides sind obergärige Biere – werden nach diesem Unterschied oft gefragt. Auch wenn Sie sich in diesen Dingen auskennen, sollten Sie das folgende doch lesen; denn hier geht es auch um Unterschiede in Temperaturen.

Der Unterschied hängt ausschließlich von der verwendeten *Hefesorte* ab. *Untergärige* Hefezellen sind etwas schwerer als die Sudflüssigkeit; sie setzen sich also bereits beim Gärvorgang unten am Gefäßboden ab. Von dieser Erscheinung rührt auch der Begriff „untergärig" her.

*Obergärige* Hefezellen sind hingegen leichter als die Sudflüssigkeit; sie schwimmen also beim Gärprozeß auf der Bieroberfläche. Erst wenn sie ihre Arbeit verrichtet und aus dem Malzzukker Alkohol gebildet haben, sinken sie auf den Boden.

Für die Bierbrauer ist aber ein anderer Unterschied noch wichtiger. Die Gärtemperaturen der beiden Hefetypen unterscheiden sich nämlich erheblich. Obergärige Hefen lieben es wärmer; sie vermehren sich am besten bei Temperaturen zwischen 16 und 22 °C, also normalen Zimmertemperaturen. Untergärige Hefen hingegen brauchen es kühler. Ihre Idealtemperatur liegt zwischen nur 6 und 10 °C. Das sind Temperaturen, die nur mit Hilfe von Kühlanlagen zu erreichen sind. Da man die früher nicht hatte, braute man *untergäriges Bier* hauptsächlich im Winter. Es galt deshalb lange Zeit als *Winterbier*.

| | |
|---|---|
| obergärige Hefe: | 16 bis 22 °C |
| untergärige Hefe: | 6 bis 10° |

*Abb. 7:* Die Gärtemperatur.

Da dieser enge Temperaturbereich von 6 bis 7 °C auch für den Hobbybrauer mit einem modernen Kühlschrank nicht ganz einfach zu erreichen ist, weil die Kühlschranktemperaturen meist unter 6 °C liegen, empfehlen wir Ihnen das Verfahren unserer Vorfahren. Brauen Sie untergäriges Bier im Winter, wenn es draußen etwa 6 bis 10 °C kalt ist, und beschränken Sie sich in den anderen Jahreszeiten auf das obergärige Bier, das ja auch nicht schlecht schmeckt. Wohl nicht zufällig ist es in letzter Zeit immer beliebter geworden – auf Kosten des untergärigen Bieres.

## Das wundersam Bittere: der Hopfen

Wer schon einmal die Autobahn von Nürnberg nach München gefahren ist, hat sicher die hohen Stangenfelder gesehen, an denen dort der Hopfen wächst. Berühmte Hopfenanbaugebiete sind die Hallertau bei Ingolstadt; aber

*Abb. 8:* Hopfenfelder in der Hallertau.

auch Gebiete bei Tettnang, Rotenburg, Herrenberg und Weilerstadt in Baden-Württemberg und kleinere Regionen in Rheinland-Pfalz und Baden. Zu den klassischen Hopfenlieferländern gehören aber auch die ČSSR, Jugoslawien, Großbritannien und schließlich die USA.
Der Hopfen ist seit dem 8. oder 9. Jahrhundert bekannt. Die Pflanze gehört zur Familie der Maulbeergewächse, sie ist eine sogenannte rechtswindende Schlingpflanze, deren Ranken 6 bis 8 m aufsteigen können. So lang sind denn auch die Stangen, an deren Spanndrähten der Hopfen emporrankt. Hopfen ist eine sogenannte zweihäusige Pflanze; es gibt also männliche und weibliche Pflanzen. Für die Bierbrauerei ist nur die weibliche Pflanze geeignet, weil ihre Blüten die begehrten Bitterstoffe besonders konzentriert enthalten. Bei diesen Bitterstoffen handelt es sich im wesentlichen um sogenannte *Alpha-Säure*.
Der ganze Aufwand von 6 bis 8 m in den Himmel wachsenden buschigen Pflanzen wird letztlich nur betrieben, um schließlich die Blüten zu ernten, von denen fürs Brauen sogar nur bestimmte Teile geeignet sind. Sie werden nach der Ernte sofort getrocknet, zu gepreßten Tabletten verarbeitet, die der Fachmann *Pellets* nennt. Hopfenpellets sind auch für uns besonders gut geeignet.

*Abb. 9:* Hopfenpflanze mit Blüten.

Hopfen muß kühl, dunkel, trocken und unter Luftabschluß gelagert werden, weil die Hopfenbitterstoffe schnell oxidieren. Bewahren Sie die Pellets also am besten in einer undurchsichtigen, luftdicht verschließbaren Dose im Kühlschrank oder in einem kühlen Keller auf. Dort hält sich der Hopfen 1 bis 2 Jahre.
Verdorbener Hopfen verrät sich übrigens sehr schnell: er riecht durchdringend nach Schweißfüßen.

## Das Brauwasser

Was bei der Weinherstellung zu den großen Sünden gehört: nämlich Wasser in den Wein zu mischen, und sei es welches der höchsten Qualität, das ist beim Gerstensaft einer der vier Bestand-

*Abb. 10:* Hopfenpellets

teile nach dem Reinheitsgebot. Außer Malz, Hefe und Hopfen besteht das Bier ja nicht zuletzt aus Wasser. Der Geschmack eines Bieres wird durch die Art des Wassers mitbestimmt. Es ist also keine Übertreibung, wenn Brauereien auch mit der Qualität ihres Brunnenwassers werben.

Brauwasser darf *nicht hart* sein. Genau diese Eigenschaft besitzt unser Trinkwasser allerdings in den meisten Gegenden nicht. Es enthält Kalkbestandteile (Karbonate) und verschiedene Salze. Diese Wasserbestandteile setzen sich in den Rohren, in Boilern und Töpfen fest; einige unter ihnen greifen sogar Eisen an. Welche Wasserhärte Sie an Ihrem Ort haben, können Sie beim Wasserwerk oder der Stadtverwaltung erfragen. In Apotheken gibt es aber auch Teststreifen, mit denen man den Härtegrad selbst feststellen kann.

Hartmachende Wasserbestandteile, die im Trinkwasser durchaus ihren Nutzen haben können, sind für die Bierbrauerei ein Nachteil. Das Wasser muß also entkalkt werden. Und dafür gibt es zwei Verfahren:

*Enthärtungsverfahren 1:*

Es ist das Verfahren, das man schon aus Großmutters Zeiten kennt und das im *Abkochen* besteht. Wenn Sie also 5 bis 6 Liter Brauwasser brauchen, dann kochen Sie ruhig 7 bis 8 Liter in einem entsprechend großen Topf kurz auf. Nach dem Abkühlen können Sie mit einer Kelle oder einem Meßbecher das Wasser vorsichtig abschöpfen. Am Boden bleibt dann deutlich sichtbar der Kalk liegen.

Bei diesem Verfahren wird allerdings nur ein Teil der sogenannten Karbonathärte abgebaut. Die bleibende Härte beruht nicht auf den Kalkbestandteilen im Wasser (Calciumcarbonat = $CaCO_3$), sondern auf der Härte durch Calciumchlorid bzw. Sulfat (auch Magnesium- und Eisensulfat bzw. -chlorid). Diese Resthärte muß aber aus dem Brauwasser nicht entfernt werden. Immerhin erreicht man durch Abkochen eine Verringerung der Wasserhärte um etwa 5 dH (= deutsche Härtegrade).

*Enthärtungsverfahren 2:*

Das folgende Verfahren ist praktischer und vor allem energiesparender. Besorgen Sie sich in der Apotheke eine kleine Menge *Ätzkalk* (Calziumoxid: CaO), der landläufig auch „gebrannter Kalk" genannt wird. Ätzkalk ist nicht giftig. Er wird in das Wasser eingerührt, wobei die Ätzkalkmenge sich nach der Wasserhärte richtet. Hier ein paar Richtwerte:

| | Wasserhärte in dH (deutsche Härtegrade) | | |
|---|---|---|---|
| | 10–15 | 15–20 | 20 u. mehr |
| 8–10 Liter Wasser | 1–2 g CaO (kl. Messer-sp.) | 2–3 g CaO (kl. Messer-sp.) | 3–5 g CaO (gestr. Tee-löffel) |

*Abb. 11:* Die zum Enthärten nötigen Mengen Ätzkalk.

Bei einer Wasserhärte unter 10 dH brauchen Sie das Waser nicht zu enthärten.

Am besten gießen Sie das zu enthärtende Wasser in einen Plastikeimer und rühren den Ätzkalk kräftig unter. Lassen Sie die Mischung etwa eine halbe Stunde stehen. Danach läßt sich erkennen, daß der Kalk sich an den Eimerwänden niederschlägt. Schöpfen Sie das Wasser vorsichtig ab und schütten Sie den Rest fort.

Natürlich gibt es noch andere Verfahren, das Wasser zu enthärten. Verbreitet ist inzwischen das Enthärten durch sogenannten *Ionenaustausch*, für den es auch spezielle Geräte gibt. Dieses Verfahren ist für den Laien aber nicht ganz einfach. Die beiden oben beschriebenen Verfahren reichen für unsere Zwecke völlig aus.

## Welche Gerätschaften braucht man zum Bierbrauen?

Schon das hohe Alter der Braukunst läßt darauf schließen, daß man mit relativ einfachen Geräten zurechtkommen kann. Vor 6000 Jahren waren die technischen Möglichkeiten der Menschen eben noch sehr begrenzt. So werden Sie die meisten der Geräte, die wir brauchen, ohnehin im Haushalt haben. Was hinzugekauft werden muß, läßt sich auch noch für andere Zwecke verwenden – mit anderen Worten: die Bierbrauerei verlangt zwar etwas Geduld und peinliche Sauberkeit, im übrigen ist sie aber sehr billig.

Bevor Sie mit dem Bierbrauen beginnen, sollten Sie sich folgende Dinge zurechtlegen:

1 10-Liter-Topf (einen Einmach- oder Wäschetopf, den wir zum Abkochen des Brauwassers brauchen)
1 3-4-Liter-Topf
1 6-8-Liter-Topf
1-2 normale Plastikeimer als Ablauf- und Gärgefäß (zum Gärgefäß vgl. auch *Seite 29*)
1 großes Küchensieb
2 Kochlöffel
1 Schöpflöffel
1 Schaumkelle
1 Meßbecher
1 Küchenwaage (für das Abwiegen des Hopfens möglicherweise noch ein Briefwaage)
1 zylindrisches Bierglas (im Rheinland auch als „Kölschglas“ bekannt)
1 Einmachthermometer bis 110 °C (Metallhülle entfernen)
1 Kaffee- oder Schrotmühle
1 Bierspindel (die brauchen wir zum Messen des Würzgehaltes; vgl. dazu Bauanleitung *Seite 34*)
2-3 Babywindeln aus Baumwolle (benutzen wir als Filter)
Bindfaden, Schere
1 Küchenstuhl (umgedreht als Filtergestell verwendbar)

Das einzige etwas ungewöhnliche Instrument ist die *Bierspindel*. Sie funktioniert ähnlich wie die Oechslewaage, mit der man das Mostgewicht des noch unvergorenen Weines wiegt (vgl. dazu *Hobbythek-Buch 2*). Die Bierspindel mißt das spezifische Gewicht des noch unvergorenen Bieres; aber dazu gleich mehr. Bestellen Sie sie am besten über den Bezugsnachweis im Anhang.

*Abb. 12:* Das empfindliche Malz luftdicht abgeschlossen aufheben.

Bei unseren Bierrezepten gehen wir von einer Menge von etwa 4 bis 5 Litern aus. Das ist nicht viel; wir haben diese Menge aber gewählt, damit Sie Ihr Bier in der Küche mit gängigen Geräten brauen können. Nach dieser Menge richten sich die Gewichtsangaben der Rohstoffe für unser Bier.

Sie brauchen:

900 bis 1000 g Malz
10 g Hopfenpellets (90%iger Hopfen mit 7%iger Alphasäure)
10 g frische Bierhefe oder 5-10 g Preßhefe oder 2 g Trockenhefe (obergärig oder untergärig; vgl. dazu *Seite 17f.*).

Versuchen Sie, diese Zutaten in einer Brauerei zu bekommen. Falls es dort nicht klappt, können Sie sich an Adressen im Anhang wenden. Vergessen Sie aber nicht, Ihre Absicht zu brauen, dem Hauptzollamt zu melden (vgl. *Seite 36*). Das Malz sollten Sie kühl und luftdicht verpackt lagern; am besten geht das in einer Plastikbox mit einem Schnappdekkel oder in einem Plastikbeutel. Wenn das Gefäß wirklich dicht ist, dann hält sich das Malz bis zu einem halben Jahr frisch.

Mit dem Hopfen ist es ähnlich. Er läßt sich am besten in einem Schraubglas, das Sie lichtdicht bekleben oder im Dunkeln lagern, ziemlich lange aufheben.

Zur Hefe haben wir bereits oben alles gesagt. Am unproblematischsten in der Lagerung ist – wie gesagt – Trockenhefe. Allerdings setzt sie den Gärvorgang manchmal nicht wie gewünscht in Gang. Deshalb ist die frische Bierhefe oder eine Preßhefe immer noch am besten geeignet.

## Jetzt geht es ans Bierbrauen

### Der Brauvorgang im Überblick

Damit Sie schon einmal wissen, wie viele Vorgänge schließlich zum fertigen schäumenden Bier führen und welche Zeit das Ganze insgesamt beansprucht, hier ein kurzer Überblick.

1. das Schroten
2. Einmaischen und Eiweiß-Rast bei 55 °C innerhalb von 15 Minuten
3. Maltose-Rast bei etwa 65 °C innerhalb von 20 Minuten
4. Verzuckerungsphase und Absetzen; das Ganze beansprucht 40 bis 50 Minuten
5. Abgießen und erstes Filtern
6. Messen des Würzgehalts mit der Bierspindel
7. das Hopfen
8. das Aufkochen, dafür braucht man 45 bis 60 Minuten
9. zweites Filtern
10. Abkühlen und Hefen
11. die Hauptgärung, sie beansprucht 4 bis 7 Tage
12. die Nachgärung, sie ist innerhalb von 14 Tagen abgeschlossen.

### 1. Das Schroten

Damit im Malz die oben beschriebene Umwandlung von Stärke in Zucker besser abläuft, muß das Malz zunächst geschrotet werden. Wenn die Körner zerkleinert sind, können die Enzyme die Stärke nämlich besser erreichen. Das Schroten geht am besten in einer Küchenmaschine mit einem großen Schlagmahlwerk, wie sie sich auch in ganz normalen Kaffeemühlen mit Schlagmesser befinden. In einer Kaffeemühle dauert das Mahlen von fast einem Kilo Malz allerdings ziemlich lange; aber es geht. Inzwischen gibt es spezielle Schrotmühlen, die aber relativ teuer sind. Wer sie für sein Müsli und anderes bereits besitzt, ist fein dran.

Hier gleich ein Tip fürs gute Gelingen: Das Malz sollte *immer frisch geschrotet* werden, denn es ist gegen Feuchtigkeit und Sauerstoff sehr empfindlich.

Schließlich sollte das Schrot nicht zu fein gemahlen sein. Das Bier wird nämlich nicht besser, wenn Sie die Körner zu feinem Mehl mahlen.

*Abb. 13:* Am einfachsten geht das Schroten mit einer Küchenmaschine mit Schlagmahlwerk.

## 2. Das Einmaischen und die Eiweißrast

Nehmen Sie Ihren 6- bis 8-Liter-Topf und füllen Sie zunächst nur 2 Liter des vorbereiteten Brauwassers ein. Erhitzen Sie das Wasser auf etwa 55 °C, was Sie mit dem Einmach-Thermometer kontrollieren. Nehmen Sie hierfür und bei allen späteren Gelegenheiten dies Thermometer ruhig aus seiner Metallhülle; das erleichtert Ihnen die Reinigung.

In dieses warme Wasser rühren Sie zügig das frisch geschrotete Malz hinein. Zwischendurch immer wieder mit dem Thermometer messen. Das kalte Malzschrot senkt natürlich die Temperatur des Wassers schnell ab; sie sollte bei etwa 50 °C konstant gehalten werden. Messen Sie immer wieder und nehmen Sie den Topf vom Herd oder drehen Sie die Flamme kleiner. Rühren Sie mit dem Kochlöffel aus Holz dieses Gemisch, das man fachmännisch *Maische* nennt, gut durch.

Es folgt nun die sogenannte *Eiweißrast*. In dieser Phase wird darüber entschieden, ob sich später auf dem Bier eine zünftige Schaumkrone bildet. Bei der Eiweißrast werden nämlich die größeren Eiweißmoleküle des Malzes in wesentlich kleinere Moleküle aufgespalten, die die Schaumbildung fördern. Zwischen 50 und 55 °C läuft dieser Vorgang besonders effektiv ab. Diese Temperatur muß jetzt etwa 10 bis 15 Minuten eingehalten werden, wobei Sie die Maische von Zeit zu Zeit durchrühren.

*Abb. 14:* Bei der Eiweißrast ständig die Temperatur kontrollieren.

*Abb. 15:* Maltoserast

Man kann sich diesen Temperatur-Balanceakt auf der Herdplatte auch ersparen, wenn man die auf 55 °C erhitzte Maische in einer Kochkiste aus Styropor stellt. Den Bau dieser Kiste haben wir im Kapitel über die Käseherstellung im *Hobbythek-Buch 4* beschrieben (eine kurze Bauanleitung finden Sie hier im Buch ab *Seite 32*). Sie ist sehr einfach nachzubauen. Das Styropor, das den Topf möglichst eng umschließen soll, isoliert die Maische derart intensiv vor Wärmeverlust, daß selbst längere Phasen als die hier nötigen 15 Minuten bei fast konstanter Temperatur überbrückt werden können.

### 3. Die Maltoserast

Bei der Maltoserast wandelt sich unter dem Einfluß der Malzenzyme (vgl. auch *Seite 15*) die Stärke in Zucker, den man hier auch Malzzucker bzw. Maltose nennt. Ging es bei der Eiweißrast um den Schaum des Bieres, so geht es hier um den Alkohol. Die Maltose wird später durch Gärung in Alkohol umgewandelt; Stärke läßt sich nämlich nicht direkt vergären.

Die Maltoserast erfolgt bei 65 °C und sie dauert 20 Minuten. Diese Temperatur sollten Sie möglichst genau einhalten und mit dem Thermometer immer wieder kontrollieren. Mit der Kochkiste können Sie sich hierbei leider die Arbeit nicht erleichtern, weil während der Maltoserast die Maische alle 2 bis 3 Minuten einmal langsam durchgerührt werden muß. Zum Schluß der Maltoserast wird die Maische merklich dunkler; der Grund dafür ist, daß Zucker ausfällt.

Die professionellen Bierbrauer prüfen den Verzuckerungsgrad durch die sogenannte *Jodprobe*. Die ist aber nicht unbedingt nötig. Wenn Sie allerdings darauf nicht verzichten wollen, dann lesen Sie kurz einmal nach auf *Seite 35*.

### 4. Die Verzuckerungsphase

Nach der Maltoserast muß die Maische weiter erhitzt werden; und zwar auf 72 bis 74 °C. In dieser Phase geht es darum, die Maltose in der Flüssigkeit aufzulösen, d.h. den Zucker aus dem Schrot herauszulaugen. Verzuckerung heißt hier also z.B. nicht kandieren, sondern die Durchzuckerung des Gemischs mit Maltose.

Die Temperatur von 72 bis 74 °C muß jetzt 30 Minuten eingehalten werden. In dieser Phase brauchen Sie auf die Temperatur nicht ganz so genau zu achten; es macht nichts, wenn das Gemisch von Zeit zu Zeit bis auf 78 °C erhitzt wird. Da Sie hier zwischendurch nicht rühren müssen, können Sie wieder die Kochkiste benutzen, die für 30 Minuten tatsächlich eine Arbeitserleichterung bedeutet.

*Abb. 16:* Die Verzuckerungsphase

| | | |
|---|---|---|
| *Eiweißrast*<br>→ Aufspaltung Eiweißmoleküle<br>(spätere Schaumbildung) | 50–55 °C | 10–15 Min |
| *Maltoserast*<br>→ Stärke in Malzzucker/Maltose<br>(spätere Alkoholentstehung) | 65 °C | 20 Min |
| *Verzuckerungsphase*<br>→ Lösung der Maltose | 72 – 78 °C | 30 Min |

*Abb. 17:* Drei wichtige Phasen der Braukunst hier noch einmal im Überblick.

## 5. Das Abgießen und erste Filtern

Bauen Sie sich zunächst eine ganz einfache Filterkonstruktion. Bei unserem Modell hat der Obstentsafter aus Großmutters Zeiten Pate gestanden. Stellen Sie einen Stuhl mit den Beinen nach oben auf die Tischkante. Dann nehmen Sie einen Bindfaden und spannen ihn etwa 2 cm unter dem Stuhlbeinende um alle vier Stuhlbeine. Umwickeln Sie dabei jedes Bein ein paarmal. Auf dieses Bindfadenviereck werden nun ein bis zwei Baumwollwindeln gelegt, die Sie an den vier Stuhlbeinenden fest mit Bindfaden umwickeln. Damit die schwere Maische später die Windeln nicht an den Seiten nach unten zieht, können Sie das Tuch an den vier Seiten jeweils mit Wäscheklammern am Bindfaden sichern. Unter die Windel kommt in den umgedrehten Stuhl der 3- bis 4-Liter-Topf oder ein Plastikeimer.

Die Maische wird jetzt nicht einfach aus dem Topf in die Windel gegossen, sondern nach einem bestimmten Verfahren gefiltert. Damit sie möglichst vollständig ausgelaugt wird, verteilen Sie die festen Bestandteile mit einem Schaumlöffel in der Mulde der Windel. Die Flüssigkeit wird dann vorsichtig in die Mulde aus Maischekörnern gegossen, durch die sie langsam hindurchsickert. Streichen Sie mit dem Schaumlöffel vorsichtig über die Maische, damit die Mulde mit Maische ausgekleidet bleibt.

Was sich jetzt im Gefäß unter der Windel angesammelt hat, nennt der Fachmann *Würze*. Für die Bierbrauerei hat diese Flüssigkeit allerdings noch einen viel zu hohen Zuckergehalt. Außerdem haben sich im Gefäß allenfalls 1 bis $1^1/_2$ Liter Würze angesammelt. Wenn Sie sie auf etwa 4 bis 5 Liter mit Wasser auffüllen, dann hat die Würze gerade den richtigen Zuckergehalt.

Während die Würze durch die Windel abläuft, können Sie auf dem Herd bereits 3½ Liter Brauwasser (zum Verdünnen) erhitzen. Das kochende Wasser geben Sie mit einer Schöpfkelle portionsweise in die Windel mit den Maischerückständen, die auch *Treber* heißen. Das heiße Wasser laugt aus diesem Treber die letzten Maltoserückstände heraus. Dazu muß der Treber von Zeit zu Zeit an der Oberfläche leicht angerührt werden. Er bildet zusätzlich zum Stoff der Windel einen natürlichen Filter, der z.B. Ölrückstände zurückhält, die sich im Malzschrot befinden.

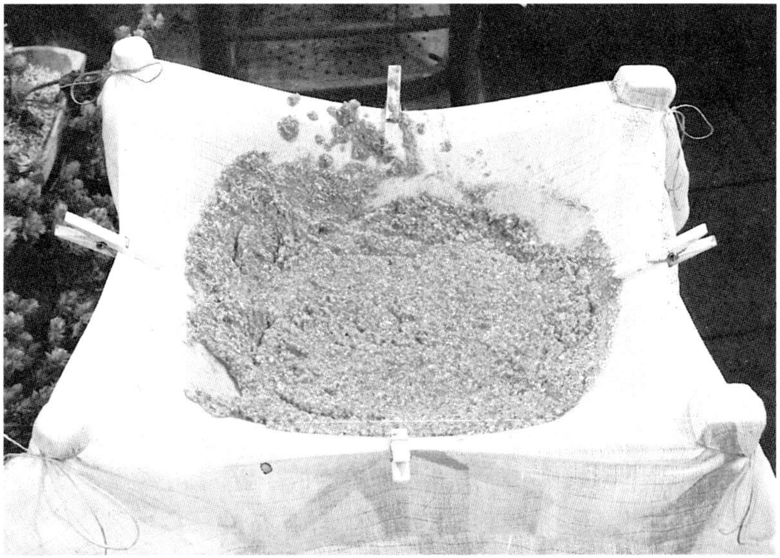

*Abb. 18:* Die Maische muß im Filtertuch gut verstrichen werden (*links*). Zum Schluß wird durch den Treber noch einmal heißes Brauwasser gegossen (*rechts*).

Die $3^1/_2$ Liter heißes Brauwasser lösen aus der Maische noch eine ganze Menge Zucker heraus. Die Berufsbrauer nennen diesen Vorgang „Läutern“ oder „Abläutern“. In den großen Brauereien macht man das natürlich nicht auf einem ungedrehten Stuhl, sondern in einem speziellen Läuterbottich.
Die jetzt durch erstes Filtern und Läutern gewonnene Flüssigkeit nennt man *Vorderwürze*. Von ihrem Zucker- bzw. Würzegehalt ist abhängig, was für einen Typ von Bier wir später erhalten.

| Biertyp | Würzgehalt |
|---|---|
| Einfachbiere | 2 bis 3 % |
| Vollbier | 11 bis 14 % |
| Starkbiere (Bock- u. Doppelbier) | über 16 % |

*Abb. 19:* Der Würzegehalt einiger Biertypen.

### 6. Messen des Würzegehalts mit der Bierspindel

Den Würzegehalt mißt man mit der *Bierspindel*. Das ist im Prinzip ein ganz einfaches Instrument, das in ähnlicher Form von den Winzern zur Prüfung des Mostzuckers benutzt wird. Es heißt dann Oechslewaage oder Oechslemeter. Bierspindel und Oechslewaage sind sogenannte *Aräometer* (das griechische Wort für Senkwaage). Sie bestehen im wesentlichen aus einem länglichen Schwimmglaskörper, der je nach dem spezifischen Gewicht der zu messenden Flüssigkeit mehr oder weniger tief eintaucht (vgl. dazu *Abb. 20*). Je höher der Zuckergehalt der Würze bzw. des Mostes ist, desto höher ist das spezifische Gewicht der Flüssigkeit. Eine Bierspindel ist natürlich direkt in Würz- bzw. Zuckerprozente geeicht. Man kann aber auch eine Oechslewaage verwenden, die Sie vielleicht schon besitzen, wenn Sie nach unseren Rezepten im *Hobbythek-Buch 2* selbst Wein hergestellt haben. Bei einer Oechslewaage müssen Sie den abgelesenen Wert durch 4 teilen. Beispiel: 60° Oechsle = 60 : 4 = 15 Bierwürzprozente. Sollte das Brauen Ihnen aber Spaß machen, dann schaffen Sie sich ruhig eine Bierspindel an, die etwa 10 bis 20 Mark kostet.
Wer gern bastelt, kann sich aber eine Bierspindel auch selbst bauen. Wie das geht, lesen Sie auf *Seite 34*.
Wem das für den Anfang alles ein bißchen kompliziert ist, der kann aber zu-

*Abb. 20: Links:* eine Bierspindel. *Rechts:* So schwimmt die Bierspindel in der Würze.

nächst ohne Messung des Würzegehaltes auskommen. Er weiß dann zwar nicht ganz genau, welchen Typ von Bier er erhält; schmecken wird es aber trotzdem. Und wenn Sie sich an die Angaben unseres Rezeptes halten, dann wird bei 4,5 Liter Vorderwürze ein Würzgehalt von etwa 12% (gemessen bei 20 °C Flüssigkeitstemperatur) zustandekommen. Das ergibt ein deftiges Vollbier.

Wer aber fachmännisch mit der Bierspindel zu Werke gehen will, der macht das folgendermaßen:

Füllen Sie einen Meßzylinder oder ein längliches Bierglas (Kölschglas) etwa $^{3}/_{4}$ mit Würze, die etwa 20 °C warm sein soll. Die Temperatur hat nämlich Einfluß auf das Meßergebnis. Setzen Sie nun die Spindel *vorsichtig* in die Flüssigkeit. Bitte nicht aus großer Höhe hineinschwappen lassen, sonst schlägt sie nämlich auf dem Glasboden auf und kann zerbrechen. Lesen Sie nun den Würzgehalt ab. Liegt er über 12%, dann sollten Sie einfach noch etwas Brauwasser nachgießen. Ist der Würzegehalt niedriger, dann müssen Sie beim Schritt 8. (Kochen der Würze) etwas mehr Wasser verkochen lassen.

## 7. Das Hopfen

Nehmen Sie dazu am besten Hopfenpellets. Es gibt 90er und die konzitriertetren 45er Pellets. Wenn Sie 45er Hopfenpellets haben, dann müssen Sie die folgenden Mengen halbieren.

Für 4 bis 5 Liter Bier brauchen Sie 5 bis 10 g 90er Hopfenpellets. Wenn Sie ein mildes Bier haben möchten, dann nehmen Sie etwa 5 g Hopfen; bei einem Bier, das kräftiger und bitterer schmekken soll, nehmen Sie 10 g.

Der Hopfen wird nun in die Würze eingerührt.

Von frischem Hopfen wollen wir bei der Hobbybrauerei abraten, weil das Abmessen der Menge nicht ganz leicht ist. Abraten wollen wir auch von Hopfenextrakt, weil durch ihn das Bier leicht zu bitter werden kann.

## 8. Das Kochen der Würze

Die Würze wird nun mit dem Hopfen bei mittlerer Hitze gekocht. Diese Phase dauert 45 bis 60 Minuten. Beim Kochen lösen sich die Bitterstoffe und die Aromaöle des Hopfens in der Würze.

Bei so langem Kochen verdampft zwangsläufig eine ganze Menge Wasser. Sie sollten sich also vor dem Kochen entweder außen am Topf oder am Stiel eines Kochlöffels eine kleine Markierung machen. Das geht am besten mit 4,5 bis 5 Liter kaltem Wasser, die Sie dann wieder wegschütten. Die verkochte Wassermenge müssen Sie nämlich mit Brauwasser hin und wieder auffül-

*Abb. 21:* Die Hopfenpellets wiegen Sie am besten auf einer Briefwaage ab.

len. Je nachdem, wie stark Sie kochen, verdunsten etwa 10% der Flüssigkeit. Nach 10 bis 15 Minuten können Sie den Topf ruhig abdecken und auf kleiner Flamme weiterkochen lassen.
In dieser Phase des Brauens entsteht der typische Brauereigeruch, den Sie vielleicht kennen. Für gestandene Brauer ist das ein angenehmer Duft. Manche Leute mögen ihn aber nicht, und das sollten Sie berücksichtigen. Lüften Sie dann vielleicht Ihre Küche zwischendurch einmal gründlich.

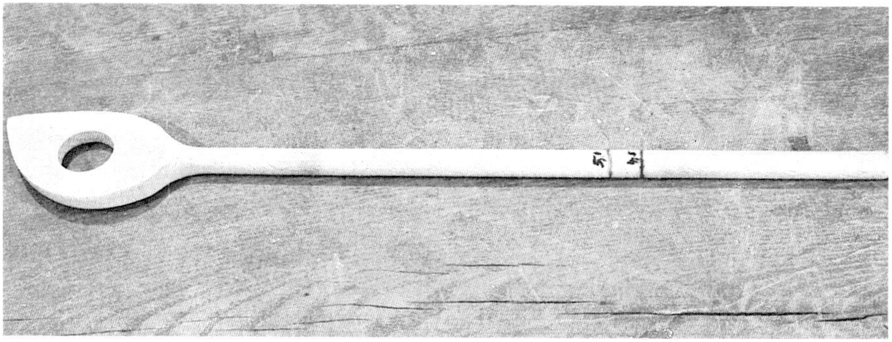

*Abb. 22:* Markierungen auf dem Löffelstiel zur Kontrolle des verdampfenden Wassers.

### 9. Das zweite Filtern

Nach etwa 1 Stunde Kochzeit muß die Würze noch einmal gefiltert werden; diesmal durch ein Küchensieb, das vorher mit einer viermal gefalteten frischen und sterilen Windel ausgelegt worden ist. Die Windel vom ersten Filtern können Sie dafür nicht verwenden. Überhaupt muß jetzt sehr sauber gearbeitet werden, weil sonst Fremdbakterien alle Mühen zunichte machen können. Bei den früheren Phasen war dies noch nicht ganz so wichtig, weil zwischendurch immer wieder gekocht – und das heißt: sterilisiert – wurde. Die Windel vor dem Filtern also auf jeden Fall noch einmal auskochen.
Setzen Sie das Filtersieb auf einen Eimer oder einen größeren Topf, der später zugleich als Gärbehälter dient.
Damit das Filtern schneller geht, lassen Sie die Flüssigkeit sich nach dem Kochen kurz absetzen. Feinste feste Bestandteile, die den Filter schnell zusetzen würden, sinken an den Boden des Gefäßes. Schöpfen Sie nun die noch heiße Flüssigkeit vorsichtig mit einer Kelle ab, ohne den Bodensatz aufzuwirbeln und gießen Sie sie durch den Filter. Der Bodensatz kommt zuletzt dran.

### 10. Abkühlen und Hefen

In Phase 5 erhielten wir nach dem Abgießen und Filtern die sogenannte *Vorderwürze*. Was wir jetzt erhalten, ist nach dem Abkühlen und vor dem Hefen die sogenannte *Anstellwürze*.

Die nach dem Filtern immer noch recht heiße Flüssigkeit muß vor dem Versetzen mit Hefe, das der Fachmann Hefen nennt, auf Gärtemperatur *abgekühlt* werden. Im Hinblick aufs Kühlen müssen Sie sich jetzt endgültig entscheiden, ob Sie ein *obergäriges* oder ein *untergäriges* Bier haben wollen. Im Hefekapitel haben wir bereits beschrieben, daß der Unterschied zwischen diesen Biersorten nicht nur von der Hefeart, sondern auch von der Gärtemperatur abhängig ist.

Da es sich bei der Hefe um lebende Zellen handelt, darf sie erst in die Anstellwürze gegeben werden, wenn die Gärtemperatur erreicht hat! Die Werte:

| | |
|---|---|
| obergärige Hefe: | 16 bis 22 °C |
| untergärige Hefe: | 6 bis 10 °C |

Wir haben oben schon beschrieben, daß sich vor allem im Sommer ein obergäriges Bier leichter herstellen läßt, weil bei ihm keine Kühlung notwendig ist. Beim untergärigen Bier braucht man entweder einen vergleichsweise warmen Kühlschrank (die normalen sind mit 4 °C meist zu kalt) oder einen entsprechenden Keller. In der kühlen Jahreszeit sind die Außentemperaturen oft gerade richtig, weshalb man früher vom untergärigen Bier auch als von Winterbier sprach.
Vergessen Sie auch beim Kühlen nicht, daß in die Würze *keinerlei Fremdkeime* hineingeraten dürfen, weil sonst alles verdirbt. Decken Sie also das Gefäß mit der Anstellwürze mit einer Klarsichtfolie dicht ab.
*Kühlen* kann man die Würze auf verschiedenerlei Weise.
Entweder durch:
1. Einstellen des Gefäßes mit der Anstellwürze in ein Wasserbad, das mit Eiswürfeln durchsetzt ist;

2. durch zwei Eisflaschen von jeweils einem Liter Inhalt. Geeignet sind dazu Plastikflaschen, die mit 10%er Kochsalzlösung gefüllt und im Tiefkühlfach des Eisschrankes eingefroren werden. Bevor Sie die Flaschen in die Würze legen, müssen sie gründlich von außen gesäubert werden.

**11. Die Hauptgärung**

Ist die richtige Gärtemperatur erreicht, dann können Sie dasselbe Gefäß als Gärbottich verwenden, in dem allerdings noch rund 2 Liter Platz für den sich bildenden Schaum bleiben müssen. Geeignet sind aber auch andere Behälter, wie z.B. ein Glasballon oder – vor allem bei untergäriger Hefe, bei der es auf die Kühlung ankommt – die Gemüseschale des Kühlschrankes. Wer häufiger Bier brauen möchte, sollte sich einen speziellen Gärbottich mit einem Abflußhahn kurz über dem Gefäßboden bauen, weil er das Abziehen des Bieres von der Hefe erleichtert. Tips zum Selbstbau geben wir Ihnen auf *Seite 33*.

Setzen Sie der jetzt entsprechend heruntergekühlten Anstellwürze die Hefe zu. Für 4 bis 5 Liter Würze braucht man 1 bis 2 Eßlöffel dickbreiige Bierhefe oder 5–10 g Preßhefe oder 2 g Trockenhefe. Diese Mengenangaben gelten sowohl für untergärige wie obergärige Hefe. Verrühren Sie die Hefe mit einem sauberen Löffel in der Würze.

Das Gärgefäß muß sofort mit Frischhaltefolie oder auf andere Weise abgedeckt werden. Da beim Gären Gase entstehen, darf die Abdeckung jedoch nicht luftdicht schließen.

Jetzt kommt es darauf an, für das Gärgefäß einen Aufstellort zu finden, der die richtige Temperatur hat. Es ist bei untergärigem Bier 6 bis 10° als Idealtemperatur. Unter 4 °C sollte die Temperatur auf keinen Fall sinken, weil sonst die Gärung nur schwer oder gar nicht in Gang kommt und sehr lange dauert. Über 12 °C darf die Temperatur nicht ansteigen, weil sonst beim Gärprozeß Alkohole entstehen, die das Bier ungenießbar machen. Im Winter finden Sie solche Temperaturen vielleicht in einem kühlen Keller oder auf dem Speicher.

Die Gärzeit für die Hauptgärung dauert beim Untergärigen etwa *6 bis 8 Tage*.

Bei obergärigem Bier liegt die Idealtemperatur zwischen 16 und 22 °C. Das Gärgefäß kann hier also einfach in der Küche aufgestellt werden.

Die Hauptgärung dauert beim *Obergärigen* nur *4 bis 6 Tage*.

Woran erkennt man nun, wann die Hauptgärung beendet ist?

Zunächst einmal daran, daß der Gärschaum in sich zusammenfällt und die Hefe sich sowohl beim unter- wie beim obergärigen Bier unten abgesetzt hat.

Wer eine Bierspindel besitzt, sollte zusätzlich aber noch einmal nachmessen, ob tatsächlich ausreichend viel Zucker in Alkohol umgesetzt worden ist. Die Bierspindel müßte nach abgeschlossener Hauptgärung etwa 4,5 bis 5% anzeigen. Liegen die Prozentzahlen höher, dann sollten Sie die Hauptgärung verlängern.

Wer keine Bierspindel besitzt, kann auch eine Geschmacksprobe machen. Das Bier ist jetzt zwar noch trübe, es müßte aber schon wie normales Vollbier schmecken; das heißt: nicht zu süß sein. Schmeckt das Bier noch sehr süß, dann ist noch nicht genügend Zucker in Alkohol verwandelt worden. Lassen Sie einfach noch etwas weitergären.

Nun kann zwar zu hoher Zuckergehalt grundsätzlich bei der Nachgärung in der Flasche noch abgebaut werden; es besteht dann aber die Gefahr, daß die Flaschen platzen. Bei der Nachgärung bildet sich nämlich noch Kohlensäuregas, das nicht nur Druck erzeugt, sondern auch eine Menge Schaum, der beim Öffnen sofort aus der Flasche spritzen würde. In bestimmten Grenzen hat aber die Nachgärung für die Erzeugung von Kohlensäure im Bier eine wichtige Bedeutung, wie wir gleich sehen werden.

**12. Die Nachgärung**

Zur Nachgärung wird das Bier aus dem Gärgefäß von der am Boden sitzenden Hefe abgezogen. Das geht bei unserem Gärbottich mit Ablaßhahn sehr einfach (vgl. dazu *Seite 33*); bei einem Gefäß ohne Hahn behilft man sich mit einem Schlauch nach der altbekannten Absaugmethode. Stecken Sie dazu das eine Ende des etwa 1 m langen Schlauches in das Bier (dabei aber aufpassen, daß nicht die Hefe aufgewühlt wird), saugen Sie das Bier mit dem Mund an und halten Sie mit dem Daumen die obere Schlauchöffnung zu, noch bevor das Bier wieder nach unten sinken kann. Dann die zugehaltene Öffnung entweder in ein tieferstehendes anderes Gefäß halten oder gleich an die Öffnung der Flaschen setzen, die gefüllt werden sollen. Selbstverständlich muß

*Abb. 23:* Nach der Hauptgärung wird das Bier zur Nachgärung in Flaschen gefüllt (*links*). Auf dem Boden des Gärgefäßes ist deutlich die abgesetzte Hefe zu sehen (*rechts*).

bei all diesen Arbeiten auch der Daumen sauber sein, damit es nicht zum Schluß noch zu einer Verseuchung des Bieres mit Fremdkeimen kommt.
Die Nachgärung dauert noch einmal 6 bis 8 Tage.

### 13. Die Flaschenabfüllung

Wer die Nachgärung nicht in einem besonderen Bottich oder Glasballon vornehmen will, sondern gleich auf Flaschen abfüllt, sollte die Flaschen in den ersten drei bis sechs Tagen täglich vorsichtig entlüften, damit zu hoher Druck durch Kohlendioxid entweichen kann. Am besten eignen sich also Bierflaschen mit dem guten alten Bügelverschluß, die es heute in Größen von 0,7 bis 1,2 Liter in manchen Geschäften schon wieder gibt. Es eignen sich aber auch Limo- und Sprudelflaschen mit Schraubverschluß; nur sieht dann die Bierflasche nicht ganz so zünftig aus.
Bevor Sie aber die Flaschen abfüllen, müssen sie gründlich gesäubert und sterilisiert werden. Das kann man zwar mit kochendem Wasser machen, aber das ist umständlich und energieaufwendig. Wir schlagen deshalb ein anderes Verfahren vor.
Reinigen Sie zunächst die Flaschen mit lauwarmen Spülwasser und einer Flaschenbürste vor. Bei Bügelverschlußflaschen anschließend die Gummidichtung entfernen. Stapeln Sie dann die Flaschen in das Backrohr Ihres Herdes, schließen Sie die Klappe und schalten Sie auf 150 °C ein. Bei der langsam ansteigenden Temperatur wird Ihnen

keine Flasche springen. Sobald 150 °C erreicht sind, was man bei Elektroherden am Erlöschen der Kontrollampe sieht, schalten Sie ab und lassen die Flaschen allmählich abkühlen. Sie sind dann garantiert steril.
Nun kann aber auch der Fall eintreten, daß in der Flasche mit dem Bier sozusagen gar nichts mehr passiert – also keine Nachgärung stattfindet. Das merken Sie daran, daß sich auch nach 14 Tagen noch keine Kohlensäure gebildet hat, was ein ziemlich schaumloses Bier bedeutet. Der Grund dafür ist, daß die Hauptgärung schon zu weit fortgeschritten war; der Zucker also bereits vollständig in Alkohol umgesetzt wurde. Sollte Ihnen also dies einmal passieren, dann schütten Sie das Bier auf keinen Fall fort. Um die Gärung noch einmal in Gang zu bringen, müssen Sie in diesem Fall in jede Flasche eine kleine Prise Kristallzucker oder einen Schuß Vorderwürze gießen, die Sie allerdings erst beim nächsten Brauvorgang haben werden. Durch diese Zugaben wird der Gärprozeß noch einmal in Gang gesetzt. Nach ein paar Tagen erhalten Sie ein ganz normales, mit Kohlensäure versetztes Bier.
Sie sollten die Flaschen höchstens bis zu 95% füllen, damit oben ein größerer Luftraum zur Aufnahme des Gasdrukkes bleibt. Bei starker Nachgärung in der Flasche setzt sich auf dem Flaschenboden immer noch etwas Hefe ab. Das ist aber kein Nachteil, wie wir gleich noch sehen werden.
Die gefüllten Flaschen müssen bei untergärigem Bier sofort kühl gelagert werden. Bei obergärigem Bier kommen die Flaschen erst nach etwa 3 bis 4 Tagen in den Kühlschrank oder in einen kalten Keller.

*Abb. 24:* Sterilisieren Sie die Bierflaschen am besten im Backofen.

## Was ist von naturtrüben Bier zu halten?

Es gibt in verschiedenen Gegenden Deutschlands Weizenbier mit Hefe. Wenn Sie das in Ihr Glas schütten, dann bekommen Sie ein trübes Bier, das zwar etwas ungewohnt aussieht, aber einen sehr vollen Geschmack hat. Wenn es nach den Brauern ginge, dann würden sie viel mehr naturtrübes Bier herstellen. Aber das würde eine Veränderung der Trinksitten bedeuten; und das läßt sich in „gesellschaftlichem Maßstab" nicht so schnell herbeiführen. Wir möchten Ihnen trotzdem und ausdrücklich empfehlen, Ihr Bier naturtrüb zu lassen. Es schmeckt einfach besser und es ist auch gesünder. Ein Braumeister riet uns, daß „wir das Bier nur ja so belassen sollten, denn auf diese Weise behält es alle wichtigen Vitamine, besonders das Vitamin B, das

*Abb. 25:* Gut gekühlt schmeckt schon das naturtrübe Jungbier.

an die Hefezellen gebunden ist". Im naturtrüben Bier schweben nämlich nach der Nachgärung immer noch einige aktive Hefezellen.
Wer aber sein Bier partout geklärt haben will, der muß es nach der Hauptgärung ein paarmal durch einen Kaffeefilter gießen.

## Wann kann man das selbstgebraute Bier trinken?

Bevor Sie Ihr erstes selbstgebrautes Bier ausschenken, sollten Sie es etwa 2 bis 3 Wochen in der Flasche liegenlassen. Man kann das Bier zwar sofort nach der Hauptgärung trinken; es ist dann ein Jungbier, das schon sehr gut schmeckt und etwa mit dem „Federweißen" beim Wein vergleichbar ist. Es ist aber nicht so bekömmlich wie ein gelagertes Bier, und es sollte auch stets gut gekühlt serviert werden.
Das selbstgebraute naturtrübe Bier hält sich ungefähr 4 Wochen. Lagern Sie es kühl und möglichst dunkel; der Kühlschrank oder ein kalter Keller sind dafür gut geeignet.
Und nun: Prost!

## Tips für Gerätschaften und die Jodprobe

### Bau der Kochkiste

Als sogenannte Käse-Box kommt diese Kochkiste zwar schon einmal im *Hobbythek-Buch 5* vor, aber wir wollen sie doch hier ganz kurz noch einmal vorstellen.
Sie kann Ihnen nämlich nicht nur bei der Käserei und Bierbrauerei nützlich sein, sondern als Energiesparer auch beim Kochen von Kartoffeln, Gemüse, Suppen, Reis und so weiter. Kartoffeln brauchen Sie z.B. nur noch 5 Minuten auf dem Herd kochen zu lassen. Stecken Sie dann den geschlossenen Topf für etwa 30 Minuten in die Kochkiste, dann sind die Kartoffeln hinterher genauso weich, als wenn sie 20 bis 25 Minuten auf dem Herd gestanden hätten. Nachgegarter Reis wird in der Kochkiste sogar besonders locker und trocken.
Hier kurz die Baubeschreibung (vgl. dazu *Abb. 26*):
Besorgen Sie sich einen Karton, der jeweils etwa 10 cm höher, breiter und länger ist als der Topf, den Sie in die Kochkiste stecken wollen. Dadurch bleibt genügend Raum für eine Isolierschicht aus Styropor nach jeder Richtung.
Außerdem brauchen Sie soviel Styroporplatten von 20 mm bis 30 mm Stärke, daß sie in mehreren Schichten und

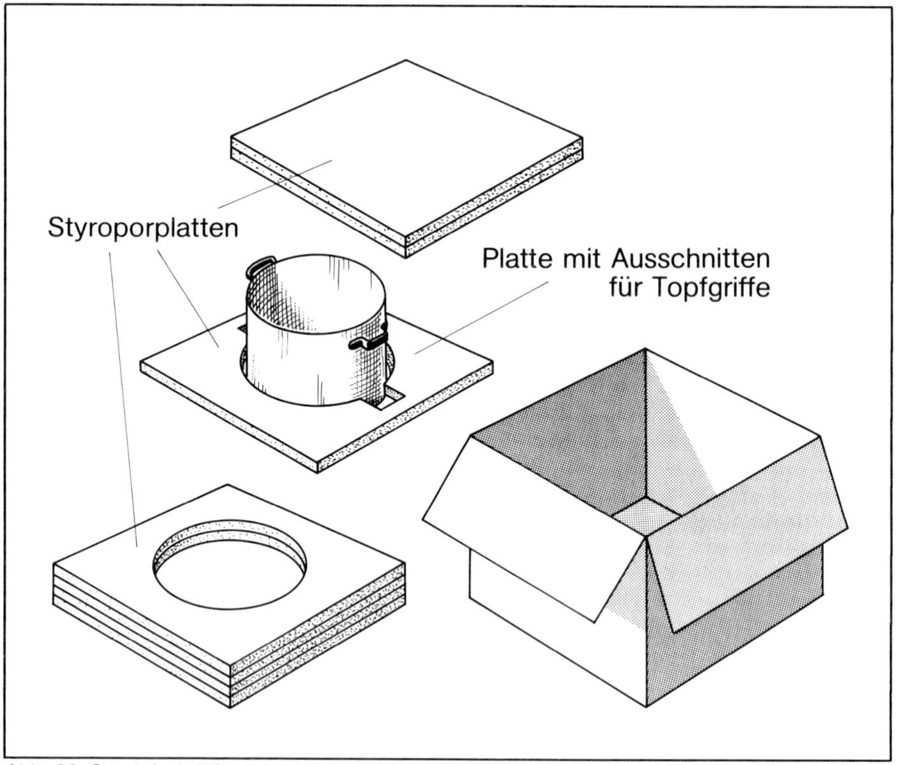


*Abb. 26:* So einfach läßt sich eine Kochkiste aus einem Karton und mehreren Styroporplatten bauen.

auf das Bodenmaß des Kartons zugeschnitten den Karton bis obenhin anfüllen.
Je nach Stärke der Styroporplatten kommen auf den Boden des Kartons zwei bis drei Schichten ohne einen Ausschnitt. Sie isolieren die Kochkiste nach unten. Die nächsthöheren Schichten bekommen einen Ausschnitt in der Form des Topfes. Stellen Sie ihn einfach auf das Styropor, zeichnen Sie mit Filzstift den Topfboden nach und schneiden Sie den Kreis mit einem scharfen Küchenmesser mit sägender Bewegung aus. Wie auf *Abb. 26* zu sehen ist, erhält die Styroporplatte in Höhe der Topfhenkel noch entsprechende Ausbuchtungen. Die letzten Schichten, von denen eine vielleicht noch eine Höhlung für den Topfdeckelgriff erhält, bleiben dann wieder geschlossen. Sie isolieren die Kochkiste nach oben.
Sie können die einzelnen Schichten bis auf die abschließenden oberen Platten mit Styroporkleber (bitte keinen Alleskleber verwenden!) zusammenkleben; dann hält der Isolierklotz beim Herausnehmen des Topfes besser zusammen.
Insgesamt soll das Styropor den Topf möglichst eng umschließen.

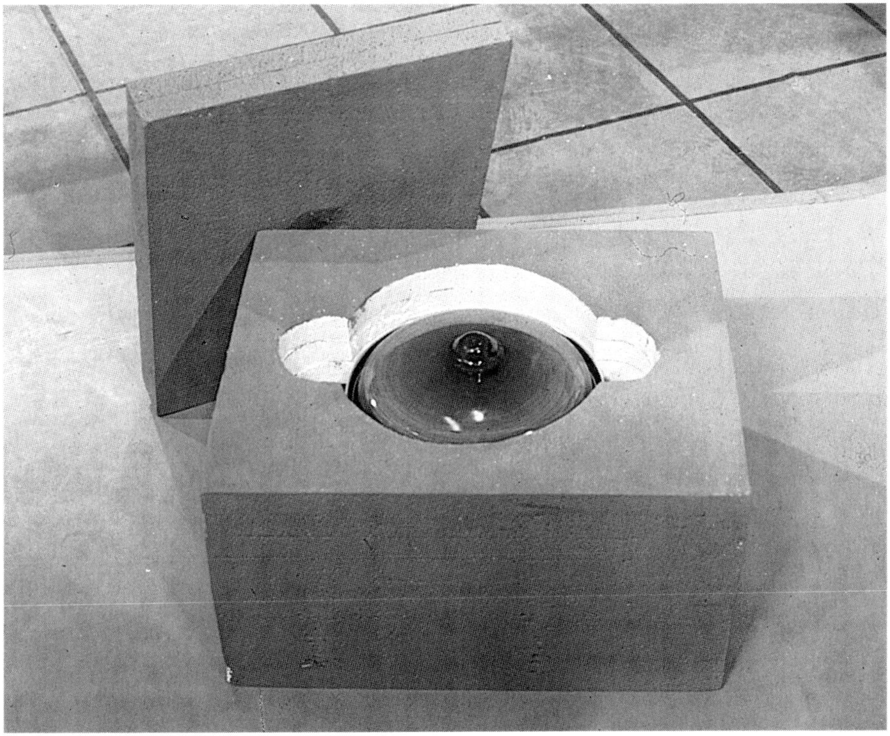

*Abb. 27:* Je genauer der Topf in die Kochkiste paßt, desto länger hält sie die Temperatur konstant.

**Das Gärgefäß der Hobbythek**

Für 4 bis 5 Liter Bieransatz brauchen Sie zwar kein Riesengefäß; aber vielleicht wollen Sie über diese Mengen doch einmal hinausgehen, und da haben Sie dann gleich die passende Gärgefäß-Größe. Geeignet ist ein ganz normaler Plastikeimer; aber auch Kunststoffgefäße, wie z. B. ein Plexiglas-Aquarium. Durchsichtige Gefäße haben den Vorteil, daß man genau beobachten kann, wie das Bier von der am Boden sitzenden Hefe abfließt. Allerdings soll das Gefäß nicht allzu flach und breit sein, weil sonst immer ein größerer Rest Bier über der Hefe im Gefäß bleibt.
Bohren Sie etwa 1 cm über der *inneren* Bodenhöhe des Gefäßes ein Loch. Die Größe des Loches richtet sich nach dem Gewinde eines kleinen Kunststoffhahnes (etwa 7 bis 8 mm), den Sie für wenig Geld im Aquarienhandel bekommen können. Solche Hähne haben in der Regel zwei Überwurfmuttern. Sie müssen vor dem Einkleben abgeschraubt werden. Rauhen Sie die Klebeflächen am Gärgefäß mit Schmirgelpapier auf, dann haftet der Zweikomponenten-Kleber besser, mit dem Sie den Hahn wasserdicht einsetzen. Es gibt auch Hähne, die mit Hilfe von zwei Dichtringen wasserdicht eingeschraubt werden können.

*Abb. 28:* So wird ein Hahn mit Plastikschlauch in das Gärgefäß eingebaut.

Sie brauchen für die Bierspindel lediglich:

| |
|---|
| 1 Schaschlikstäbchen |
| 1–2 Stück Balsaholz 1 x 1 cm Durchmesser, 2 cm lang |
| 1 Stück Blumendraht |
| wasserfesten Lack (z.B. Tauchlack) |

Auf den Schaschlikstab kommt später die Meßskala. Umwickeln Sie diesen Stab am unteren Ende etwa 2 bis 4 cm lang mit Blumendraht. Das ist ein dünner Biegedraht, der nicht federt; sich also eng um das Stäbchen legt. Das Gewicht dieses Drahtes hält das Stäbchen in der Würze senkrecht.

Als Schwimmkörper benutzen wir das Stück Balsaholz. Durchbohren Sie es vorsichtig mit einem Bohrer, der nicht stärker ist als der Schaschlikstab. Der muß nämlich später fest in dem Stück Balsaholz stecken. Beim Bohren bitte vorsichtig zu Werke gehen, weil das Balsaholz leicht bricht.

Durch diesen Hahn läßt man dann oberhalb der am Boden abgesetzten Hefe das Bier ab.

### Wenn Sie sich Ihre Bierspindel selbst bauen wollen . . .

Eine Bierspindel ist zwar nicht übermäßig teuer, man bekommt sie aber nicht in jedem Laden um die Ecke. Außerdem macht es vielen Leuten einfach Spaß, sich ihr Gerät selbst zu bauen.

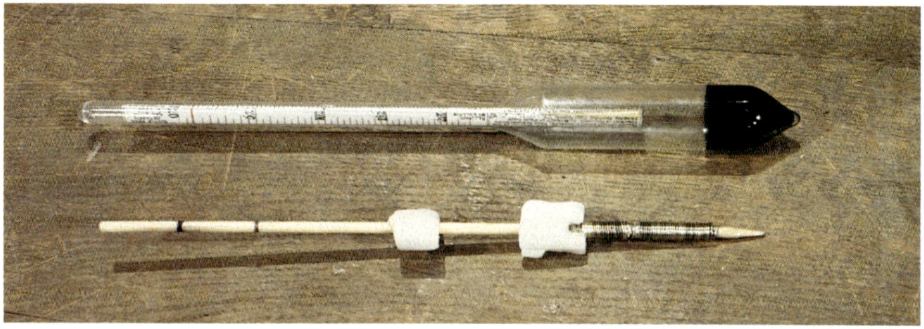

*Abb. 29:* Im Vordergrund eine selbstgebaute Bierspindel; im Hintergrund das professionelle Vorbild.

Stecken Sie nun das Schaschlikstäbchen durch das Holz (sehen Sie sich dazu noch einmal *Abb. 29* an).

Zum Schluß wird das ganze Gerät wasserdicht lackiert. Erst dann kann die Bierspindel geeicht werden. Und das machen wir folgendermaßen:

Füllen Sie ein Bierglas mit ganz normalem Leitungswasser. Sollte die Bierspindel im Wasser völlig versinken, dann müssen Sie von dem Draht wieder ein Stück abwickeln. Steht sie hingegen nicht stabil und senkrecht im Wasser, dann entsprechend Draht nachwickeln. Anschließend diese Stellen noch einmal nachlackieren.

Markieren Sie nun die Bierspindel genau an derjenigen Stelle, an der der Schaschlikstab aus dem Wasser herauskommt (mit wasserfestem Filzstift oder ähnlich).

Bereiten Sie danach eine 10%ige Zukkerlösung (dazu lösen Sie in einem Liter Wasser 110 g Zucker). Stecken Sie nun die Bierspindel in diese Lösung. Sie werden sehen, daß sie jetzt weiter heraussteht, weil das spezifische Gewicht dieser Lösung höher ist als dasjenige von normalem Wasser. Markieren Sie auch die Stelle, an der die Spindel jetzt aus der Lösung herausragt.

Die Spindel zeigt jetzt die beiden Werte einer 0%igen bzw. einer 10%igen Würze an.

Die Zwischenwerte können Sie einfach schätzen, weil die Gesamtskala der verschiedenen Prozentsätze linear verläuft. Genau in der Mitte zwischen 0 und 10% liegen also 5%; derselbe Abstand wie zwischen 5 und 10% kann noch einmal über 10% hinaus verlängert werden, dann erhalten Sie 15%. Diese vier Markierungen reichen für die Bierbrauerei auf jeden Fall aus.
Wichtig für das Funktionieren der Bierspindel ist, daß sie vom Lack wirklich wasserdicht umschlossen wird. Saugt sie sich nämlich mit Wasser voll, dann „geht" Ihr Meßgerät falsch.

**Die Jodprobe**
Wir haben vorn schon gesagt, daß man die Jodprobe nicht unbedingt machen muß; daß sie aber zur Prüfung des Verzuckerungsgrades der Maische (vgl. dazu noch einmal *Seite 24*) ganz nützlich ist.
Besorgen Sie sich in einer Chemikalienhandlung oder beim Apotheker eine Jod N/50-Lösung.
Angewendet wird diese Lösung folgendermaßen:
Nach dem Aufheizen der Maische in der Verzuckerungsphase auf 72 °C, entnehmen Sie mit einem Teelöffel eine kleine Probe. Legen Sie sie auf eine

*Abb. 30:* Die Jodprobe.

weiße Untertasse. Fügen Sie nun 1 bis 2 Tropfen Jod N/50-Lösung hinzu. Färbt sich das Gemisch gelb, dann ist ausreichend Zucker vorhanden. Färbt sie sich hingegen blau, dann ist noch nicht genügend Stärke in Zucker umgesetzt. Die Maltoserast muß verlängert werden, bis die Jodprüfung gelb zeigt.
Wenn Sie jedoch die vorgeschriebenen Temperaturen und Zeiten exakt einhalten, dann kann eigentlich kaum etwas schiefgehen. Wir haben jedenfalls bei unterschiedlichen Malzproben mit Jod nicht ein einziges Mal die Maltoserast verlängern müssen.

# Vor die Trinkfreuden haben die Behörden eine Steuerbarriere gesetzt

### Auch Hobby-Brauer brauchen eine Braugenehmigung

Jetzt erschrecken Sie nicht – das Ganze ist nicht sehr kompliziert und schon gar nicht besonders teuer. Sie müssen nur wissen, daß man auch beim Brauen für den Eigenbedarf eine Genehmigung braucht. Wir haben beim Bundesfinanzministerium erreicht, daß das sonst etwas kompliziertere Genehmigungsverfahren sehr vereinfacht worden ist.
Wenn Sie Bier brauen wollen – sei es für eine Party oder auch nur für Sie selbst – dann brauchen Sie nur beim örtlichen *Hauptzollamt* einen formlosen Antrag zu stellen. Wie der aussieht, sehen Sie auf *Abb. 31*. Die Genehmigung ist Ihnen dann bereits automatisch erteilt. Der Antrag muß unabhängig davon abgesendet werden, wieviel Bier Sie brauen wollen.

Name, Vorname ________ Ort, Datum ________

Straße HsNr. ________

PLZ Ort ________

Hauptzollamt ________

Straße ________

PLZ Ort ________

Betr.: Herstellung von Bier als Hobbybrauer

Ich beabsichtige am ________ 198_ in meiner oben angegebenen Wohnung/ in ________ *) voraussichtlich ________ l ________bier **) herzustellen.

Unterschrift ________

*) nur auszufüllen, wenn das Bier nicht in der im Kopf des Antrags angegebenen Wohnung hergestellt wird.

**) Bitte die Biergattung Schank-, Voll- oder Starkbier eintragen.

*Abb. 31:* Muster eines formlosen Antrages beim Hauptzollamt.

Name, Vorname                                Ort, Datum

______________________
Straße    HsNr.

______________________
PLZ    Ort

Hauptzollamt
______________________

______________________
Straße

______________________
PLZ    Ort

Betr.: Steuererklärung für Hobbybrauer

Bezug: Meine Anzeige vom ____________

Ich habe im abgelaufenen Monat ________ 198_ insgesamt

______ l Schankbier *)

______ l Vollbier

______ l Starkbier

hergestellt.

Den Steuerbetrag von ______ DM werde ich bis zum 20. dieses Monats überweisen.

______________________
Unterschrift

*) Zur Errechnung des Steuerbetrages sind die Mengen an Schankbier mit 0,09 DM, an Vollbier mit 0,12 DM und an Starkbier mit 0,18 DM malzunehmen.

*Abb. 32:* Muster einer Steuererklärung.

Aber wie findet man das Hauptzollamt? Im örtlichen Telefonbuch steht es in der Regel unter dem Stichwort „Zolldienststellen, Hauptzollamt". Sollte es bei Ihnen kein Hauptzollamt geben, sondern nur ein Zollamt, dann fragen Sie dort einfach einmal an. Wenn es auch das nicht gibt, wenden Sie sich an Ihre Stadt- bzw. Gemeindeverwaltung.

Und was kostet das Ganze?
Grundsätzlich müssen für Vollbier – und ein solches ist unser Bier – 12 Pfennige pro Liter bezahlt werden. Wir haben aber hier eine Bagatellregelung für die Hobbythek aushandeln können, nach der gestattet ist, daß von der Steuerpflicht befreit wird, wer nicht mehr als *25 Liter monatlich* braut. Voraussetzung dafür ist, daß das *nicht regelmäßig* geschieht.
Sobald Sie in jedem der 12 Monate eines Jahres Bier brauen bzw. mehr als 25 Liter in einem Monat, müssen Sie von der *gesamten* gebrauten Biermenge die erwähnten 12 Pfennige pro Liter als Steuer zahlen. Das muß jeweils bis zum 20. des folgenden Monats an das zuständige Hauptzollamt geschehen. Die Kontonummer erfragen Sie am besten telefonisch. Vorher müssen Sie aber noch eine Steuererklärung dorthin senden: (siehe *Abb. 32*).
Dem Biersteuerreferat des Bundesfinanzministeriums sei gedankt, und Ihnen wünschen wir noch einmal: Sehr zum Wohle.

*Abb. 33:* Auch in unserer Hobbythek-Sendung ging alles steuerlich einwandfrei zu. Ein Zollbeamter sieht nach dem Rechten.

## Was man aus den Bierzutaten sonst noch machen kann . . .

### Zum Beispiel Malzbonbons

Malzbonbons schmecken gut. Und wenn sie für die Zähne vielleicht nicht gerade Balsam sind, so haben sie doch eine andere gesundheitsfördernde Wirkung: sie bewähren sich als krampflinderndes Mittel bei Husten.
Das Rezept ist ganz einfach.

Nehmen Sie ½ kg Malz, schroten Sie es wie bei der Bierbrauerei in einer Kaffeemühle oder Schrotmühle. Vermischen Sie das geschrotete Malz mit 1 l Wasser und erhitzen Sie den dünnen Brei auf 70 bis 75 °C. Diese Temperatur muß etwa für eine ¾ Stunde gehalten werden, wobei Ihnen aber die Kochkiste wieder gute Dienste leisten kann.

Anschließend wird die Mischung wieder durch eine Windel gefiltert, die an den vier Beinen eines umgedrehten Stuhles festgebunden ist (vgl. dazu noch einmal *Seite 25*). Die Malzrückstände in der Windel werden anschließend noch einmal mit einem Liter kochenden Wasser ausgelaugt.

Die in dem Topf unter der Windel nun zusammengelaufene Flüssigkeit wird bei großer Hitze solange eingekocht, bis eine dickflüssige Masse entsteht. Das ist etwa dasselbe Verfahren, wie man es in schlechteren Zeiten bei der Eigenproduktion von Sirup aus Zuckerrübenschnitzeln praktizierte. Vergessen Sie bei diesem Einkochen nicht das Rühren. Je dicker die Masse wird, um so leichter brennt sie nämlich an.

Zwischendurch müssen Sie immer wieder einmal die sogenannte Löffelprobe machen. Ist die Masse so weit eingedickt, daß sie nicht mehr vom Löffel abläuft, dann wird sie im noch heißen Zustand auf einem großen, eingefetteten Teller oder auf dem Bratenblech des Herdes langsam ausgegossen. Sie muß noch im warmen Zustand mit einem gefetteten Messer in Würfel von etwa 1 bis 1,5 cm Seitenlänge geschnitten werden.

*Abb. 34:* Aus Malz werden leckere Malzbonbons.

Vielleicht erwischen Sie nicht gleich beim ersten Mal den richtigen Dickegrad beim Einkochen der Masse. Sollten die erkalteten Bonbons hinterher zu weich sein, dann schütten Sie sie ruhig noch einmal in den Topf und erhitzen Sie die Masse noch eine Weile.

Wenn Sie möchten, können Sie die Bonbons zum Schluß noch in Puderzukker wälzen; sie kleben dann nicht mehr so leicht aneinander fest.

Guten Appetit!

**Zum Beispiel Malzlimonade**

Die restliche Malzzuckermasse im Topf läßt sich sehr einfach zu Malzlimonade verarbeiten. Geben Sie einfach etwas Wasser in den Topf, kochen Sie alles kurz auf und setzen Sie nach dem Abkühlen je nach Geschmack Zitronensaft oder Ascorbinsäure (Vitamin C) hinzu. Je mehr Malz die Limonade enthält, um so süßer ist sie. Das müssen Sie einfach ausprobieren.

**Zum Beispiel coffeinfreier Kaffee**

In schlechteren Zeiten hatte die Bezeichnung „echter Bohnenkaffee" etwa denselben Wert wie heute beispielsweise der Hinweis, daß etwas aus purem Golde sei. Der Normalkaffee war damals eben nicht echter Bohnenkaffee, sondern ein Muckefuck aus irgendwelchen Ersatzstoffen. Aber das ist lange her; Kaffee gibt es in Hülle und Fülle. Trotzdem hat sich der Malzkaffee bis heute erhalten, weil manche Leute echten Bohnenkaffee nicht vertragen.

Malzkaffee enthält *kein Coffein*, er ist bekömmlich und er schmeckt sehr gut. Solchen Malzkaffee könnnen Sie sich ganz leicht selbst herstellen. Nehmen Sie eine Stahlpfanne und rösten Sie darin unter Rühren mit einem Holzlöffel das Malz solange, bis es eine dunkle kaffeebraune Farbe hat. Gegen Ende der Rösterei müssen Sie aufpassen; denn in dieser Phase geht alles sehr schnell, und das Malz kann leicht verbrennen.

Lassen Sie den Malzkaffee dann flach ausgebreitet vollkommen abkühlen und bewahren Sie ihn dann in einer luftdicht verschließbaren Dose auf. Gemahlen und aufgebrüht wird er wie jeder normale Kaffee.

**Zum Bespiel Hopfentee**

Hopfen wird eine reinigende Wirkung für Leber, Galle, Niere, Milz und Blut zugeschrieben. Außerdem wirkt er nervenberuhigend. Am Abend getrunken ist er ein unproblematisches Schlafmittel.

*Abb. 35:* Coffeinfreier Kaffee aus Malz.

*Abb. 36:* Der Gesundheitstrank der Hobbythek (siehe *Seite 40*).

Auf 1 Liter Wasser rechnet man 2 bis 3 Hopfen-Pellets. Sie mussen etwa $1^1/_2$ Stunden auf kleiner Flamme gekocht werden. Zwischendurch immer wieder einmal umrühren. Anschließend alles durch ein Teesieb geben und je nach geschmack mit Honig süßen, denn der Tee hat den bitteren Hopfengeschmack.

## Der Gesundheitstrank der Hobbythek

Auch dieses Getränk basiert auf Zutaten, die wir bei der Bierbrauerei brauchen. Es hat bei den Zuschauern unserer Sendung besonders viel Interesse gefunden. Eine wichtige Rolle spielt hier die Bierhefe.

Folgende Zutaten brauchen Sie:

0,7 Liter Vorderwürze (Malzsud)
3 Eßlöffel dickbreiige Bierhefe (oder 0,1 Liter Hefeansatz oder 5 bis 10 g Preßhefe).

Bierhefe erzeugt in Verbindung mit dem Malzsud das für den Stoffwechsel überaus wichtige Vitamin B. Für den, der es noch genauer wissen will: In der Bierhefe finden sich u.a. Thiamin (Vitamin $B_1$), Riboflavin ($B_2$), Pyridoxin ($B_6$), Cobalamin ($B_{12}$), Pantothensäure sowie Folsäure und Cholin – das sind Vitaminsubstanzen, die zur Erhaltung der Konzentrationsfähigkeit beitragen, die den Kreislauf stabilisieren, blutreinigend wirken und wichtig für Haarwuchs und Nägel sind. Außerdem sind sie unentbehrlich für die Bildung des roten Blutfarbstoffes, zum Schutz der Darmflora und für den Hormonhaushalt. Bierhefe ist also ein rechtes Hausmittel gegen die verschiedensten Mangelerscheinungen.

Die Hefefachleute Prof. Dr. Donhauser und Dr. Foerkelius aus Weihenstephan haben uns nun erklärt, das der Genuß reiner Hefe weit weniger effektiv sei als in Verbindung mit dem Malzsud. Die Hefezellen bleiben nämlich beim Passieren des Verdauungstraktes teilweise aktiv, und sie geben deshalb die Vitamine nicht ohne weiteres her. Es kommt zu Blähungen.

Erhitzt man die Hefe hingegen kurz mit dem Sud, dann wird die Hefe selbst zwar inaktiviert; das gegenüber Hitze nicht so empfindliche Vitamin B bleibt aber erhalten. Es kann jetzt vom Körper besser aufgenommen werden.
Ein reiner Hefetrank schmeckt ziemlich widerlich; deshalb haben wir mit Hilfe der Weihenstephaner Hefespezialisten einen Gesundheitstrank entwickelt, bei dem die Tatsache ausgenutzt wird, daß die Vitamin-B-Produktion in der Hauptgärungsphase der Bierwürze am stärksten ist.
Sterilisieren Sie also die Würze durch kurzes Aufkochen. Geben Sie nach Abkühlen auf Zimmertemperatur die Hefe hinzu, und lassen Sie das Ganze etwa 1 bis 2 Tage gären.
Während des Höhepunktes der Gärung bildet sich Schaum. Das ist der Zeitpunkt, an dem wir den Gärprozeß durch kurzes Aufkochen stoppen. Die Hefezellen werden dadurch abgetötet, der Alkoholgehalt ist noch sehr niedrig (etwa 0,5%), aber es hat sich sehr viel Vitamin B gebildet.
Füllen Sie dieses Getränk in eine Flasche ab, die Sie im Kühlschrank 8 bis 14 Tage frischhalten können. Trinken Sie davon jeden Morgen ein kleines Gläschen; dann ist Ihr Vitamin-B-Bedarf für den ganzen Tag gedeckt.

# Lampen und Möbel aus Acrylglas

Durchsichtige Stoffe haben die Menschen schon immer fasziniert. Bis vor etwa 6000 Jahren gab es solche Stoffe nur in der Form, wie sie in der Natur vorkamen. Und da waren sie doch recht selten. Der glasklare Bergkristall gehört dazu, der kostbare Diamant und verschiedene andere Edelsteine, oder die verschiedenfarbigen vulkanischen Gläser. Vor rund 6000 Jahren fand man heraus, wie man Glas künstlich herstellen konnte. Der Hauptrohstoff ist bis heute einer der auf der Erde am weitesten verbreiteten Stoffe; nämlich Sand (Siliziumdioxid = Quarz = Kieselsäure). Aber man brauchte zum Schmelzen relativ hohe Temperaturen – 1.400 bis 1.600 °C –, und so war Glas in der ersten Zeit fast so kostbar wie Gold. Wer mehr darüber wissen will, kann im *Hobbythek-Buch 5* das Kapitel „Kunstwerke aus Glas" nachlesen.

Es hat dann bis Anfang des 20. Jahrhunderts gedauert, bis man einen Stoff entdeckte, der in Farbe und optischen Eigenschaften dem Glas sehr ähnlich ist, dabei aber viel leichter ist und bereits bei 160 °C verformbar wird, relativ bruchunempfindlich und mit Sägen, Fräsen und anderen Schneidwerkzeugen fast wie Holz bearbeitbar ist. Vor gut 50 Jahren wurde dieser Wunderstoff von dem Erfinder und Chemiker Röhm aus Darmstadt entwickelt. Er erhielt den Namen „Plexiglas"; das ist eine Bezeichnung, die sich, wie manche andere Markennamen auch, inzwischen statt der eigentlichen exakten Bezeichnung für dieses Glas eingebürgert hat.

Korrekter muß von *Acrylglas* gesprochen werden; und das ist auch die Bezeichnung, die wir im folgenden verwenden wollen.

Acrylglas gehört zu den Kunststoffen, die aus Erdgas, Erdöl oder Kohle hergestellt werden. Im Gegensatz zum normalen Glas, das hauptsächlich aus dem massenweise vorhandenen anorganischen Rohstoff Sand hergestellt wird, basiert das Acrylglas auf organischen Rohstoffen, die inzwischen kostbar und teuer zu werden beginnen. Deshalb ist Acrylglas leider auch relativ teuer – nämlich pro Kilogramm etwa 10 bis 15 Mark. Wirklich hoch im Preis sind deshalb dicke Acrylglasplatten. Rohre hingegen sind relativ billig, weil ihre Wandung für die gleiche Stabilität nicht so dick sein muß.

Acrylglas ist leichter als normales Glas, und deshalb hilft bei einem Preisvergleich eigentlich auch nur der Vergleich der Flächen bei einer entsprechenden Stärke weiter. Man kann „über den Daumen gepeilt" sagen, daß Acrylglas etwa doppelt so teuer wie normales Glas ist.

Trotzdem lohnt es sich, mit Acrylglas zu arbeiten. Sie können damit ohne große Anlagen oder besonders teure Werkzeuge eine Menge sehr hübscher Gegenstände herstellen, die im Laden kaum erschwinglich sind. So gesehen ist der Preis von Acrylglas doch erträglich. Wenn Sie nicht allzu festgelegt sind im Hinblick auf Flächengrößen und Stärken des Materials, können Sie auch Reste von Acrylglas in Betrieben kaufen, die dieses Material verarbeiten.

*Abb. 1:* Einrichtung unseres Studios für die Fernsehsendung der Hobbythek.

## Ein faszinierendes Material: Acrylglas

Noch ein paar Worte zu den erstaunlichen Eigenschaften von Acrylglas:
Es ist nicht zu verwechseln mit Polyester oder anderen durchsichtigen Kunststoffen, die die optischen Eigenschaften, die Oberflächenbeschaffenheit und die Qualität des Acrylglases nicht erreichen. Das Plexiglas der ersten Jahre war leicht gelbstichig und auch nicht sehr alterungsbeständig. Es ist der Raffinesse der Chemiker zu verdanken, daß Acrylglas heute manche Eigenschaften besitzt, die sogar von optischen Gläsern nicht übertroffen werden. So gibt es schon seit mehreren Jahren Brillengläser aus Acrylglas und inzwischen sogar Linsen für Fotoapparate.
Für die wissenschaftlich vorbelasteten Tüftler hier noch ein paar genauere Angaben:
Die chemische Bezeichnung von Acrylglas lautet *Polymethylmethacrylat* (PMMA); das ist eine recht zungenbrecherische Bezeichnung. Es ist sehr widerstandsfähig gegen Witterungseinflüsse, es vergilbt und versprödet nicht, es hinterläßt beim Zerbrechen keine scharfen Splitter und es hat relativ geringes spezifisches Gewicht (1 $m^2$ Acrylglas von 1 mm Stärke wiegt 1,2 kg). Gegen manche organischen Lösungsmittel (Alkohol, Benzol, Tetrachlorkohlenstoff z.B.) ist es allerdings nicht ganz so beständig.

Acrylglas mit dem dafür geeigneten Kleber gibt es im Kunststoffhandel, aber inzwischen auch in Hobbyläden und Baumärkten. Achten Sie aber darauf, daß Sie auch wirklich Acrylglas bekommen, weil andere Materialien oft nicht die gleiche Oberflächenhärte besitzen und manchmal mit der Zeit auch eingilben.
Bevor wir uns mit den interessanten optischen Möglichkeiten des Acrylglases und den dahinterstehenden physikalischen Eigenschaften des Lichts befassen wollen, zwischendurch ein Bauvorschlag.

## Das Hobby-Licht – eine Lampe, bei der das Licht um die Ecke geleitet wird

Diese Leuchte besteht im Prinzip aus einem schwarzen Kasten mit einer eingebauten energiesparenden Lichtquelle, aus dem vielfältig geformte Acrylstäbe das Licht herausleiten (*vgl. Abb. 2*).

Diese Materialien brauchen Sie:

Für Boden und Deckplatte je eine Spanplatte 26 x 26 cm, 12 mm stark;
für Vorder- und Rückwand 2 Spanplatten 14,8 x 26 cm, 12 mm stark;
für die Seitenwände 2 Spanplatten 14,8 x 23,6 cm, 12 mm stark;
50 cm Vierkantleiste, 1,2 x 1,2 cm;
Acrylstäbe mit verschiedenen Querschnitten (rund, quadratisch, usw.), 20 bis 40 cm lang

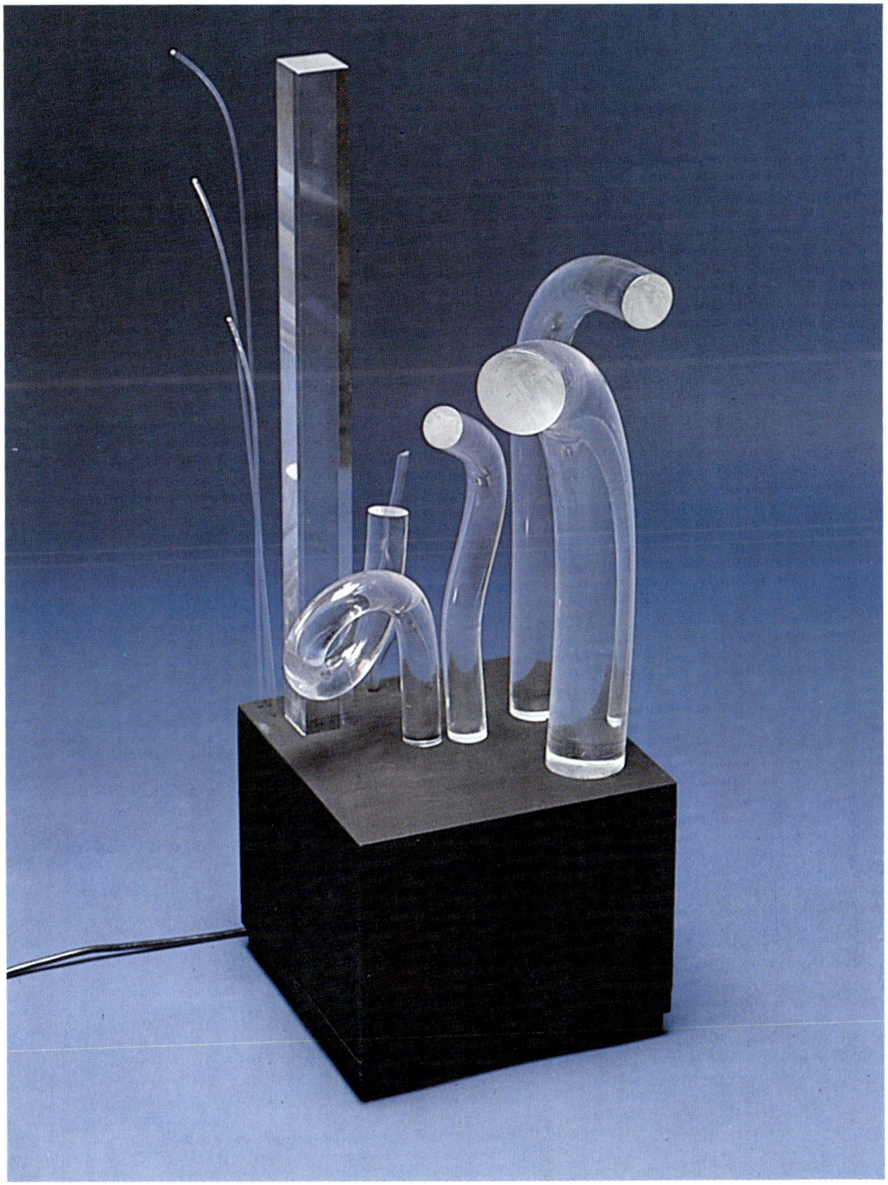

*Abb. 2:* Unser Hobby-Licht, bei dem das Licht um die Ecke geleitet wird.

Spezialleuchtstofflampe (z.B. Circolux-Lampe 25 von Osram oder eine ähnliche Lampe von Philips, beide passen in normale Lampenfassungen)
Holzleim und Zweikomponenten-Kleber für Acrylglas

Vor dem Zusammenbau des Kastens wird die *Glühbirnenfassung* für die Leuchtstofflampe in der Mitte der Bodenplatte befestigt. Ein Loch für das nach unten führende Kabel nicht vergessen. Damit die Bodenplatte durch dieses Kabel nicht wackelt, an den vier Ecken kleine *Füßchen* aus Holz oder Kunststoff ankleben.
Dann in die *Deckplatte* entsprechend den Acrylglasstäben geformte *Löcher* möglichst gleichmäßig verteilt anbringen. Bei diesen Löchern genau arbeiten, damit die Acrylglasstäbe darin möglichst fest und lichtdicht sitzen.

Anschließend die *Seitenwände* mit Holzleim an der Deckplatte festkleben. Die Klebekanten müssen lichtdicht sein.

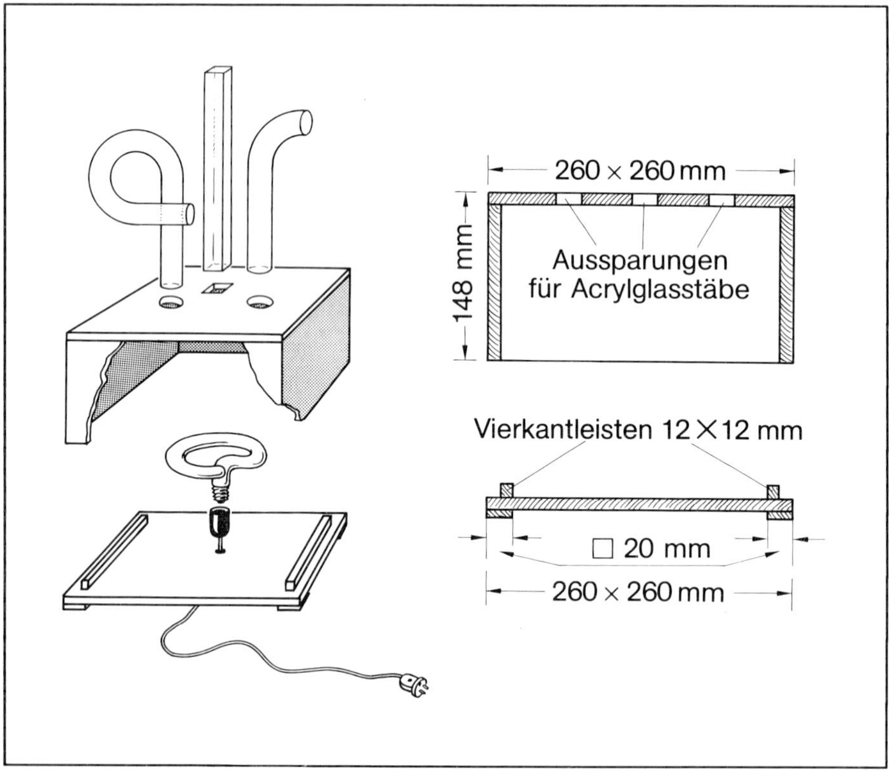


*Abb. 3:* Konstruktion des Hobby-Lichts.

Die Deckplatte mit Seitenwänden wird am Boden nicht festgeklebt, damit man die Birne notfalls auswechseln kann. Sie wird nur aufgelegt und durch zwei angeklebte Leisten, die von innen her leicht gegen die Außenwände stoßen, gegen Verrutschen gesichert. Damit der Deckel lichtdicht schließt, wird der Falz auf der Deckelseite mit schwarzem Filz oder Samtband beklebt.
Nach dem *Biegen der Acrylstäbe*, das wir gleich beschreiben werden, werden sie in den entsprechenden Öffnungen des Deckels mit Zweikomponenten-Kleber festgeklebt. Dabei sollen die Enden der Stäbe mit der Innenseite des Deckels bündig abschließen.
Weil die Birne im Kasten möglichst viel Licht gegen die hereinragenden Acrylstäbe abstrahlen soll, wird er mit einer reflektierenden Folie ausgekleidert. Geeignet ist normale Alufolie, aber auch hochglänzende Isolationsfolie, wie man sie zur Wärmeisolierung hinter Heizkörper klebt. Es gibt davon auch eine selbstklebende Ausführung.

Noch ein Wort zur *Spezialleuchtstofflampe*.

Sie hat den Vorteil, daß sie sich ohne weitere Aggregate – wie z.B. eine sogenannte Drossel – in jede normale Birnenfassung einschrauben läßt. Außerdem hat sie den Vorzug aller Leuchtstoflampen, bei gleicher Stromaufnahme 3- bis 4mal mehr Licht abzugeben als eine Glühbirne. Eine 25-W-Leuchtstoflampe ist also etwa genauso hell wie eine 75-W-Glühbirne. Und schließlich entwickelt sie nur wenig Wärme, was bei unserem kleinen Lampenkasten besonders wichtig ist. Einen Nachteil gibt es aber noch. Diese Lampen kosten über 30 Mark. Selbst dieser Preis läßt sich aber verschmerzen, wenn man bedenkt, daß die Lebensdauer dieser Lampen 6mal höher ist als die einer Glühbirne. Außerdem spart man ja auch Energie, wie wir gesehen haben.

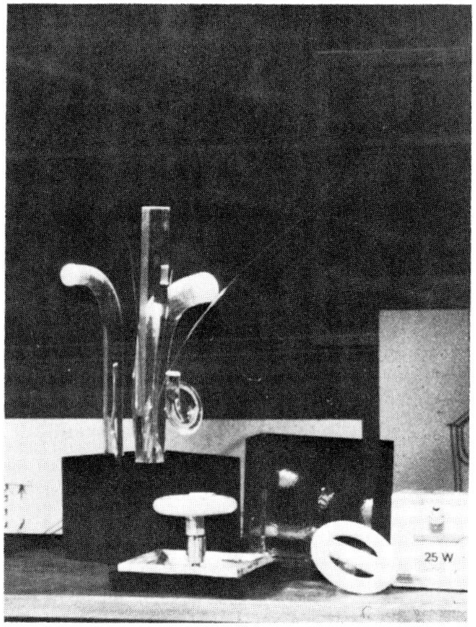


*Abb. 4:* Hier ist die Spezialbirne für das Hobby-Licht gut zu sehen.

## Wie behandelt man die Acrylglasstäbe?

### Zunächst das Sägen

Helles Licht tritt aus den Enden der Stäbe nur heraus, wenn die der Lichtquelle zugewandten Frontflächen der Acrylglasstäbe – also die im Deckel steckenden Seiten – auf *Hochglanz* poliert sind. Da die Stäbe zunächst mit einer ganz normalen Säge auf ihre endgültige Länge geschnitten werden, sind die Enden alles andere als glatt und durchsichtig.

Normalerweise bekommt man die Stäbe im Laden auf das gewünschte Maß zugeschnitten. Ist das nicht der Fall, empfehlen wir, eine sogenannte Gehrlade zu benutzen, wie man sie auch zum Zurechtschneiden von Bilderrahmen verwendet. Als Säge eignet sich ein feinzahniger Fuchsschwanz, aber auch eine Laubsäge, eine elektrische Stichsäge oder eine Heimwerkerkreissäge. Allerdings sollte man unverschränkte Sägeblätter benutzen; dann werden die Schnittflächen ebener. Berücksichtigen Sie vorher, daß durch das anschließende Schleifen und Polieren etwa 1 bis 2 mm an der Schnittkante verlorengehen.

Bei größeren Materialstärken empfiehlt es sich außerdem, die Schnittstelle zur Kühlung immer wieder mit Petroleum zu beträufeln. Petroleum greift Acryl-

*Abb. 5:* Acrylglas läßt sich wie Holz sägen.

glas nicht an; es verhindert zugleich, daß der sehr wärmeempfindliche Werkstoff beim Sägen schmilzt und dadurch das Sägeblatt verschmiert.
Da wir es bei diesem Bauvorschlag nur mit Acrylstäben und nicht mit größeren Flächen zu tun haben, geht man beim Begradigen und Polieren der Schnittflächen folgendermaßen vor:

**Das Glätten und Polieren**

Zunächst werden sie mit einer *Ziehklinge* egalisiert. Am einfachsten geht es, wenn das Werkstück eingespannt wird (Werkbank, Schraubstock). Polstern Sie die Klemmbacken mit Zeitungspapier oder Stoff, damit das Acrylglas keine Druckstellen bekommt. Die Ziehklinge mit beiden Händen anpacken und die Schnittfläche in einem Zug möglichst gerade abziehen. Dadurch wird der Span gleichmäßig abgehoben. Solange abziehen, bis die Spuren des Sägeblattes gänzlich abgetragen sind.
Schleifen Sie die Schnittfläche dann mit *Naßschleifpapier* von immer feiner werdender Körnung. Beginnen Sie mit 180er-Körnung, gehen Sie dann zu 240-er-, anschließend zu 400er- und zuletzt zu 600er-Körnung über. Vor dem Übergang zur nächstfeineren Korngröße müssen die Spuren der vorhergehenden Schleiferei völlig beseitigt sein.
Zum Schluß muß *auf Hochglanz poliert* werden. Das geht am besten mit einer speziellen Polierpaste, die es in den Hobbyläden gibt. Für kleine Flächen reicht ein Stofflappen; schneller geht es aber mit einer Polierscheibe, die man

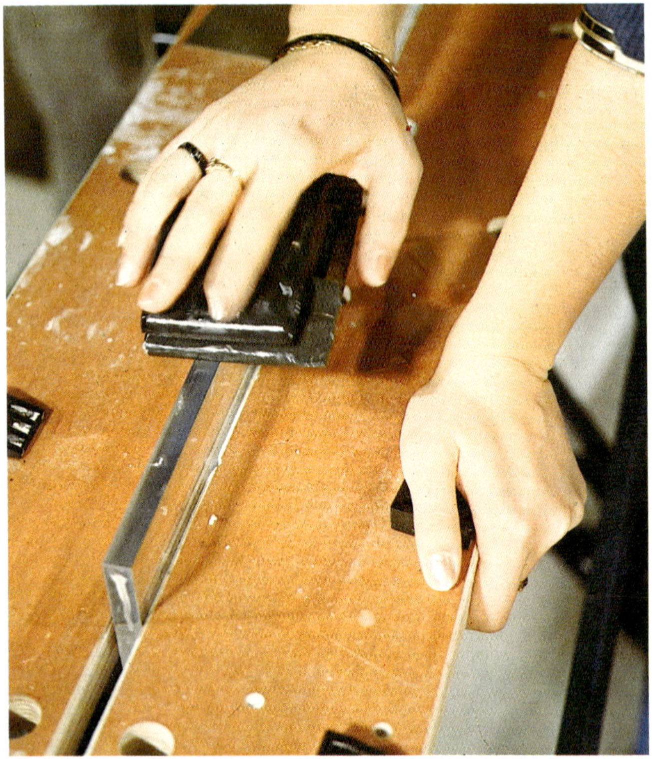

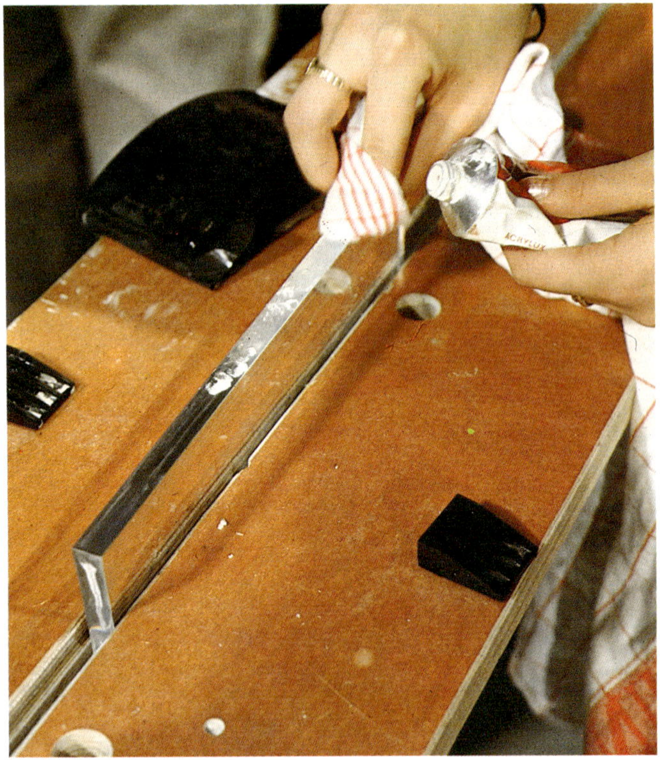

*Abb. 6:* Zum Polieren das Acrylglas möglichst einspannen. Nicht vergessen, vorher die Klemmbacken zu polstern.

auf die Bohrmaschine setzt. Diese Scheibe besteht aus einer dicken Lage fest aufeinander gepreßter und vernähter runder Stofflappen. Auch diese Scheiben gibt es in Hobby- und Baumärkten. Bei der Polierpaste darauf achten, daß sie hochfein und lösungsmittelfrei ist (z.B. von der Firma Hobbytime).

**Und jetzt geht's ans Biegen**

Vor dem Biegen kommen die Acrylglasstäbe einfach in den Backofen

Im Gegensatz zu Glas reichen bei Acrylglas bereits 160°C aus, damit man es in die gewünschte Form biegen kann. Und diese Temperatur von 160 °C erreichen Sie spielend in einem ganz normalen Backofen. Wärmer als maximal 170°C sollte das Material allerdings nicht werden, weil sonst die Gefahr besteht, daß es Blasen wirft. Wenn Sie sich also auf die Temperaturangaben auf dem Einstellknopf Ihres Backofens nicht ganz verlassen können, sollten Sie es zunächst lieber mit einer etwas geringeren Temperatur versuchen. Ein paar Grad nachheizen können Sie dann immer noch.

Wegen seiner leichten Verformbarkeit gehört das Acrylglas zur Kunststoff-Familie der *Thermoplaste*. Der Fachmann spricht davon, daß Acrylglas bei 160 °C „umformbar" (plastisch) wird.

Wie gehen Sie in der Praxis vor?

Bleiben wir zunächst bei den Acrylglas*stäben*; zu anderen verformbaren Teilen kommen wir gleich noch. Schieben Sie also in den Backofen ein ganz normales Backblech. Belegen Sie es aber mit einem speziellen Backpapier, das man in jedem Haushaltswarengeschäft für wenig Geld bekommt. Dieses Papier verhindert, daß der erwärmte Acrylglasstab am metallenen Backblech festklebt oder unschöne Abdrükke und Verfärbungen erhält.

Wenn der Backofen auf die richtige Temperatur von 160 °C aufgeheizt ist, wird einer der passend zurechtgeschnittenen und an einer Schnittkante polierten Acrylglasstäbe auf das vorbereitete Backblech gelegt. Das Erhitzen des Acrylglases geht relativ schnell; 5 bis 10 Minuten reichen je nach der Dicke in der Regel aus. Bei richtiger Temperatur muß sich der Acrylglasstab ohne großen Kraftaufwand verformen lassen. Tut er das nicht, dann ist er im Inneren noch nicht richtig erhitzt; gehen Sie dann nicht mit Gewalt vor. Das nicht ausreichend erhitzte Material bricht leicht.

Natürlich kann man einen 160 °C heißen Gegenstand nicht mit bloßen Fingern anfassen. Ein paar dicke Woll- oder Lederhandschuhe (bitte keine Handschuhe aus Kunststoffasern verwenden) reichen aber schon. Am einfachsten geht es mit Arbeitshandschuhen aus Leder oder dickem Stoff, die es in Bau- oder Hobbymärkten gibt.

Auf *Abbildung 7* zeigen wir Ihnen einige Methoden, die Ihnen das Biegen oder gar Knoten eines Acrylglasstabes erleichtern. Acrylglas hat nämlich die Eigenschaft, daß es beim Abkühlen sogenannte *Rückstellkräfte* entwickelt. Damit ist gemeint, daß es versucht, sich in seine ursprüngliche Form wieder zurückzubiegen. Deshalb schlagen wir vor, den Stab um eine Form zu biegen und ihn dort bis zum Abkühlen mit Klebeband oder etwas Ähnlichem zu fixieren. Als eine solche Form eignet sich

*Abb. 7:* Biegen von Acrylglas-Stäben nach der „Backofen-Methode". Den Knoten in Abb. d) brauchen wir für unseren Leuchter (siehe *Seite 53*).

z.B. sehr gut eine ganz normale Flasche, die am Bauch und am Hals ja unterschiedliche Krümmungen hat. Man kann aber auch einen Besenstiel, die Tischkante oder eine Stuhllehne verwenden.
Je nach Stärke des Materials dauert das Abkühlen auf 80 bis 100 °C – das ist die Temperatur, bei der Acrylglas sich nicht wieder zurückbiegt – etwa 1 bis 5 Minuten. Wer so viel Geduld zum Festhalten des Werkstückes nicht aufbringen will, kann es auch folgendermaßen machen. Zur Fixierung des Werkstückes in seiner Form haben wir gute Erfahrungen mit Stoffstreifen gemacht, die man von einem alten Tuch abreißen kann. Sie haben gegenüber Bindfaden oder Draht den Vorteil, daß sie sich in das noch weiche Material nicht eindrücken.
Versuchen Sie bitte nicht, den Kühlprozeß z.B. mit kaltem Wasser zu beschleunigen. Das Acrylglas ist zu Beginn immerhin 60 °C heißer als kochendes Wasser; Sie würden also nur ein Dampfbad oder zumindestens spritzendes heißes Wasser erzeugen, mit dem Sie sich leicht verbrühen können.
Sie haben jetzt ein Objekt gebaut, das ausgesprochen magisch wirkt, weil das Licht erst an den *Enden* der gebogenen Stäbe heraustritt. Der Lichtstrahl ist dann relativ stark gebündelt.
Lampen einer ähnlichen Konstruktion mit nur einem dicken Acrylglasstab benutzt man deshalb auch als Schreibtisch- oder Leselampe.
Worauf geht diese seltsame Lichtführung zurück? Zur Erklärung . . . .

## . . . ein kurzer Ausflug in die Optik

Mit Optik bezeichnet man die Wissenschaft, in der das Verhalten von Licht in den verschiedensten Stoffen beschrieben wird. Licht verhält sich nämlich im Vakuum oder in der Luft oder in transparenten festen oder flüssigen Materialien durchaus unterschiedlich. Weshalb das so ist, dazu ein paar grundsätzliche Bemerkungen.
Das Licht hat eine eigenartige Zwitternatur. Es ist nämlich *elektromagnetische Welle* und zugleich hat es den Charakter von *Teilchen*. Den Teilchen-Charakter des Lichtes hat bereits der berühmte Physiker Max Planck (1858 bis 1947) vorausgesagt, und Albert Einstein (1879 bis 1955) hat ihn dann 1905 durch die Deutung des „Photoeffekts" bestätigt. Man spricht beim Licht von diesen kleinsten Teilchen (den *Quanten*) auch von *Photonen*.
Das Licht gehört also zu den *elektromagnetischen Wellen*, auf die wir hier aber nicht im einzelnen eingehen wollen. Uns interessiert hierbei nur, daß wir diese Wellen mit den „Antennen" unserer Augen – den Zäpfchen und Stäbchen der Netzhaut – empfangen können, wenn ihre Schwingungszahl (oder fachmännisch ausgedrückt: die *Frequenz*) zwischen 400 und 750 Billiarden (!) Schwingungen pro Sekunde beträgt. Das ist eine unvorstellbare große Zahl, die der Mathematiker vereinfacht so ausdrückt: $400 \times 10^{12}$ bis $750 \times 10^{12}$. Oder noch anders ausgedrückt: 400 Billiarden ist die Zahl 400 mit 12 Nullen.
Was wir mit „Licht" bezeichnen, ist also der Teil der elektromagnetischen Wellen mit dem eben genannten Frequenzbereich.
Auch die Winzigkeit der *Wellenlänge* des sichtbaren Lichtes läßt sich nur schwer vorstellen. Sie beträgt 0,4 bis 0,77 $\mu$m (wobei 1 $\mu$m = 1/1000 Millimeter ist). Zwischen einem Wellenberg und einem Wellental legt das Licht – wie gesagt in rund einem 500-Billiardstel einer Sekunde – eine Strecke von ungefähr einen halben Tausendstel Millimeter zurück. Im Vakuum durcheilt das Licht in der Sekunde rund 300.000 km! Das Licht von der Sonne braucht z.B. bis zur Erde gut 8 Minuten. Versuchen Sie sich vorzustellen, wie weit entfernt eine Milchstraße von uns ist, deren Licht Millionen Jahre auf dem Weg sein muß, bis es die Erde erreicht. Angesichts solcher Erscheinungen kommt einem die Erde plötzlich doch recht klein und verloren vor.
Folgen Sie uns ein kleines Stück weiter in diesen Spezialbereich der Physik, die Optik. Wir kommen noch einmal auf den *Teilchen-Charakter* des Lichtes zu sprechen.
Wir sagten schon, daß man die Lichtteilchen oder Quanten auch *Photonen* nennt. Wie kommen sie zustande und wie werden sie auf den Weg geschickt, so daß sie von unseren Augen schließlich als Licht empfunden werden?
Vereinfacht dargestellt, geschieht folgendes: Wenn in einem Atom oder einem Molekül ein Elektron von einer äußeren Bahn in eine innere springt, wird ein Photon ausgesendet. (*Abb. 8*) Dazu muß das Elektron aber vorher auf die äußere Bahn angehoben worden sein, z.B. durch Wärmeschwingung. Dies geschieht im Prinzip in einer Glühbirne oder einer Kerzenflamme. Bei einer

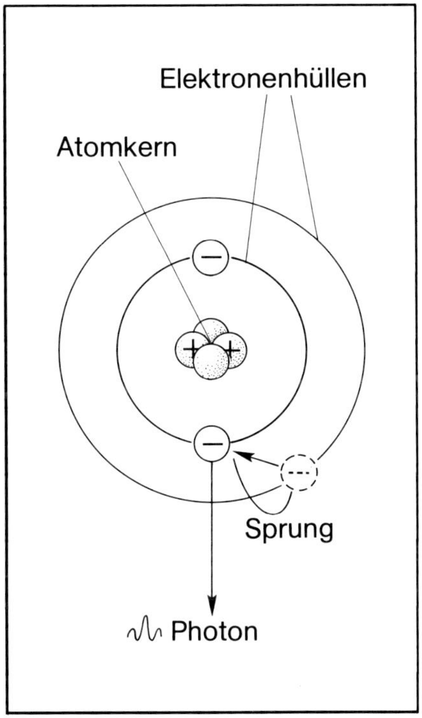

*Abb. 8:* Ein Photon entsteht, wenn in einem Atom ein Elektron von einer äußeren Bahn auf eine innere springt.

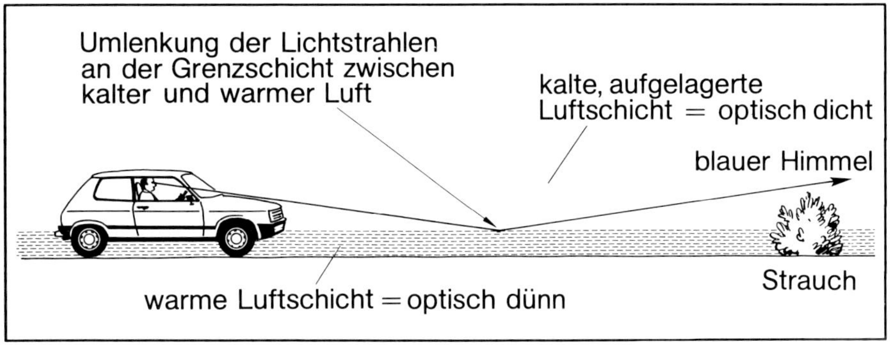

*Abb. 9:* Schematische Darstellung, wie auf heißer Straße eine Luftspiegelung entsteht.

Leuchtstofflampe wird derselbe Prozeß nicht durch Wärme, sondern durch elektrische Entladung in Gang gesetzt. Es gibt noch andere physikalische Lichtquellen, wie z.B. besondere Halbleiterkristalle, die man in Leuchtdioden findet, oder es gibt den Laser. Aber darauf wollen wir hier nicht im einzelnen eingehen.

Normalerweise breitet sich das Licht geradlinig aus. Allerdings gilt das nur solange, wie es sich in einem gleichmäßigen Medium ausbreitet. Das kann z.B. ein Vakuum wie im Weltraum sein oder auch die Luft, vorausgesetzt allerdings, daß sie von gleicher Dichte und Temperatur ist. Das ist allerdings in der Lufthülle unserer Erde nur unter idealen Bedingungen zu finden, wenn man außerdem auf gleicher Meereshöhe bleibt. Wenn die Luft z.B. durch unterschiedliche Temperaturverteilung ungleichmäßig dicht ist, dann kann das Licht sogar einen gekrümmten Verlauf nehmen. Sie kennen diese Erscheinung vielleicht vom Autofahren im Sommer. Da sieht die Straße plötzlich aus, als sei sie von einer Wasserschicht bedeckt. Was Sie dort vor sich sehen, ist nämlich nicht mehr die Straße, sondern der sich spiegelnde Himmel. Der „Spiegel" wird dadurch gebildet, daß auf der warmen Straßendecke eine „optisch dünne" Zone heißer Luft liegt, die von einer „optisch dichten" Schicht kühlerer Luft überlagert wird, die die Lichtstrahlen ablenkt (wir haben das auf *Abbildung 9* dargestellt).

**Wie entsteht eine Fata Morgana?**

Bei einer *Fata Morgana* oder bei seltsamen Erscheinungen am Meer, bei denen auf dem Kopf stehende Schiffe am Himmel entlangzuziehen scheinen, liegen genau umgekehrte Temperaturverhältnisse vor: Dann haben wir unten eine kalte Schicht und darüber eine warme. Bei solchen Verhältnissen kann man quasi hinter den Horizont schauen und sieht das umgekehrte Spiegelbild (vgl. dazu *Abbildung 10*).

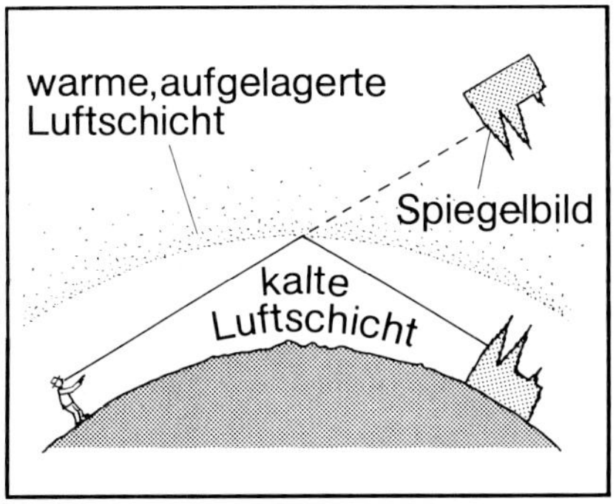

*Abb. 10:* Entstehung einer Fata Morgana.

Die Ablenkung des Lichtes aus seiner geradlinigen Bewegung ist um so stärker, je größer der Unterschied in der optischen Dichte von zwei Medien ist. In der Sprache des Alltags ausgedrückt: Wenn Licht zunächst durch Luft geht und dann z.B. durch Glas oder Wasser, dann durcheilt es zwei Medien von unterschiedlicher Dichte. Den dadurch entstehenden Effekt kennen Sie: Ein in Wasser getauchter Stab scheint an der Wasseroberfläche einen Knick zu haben. Welche physikalischen Gesetze stecken dahinter?

**Warum sieht der Stab im Wasser geknickt aus?**

Wenn das Licht beispielsweise aus der Luft in Glas oder auch in Acrylglas eindringt, dann wird es – wie die Physiker sagen – zum optisch dichteren Medium hin aus seiner ursprünglichen Richtung gebrochen. Das optisch dichtere Medium ist in diesem Falle das Glas (vgl. *Abbildung 11*). Wenn das Licht also unter dem Winkel $\alpha$ (gegen das Lot auf der Glasplatte gemessen) auf die Glasschicht trifft, dann läuft es im Glas unter dem Winkel $\beta$ weiter. Den Winkel $\alpha$ bezeichnet man als *Einfallswinkel* und $\beta$ als *Brechungswinkel*. Die verschiedenen durchsichtigen Materialien haben jeweils einen ganz bestimmten Zusammenhang zwischen beiden Winkeln („Brechungsgesetz"); er ist z.B. für die optische Industrie sehr wichtig.

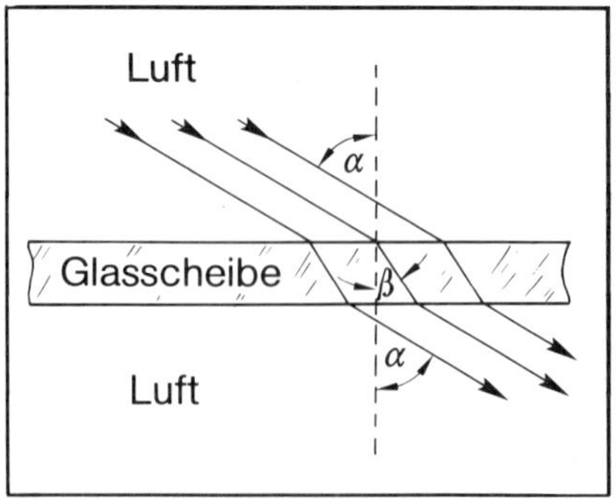

*Abb. 11:* Lichtbrechung.

Die Ursache für die Lichtbrechung – also für die Ablenkung des Lichtes in einem bestimmten Winkel –, liegt in der unterschiedlichen Geschwindigkeit, mit der das Licht in diesen unterschiedlich dichten Medien seinen Weg zurücklegt. Wir sagten schon, daß die Lichtgeschwindigkeit im Vakuum (im Weltraum z.B.) etwa 300.000 Kilometer pro Sekunde beträgt. Schon in der Lufthülle unserer Erde ist die Lichtgeschwindigkeit etwas geringer; und in Wasser oder Glas ist sie noch geringer. Da beträgt sie nur noch 65% bis 80% der Lichtgeschwindigkeit im Vakuum.

**Totalreflexion – das Prinzip des Glasfaserkabels**

Interessant ist noch eine andere Erscheinung des Lichtes: nämlich die *Totalreflexion*. Und hier nähern wir uns allmählich wieder der physikalischen Erklärung für die Lichtleitfähigkeit unserer gebogenen Acrylglasstäbe.

Wenn Sie im Urlaub z.B. mit einer wasserdichten Taschenlampe nachts tauchen, dann werden Sie eine ganz seltsame Erscheinung feststellen. Das Licht strahlt in einem breiten Kegel von unten gegen die Wasseroberfläche. In *Abbildung 12* haben wir schematisch dargestellt, daß nur die relativ senkrecht gegen die Wasseroberfläche stoßenden Lichtstrahlen (des inneren Kegels) diese Oberfläche auch tatsächlich

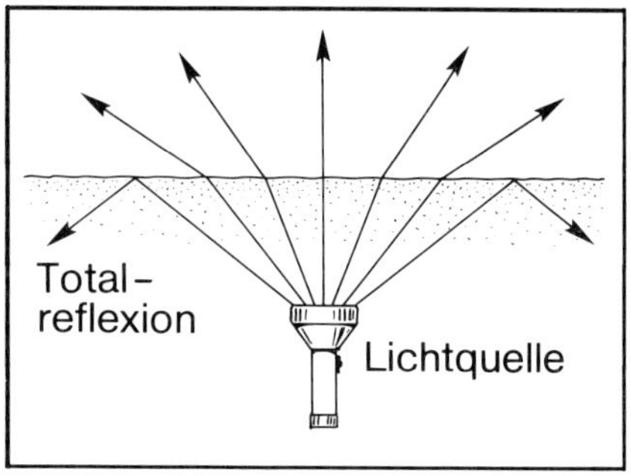

*Abb. 12:* Totalreflexion einer unter Wasser liegenden Lichtquelle.

durchdringen. Nach den Gesetzen der Lichtbrechung ist der Lichtkegel über dem Wasser wesentlich breiter gefächert als der Kegel unter der Wasseroberfläche. Die Strahlen außerhalb des inneren Kegels jedoch durchdringen die Wasseroberfläche nicht; sie werden wieder nach unten reflektiert. Und zwar handelt es sich hier um eine *Total*reflexion (ohne Lichtverlust). Das hat ein geradezu magisches Leuchten unter der Wasseroberfläche zur Folge.

Mit derselben Erscheinung haben wir es auch bei dem Licht zu tun, das sich durch einen Stab aus normalem Glas oder auch Acrylglas bewegt. Auf *Abbildung 13* zeigen wir Ihnen, wie sich ein Lichtstrahl, der gar nicht einmal senkrecht auf die Eintrittsöffnung des Glasstabes fallen muß, durch diesen hindurchbewegt. Das kennen Sie vielleicht von den haarfeinen Glasfasern, die es in Lampengeschäften in Büschelform auf Lichtkästen gibt, die im Prinzip wie unser *Hobby-Licht* konstruiert sind. In diesen Glasstäben entstehen seitlich keine Lichtverluste, und die Enden leuchten hell.

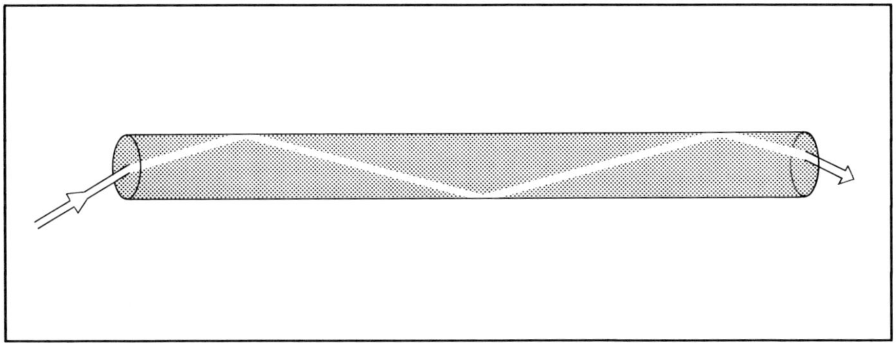

*Abb. 13:* Der Strahlengang des Lichts in einem Glasstab.

Diese Eigenschaft von *Glasfasern* macht man sich inzwischen bei der Übertragung von Telefongesprächen, Rundfunk- und Fernsehprogrammen zunutze. Was man nach herkömmlicher Technik mit Kupferkabeln tut, durch die man eine modulierte Rundfunkwelle schickt, macht man jetzt mit dem Licht und Glasfasern. Auch das Licht läßt sich modulieren, weil es ebenso wie die Rundfunkwellen aus elektromagnetischen Wellen besteht (mit sehr viel höheren Frequenzen bzw. kleineren Wellenlängen als bei Rundfunk oder Fernsehen). Auf diese Weise lassen sich über eine Glasfaser Tausende von Telefongesprächen oder auch mehrere Fernseh- oder Hörfunkprogramme gleichzeitig übertragen. Die Glasfasertechnologie steht zwar noch am Anfang; sie wird aber in Zukunft allein schon deshalb eine große Rolle spielen, weil Kupferkabel immer teurer werden. Der Vorrat an Kupfer geht nämlich in absehbarer Zeit zu Ende, und Glas wird hauptsächlich aus dem so schnell nicht erschöpften Rohstoff Sand hergestellt, wie wir eingangs schon sagten.

Wenn Sie uns bis hierher geduldig gefolgt sind, dann können Sie nicht nur eine interessante Lampe bauen, sondern Sie wissen auch, wie sie funktioniert. Und sollten Sie einmal am Meer oder gar in der Wüste von einer Fata Morgana genarrt werden, dann schön cool bleiben; diese Erscheinung läßt sich mit Lichtbrechung erklären.
Doch nun zurück zum Acrylglas.

## Wenig Arbeit, viel Effekt: schöne Schalen und Lampenschirme aus Acrylglas

Besonders leicht läßt sich Acrylglas verformen, das nicht allzu dick ist. Für eine Schale oder einen Lampenschirm reichen schon Platten mit Stärken von 3 mm aus.
Auch hier hilft uns beim Erwärmen des Materials der Backofen weiter.

Auf *Abbildung 14* zeigen wir Ihnen ein paar Beispiele für ganz leicht herzustellende Schüsseln und Obstschalen. Geeignet ist hier nicht nur Acrylglas in wasserklarer Ausführung, sondern auch gefärbtes Acrylglas. Besonders schön sieht ein Werkstoff aus, der wie Rauchglas aussieht. Oder wie ist es mit einer blauen Schale?
Geformt haben wir diese Schüsseln über einer ganz normalen, allerdings hitzebeständigen Schüssel aus Steingut. Sie wird umgedreht auf eine Holzplatte gelegt, die ein bißchen Hitze aushält.

Die Acrylglasplatte für die Schüssel können Sie quadratisch lassen oder mit Hilfe einer Laubsäge oder auch Stichsäge rund schneiden. Der Rand wird wie oben beim Bau des Hobby-Light beschrieben wieder glatt geschliffen, wobei es hier nicht unbedingt darauf ankommt, daß er durch Polieren optische Qualitäten erreicht.

Schieben Sie die vorbereitete Acrylglasplatte wieder auf einem mit Backpapier bedeckten Kuchenblech in den auf 160 °C vorgeheizten Backofen. Ist das Werkstück ausreichend erhitzt, dann wird es schnell herausgenommen, über die umgedrehte Schüssel gelegt, und rundherum kräftig nach unten gedrückt. Dazu müssen Sie allerdings wieder Schutzhandschuhe (nicht aus Kunstfaser!) tragen. Das Acrylglas kühlt durch die Schüssel relativ schnell ab. Außerdem ist es doch ein wenig sperrig, weshalb man diese Arbeit am besten zu zweit macht. Daß das Acrylglas bei dieser Wölbung über die Schüssel Falten wirft, ist kein Nachteil, sondern Absicht. Unsere Abbildungen werden Sie überzeugen, daß das sehr schön aussieht.

*Abb. 14:* Nach unserer „Backofen-Methode" hergestellte Acrylglasschalen, die fast schon Kunstwerke sind.

*Abb. 15:* Biegen einer Schale über einer Porzellanschüssel.

Sie haben bei dieser Verformung die Wahl, den Rand tulpenartig nach außen zu wölben, oder ihn auch in einem Bogen gleichmäßig nach oben gehen zu lassen. Das hängt auch ein wenig von der Größe der Schüssel ab, über die Sie die Acrylglasplatte ziehen. Bei einem Lampenschirm empfehlen wir die Tulpenform. Wie man einen solchen Lampenschirm weiterverarbeitet, dazu mehr auf *Seite 62*.
Sollte die Form nicht gleich beim ersten Anlauf glücken, dann brauchen Sie nicht den Mut zu verlieren. Packen Sie das mißglückte Stück einfach noch einmal in den heißen Backofen und nehmen Sie einen neuen Anlauf. Solange das Material nicht überhitzt wird, läßt es sich in seiner Form immer wieder korrigieren.

## Ein Kerzenhalter mit Knoten

Unser Kerzenhalter, den wir Ihnen auf *Abbildung 16* zeigen, wird aus einem runden Acrylglasstab von etwa 2 cm Durchmesser und rund 40 cm Länge gebogen. Hier gehen Sie ähnlich vor wie bei der Herstellung der Acrylglasstäbe für unser *Hobby-Licht*; nur brauchen Sie sich hier mit dem Polieren der Schnittkanten nicht gar so viel Mühe zu geben. Formen Sie ihn nach *Abbildung 16* in Form eines Knotens, der die Standfläche für den Kerzenhalter bildet. Sie müssen noch vor dem Erkalten des Materials diesen Knoten auf einer hitzebeständigen ebenen Platte so zurechtbiegen, daß er nicht wackelt und daß das nach oben führende Ende für die Kerze senkrecht steht.
Als eigentlichen Kerzenhalter haben wir bei unserem Modell eine Abschlußkappe für Gardinenstangen verwendet. Sie wird nach dem Erkalten des Acrylglasstabes oben mit einer Schraube festgeschraubt. Für diese Schraube müssen Sie mit einem Bohrer ein entsprechendes Loch mit Gewinde vorbohren (spezielle Tips für das Bohren von Acrylglas finden Sie auf *Seite 57*).
Zum Schluß noch ein Hinweis für die *Backofen-Methode*.
Wenn Sie im Backofen Acrylglas auf 160 °C erhitzen wollen, muß sich die Tür des Ofens natürlich schließen lassen. Das wiederum hat zur Folge, daß die Größe der Werkstücke begrenzt ist. In einen normalen Backofen passen Gegenstände von 35 x 40 cm Fläche durchaus hinein; und das genügt für die bis jetzt gemachten Vorschläge.

*Abb. 16:* Ein Kerzenhalter aus einem Acrylglas-Knoten.

# Noch ein paar Tips zur Verarbeitung von Acrylglas

Bevor wir uns nach diesen ersten Einübungen an größere Sachen machen wollen, hier ein paar ergänzende handwerkliche Techniken im Umgang mit Acrylglas. Nicht immer nämlich kommt man mit Biegen oder Sägen aus; da muß auch einmal geklebt und gebohrt werden und noch manch anderes.

**Sägen und Schneiden von Acrylglas**
Dazu haben wir schon auf *Seite 45* das Wichtigste gesagt. Hier ein paar Ergänzungen:
Vor dem Sägen kommt das *Anzeichnen* des Zuschnitts. Da Acrylglasplatten in der Regel auf beiden Seiten mit Schutzpapier bedeckt sind, sollten Sie die Linien für den Zuschnitt gleich auf dieses Papier zeichnen. Es haftet ziemlich fest; verrutscht also beim Sägen nicht. Außerdem bewahrt es das Acrylglas bei der Verarbeitung vor Kratzern. Sollte sich das Papier aber doch einmal vorzeitig lösen, dann feuchten Sie es mit Wasser an. Die Gummierung haftet dann wieder.
Beim Sägen längerer gerader Schnitte mit einer elektrischen Stichsäge sollten Sie eine Holzleiste als Anschlag mit Schraubzwingen auf der Platte befestigen (Leiste mit Kreppband „polstern“).
Nur mit eingeschalteter Maschine und ohne großen Druck an die Acrylglasplatte herangehen; dann splittert das Material nicht so leicht.
Bei dickeren Platten den Sägeschnitt evtl. mit Petroleum kühlen.
Acrylglas bis zu 3 mm Stärke kann man auch mit einem Kunststoffschneider zerteilen. Die Platte wird damit tief angeritzt und anschließend gebrochen.
Über das *Polieren* erfahren Sie alles Nötige ab *Seite 46* und über das Biegen ab *Seite 47* und *Seite 66*. Wir können also gleich übergehen zum

**Kleben von Acrylglas**
Da wir ein durchsichtiges Material kleben wollen, muß besonders sauber und sorgfältig vorgegangen werden. Überquellenden Klebstoff, Blasen zwischen den Klebeflächen usw. kann man nämlich später sehen.
Zunächst müssen die Klebeflächen sauber und *fettfrei* gemacht werden. Das geht am einfachsten mit Wasser und einem üblichen Spülmittel. Auf keinen Fall Nitroverdünnung, Aceton oder ähnliches verwenden, weil es das Acrylglas angreift!
Beim *Klebstoff* gibt es verschiedene Arten, je nachdem, ob die Klebestellen hohen Belastungen ausgesetzt sind oder nicht. Bei geringer Belastung oder großen zusammenzuklebenden Flä-

chen reicht durchaus ein Einkomponenten-Kleber. Man erhält ihn in denselben Geschäften, in denen auch das Acrylglas zu haben ist. Für stärkere Belastungen braucht man allerdings einen *Kleber auf Zweikomponenten-Basis*. Bei diesem Kleber sind ein paar Regeln zu beachten. Mischen Sie immer den Binder in den Härter und nicht umgekehrt. Am stärksten hängt allerdings die Festigkeit dieses Klebers davon ab, wie innig die beiden Komponenten miteinander vermischt sind. Rühren Sie also lieber ein bißchen länger als zu kurz. Dabei werden meist ein paar Blasen mit untergerührt. Diese steigen von selbst nach oben, wenn Sie das Gemisch etwa 6 bis 8 Minuten in dem Gefäß stehenlassen, das Sie mit einer Folie abdecken. Diese Folie verhindert, daß sich durch das Verdunsten von Lösungsmittel auf dem Kleber eine Haut bildet.

Vor dem Kleben müssen die einzelnen Teile des Werkstücks vorbereitet werden. Auf *Abbildung 18* zeigen wir Ihnen,

*Abb. 17:* Handelsübliche Klebstoffe für Acrylglas.

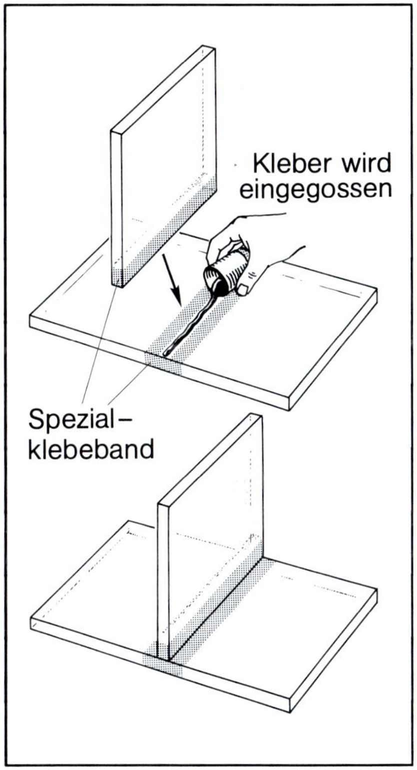


*Abb. 18:* Klebestellen vorher sorgfältig mit Klebeband begrenzen.

wie man die Ränder der späteren Klebeflächen mit *Spezialklebeband* schützen kann. Auch diese Bänder dürfen das Acrylglas nicht angreifen. Geeignet sind z.B. *Tesaband 541* oder *Scotch Nietenhalteband 685*. Begrenzen Sie damit möglichst millimetergenau die Flächen, auf die anschließend der Kleber aufgetragen wird, und drücken oder reiben Sie das Klebeband fest an.

Der Kleber kann nun auf verschiedene Weise aufgetragen werden. Bei sehr kleinen Flächen geht das am besten mit

einem Wattetupfer oder auch einem Stäbchen; bei großen Flächen können Sie den Kleber direkt aus dem Meßbecher gießen und mit einem Plastikspachtel gleichmäßig verteilen. Für schmale Klebeflächen haben sich auch Injektionsspritzen aus Polyamid, Polyäthylen und Polypropylen bewährt. Diese Spritzen können Sie entweder in einer Apotheke oder auch bei Ihrem Hausarzt bekommen.
Natürlich können sich beim Auftragen im Kleber wieder Luftblasen bilden. Bei größeren Flächen müssen Sie sie mit dem Spachtel zur Seite schieben; bei schmalen Flächen drücken sich die Blasen zur Seite, wenn man die beiden Teile fest zusammenpreßt.
Die *Aushärtungszeit* für die Kleber ist verschieden; da schauen Sie einfach einmal auf die Gebrauchsanweisung. Allerdings ist die Zeit immer so lang, daß man die miteinander verbundenen Teile in ihrer Lage für eine Weile fixieren muß. Auf *Abbildung 19* zeigen wir Ihnen ein paar Möglichkeiten.

Am einfachsten geht es mit Klebeband (vgl. *Abbildung 19*); allerdings eignet sich dieses Verfahren mehr für Werkstücke, wo es nicht ganz auf einen exakten Winkel ankommt. Den Perfektionisten unter Ihnen schlagen wir vor, einen Holzwinkel zu verwenden, den Sie sich leicht aus einem Brett oder ein paar Leisten herstellen können. Die beiden Flächen, mit denen dieser Winkel das Werkstück in seiner Position halten soll, werden mit Doppelklebeband (auch Teppichband genannt) beklebt. Jetzt

*Abb. 19:* Fixieren der Acrylglasteile bis zum Abbinden des Klebers mit Klebeband (*links*); mit einem Winkel (*rechts*).

braucht dieser Winkel nur noch an die zu verklebenden Werkstücke angedrückt zu werden.
Anschließend lassen sich die Werkzeuge und Behälter für den Kleber mit Aceton reinigen. Aber darauf achten, daß das Aceton nicht an das Acrylglas kommt!

**Sauber bohren**
Acrylglas läßt sich zwar so einfach wie Holz bearbeiten; ein paar Tücken hat dieser Werkstoff aber doch. Acrylglas ist ein relativ *sprödes* Material. Bei einem normalen Eisenbohrer besteht die Gefahr, daß man ausgebrochene und häßliche Bohrlöcher erhält, die man ja von außen durch das Material sehen kann. Ein normaler Stahlbohrer windet sich gewissermaßen in das Material hinein. Dadurch entstehen Spaltkräfte, die das Material in den Wandungen und am Bohrrand ausbrechen lassen können.
Holz- und normale Eisenbohrer scheiden also aus. Einigermaßen brauchbare Ergebnisse haben wir mit Steinbohrern erzielt, deren Schnittkanten mit Hartmetall (Vidia) bestückt sind. Natürlich gibt es auch spezielle Kunststoffbohrer. Die aber bekommt man nicht so leicht, und sie kosten auch einiges. Wir haben uns mit einem Trick beholfen, den wir auch Ihnen empfehlen.
Nehmen Sie einen ganz normalen Eisenbohrer. Er bekommt an der Spitze einen besonderen Schliff, durch den sich der Bohrer nicht mehr in das Material hineinwindet, sondern einen gleichmäßigen Span abhebt.
Bei normalen Bohrern, mit denen man Stahl bohrt, bilden die beiden Schnittkanten der Spitze einen Winkel von 120 °. Bei Acrylglas braucht man jedoch Winkel zwischen 60° und 90°. Der Bohrer muß also gewissermaßen spitzer werden. Und diese Spitze kann man sich selbst schleifen. Am einfachsten geht das natürlich mit einer *Schleifscheibe*. Achten Sie beim Schleifen aber darauf, daß die Spitze des Bohrers in der Mitte bleibt; sonst läuft der Bohrer später exzentrisch. Außerdem sind die beiden Leitflächen der Bohrspitze schräg geschliffen. Schauen Sie sich den Bohrer vor dem Abschleifen einmal genau an.

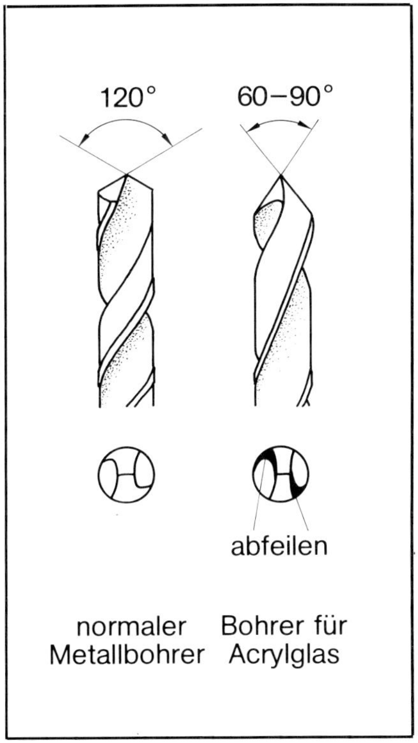


*Abb. 20:* Anschleifen eines Metallbohrers für das Bohren von Acrylglas.

Haben Sie keine Schleifscheibe, dann geht es auch mit einer feinen Feile. Dazu müssen Sie den Bohrer in einen Schraubstock oder eine andere Klemmvorrichtung einspannen.
Probieren Sie den Bohrer nach dem Schleifen erst einmal in einem Abfallstück Acrylglas aus. Hebt der Bohrer einen gleichmäßigen Span ab, dann ist alles in Ordnung.
Aber nun zum Bohren selbst.
Am besten eignen sich Bohrmaschinen mit einer möglichst geringen Drehzahl. Ein Bohrmaschinenstativ erleichtert die Arbeit wesentlich. Als Unterlage brauchen Sie eine Holzplatte, auf der die Unterseite des Werkstückes möglichst plan aufliegt. Dadurch wird vermieden, daß beim Durchbohren die untere Lochkante ausbricht. Einen gewissen Schutz bietet auch die Schutzfolie, mit der Acrylglas handelsüblich auf beiden Seiten bedeckt ist. Entfernen Sie diese Schicht erst nach dem Bohren.
Bei dickeren Werkstücken brauchen wir überdies eine *Kühlflüssigkeit*. Gut geeignet ist dafür Petroleum, das die Wände des Bohrloches zugleich poliert. Diese Kühlung ist ziemlich wichtig, weil Acrylglas ja bereits bei 160 °C weich wird. Bohren Sie also nicht mit allzu viel Druck; unterbrechen Sie notfalls den Bohrvorgang hin und wieder.
Damit das Bohrloch später auch wirklich an der Stelle sitzt, an der es vorgesehen ist, gehen Sie am besten mit langsam laufender Bohrmaschine an die auf dem Werkstück angezeichnte Stelle heran. Erst weiterbohren, wenn der Bohrer an richtiger Stelle einen kleinen Kegel herausgefräst hat (vorher ankörnen).
Bei Bohrlöchern über 10 mm Durchmesser hat sich bei unseren Arbeiten

ein sogenannter Forstner-Bohrer bewährt. Das ist ein Bohrer, der in der Mitte einen Führungsstift besitzt und an dem hobelartige Schneiden das Loch schneiden. Für sehr weite Löcher empfiehlt sich auch eine Lochsäge (eine kreisrunde Säge mit einem Führungsbohrer in der Mitte; kommt an die Bohrmaschine).
Glatte Bohrlöcher sind für Steckverbindungen geeignet – und zwar für Verbindungen, die entweder durch Leim festgehalten werden, oder die (bei Weglassen von Leim) wieder trennbar sind.

### Schraubverbindungen

Bei Acrylglas-Gegenständen, die hohen Belastungen ausgesetzt sind, bieten Schraubverbindungen oft den besten Halt. Außerdem können sauber geschnittene Gewinde mit schönen verchromten Schrauben sehr attraktiv und „technisch" aussehen. Schraubverbindungen spielen vor allem bei Möbeln eine Rolle. Der auf *Abbildung 38* gezeigte Hifi-Turm ist z.B. zusammengeschraubt.
Bei Schraubverbindungen müssen die Bohrlöcher besonders exakt übereinander passen; denn jeder Fehler wird ja sofort „gesehen". Klemmen Sie die Teile, die mit mehreren Schrauben zusammengehalten werden sollen, vor dem Bohren am besten mit Schraubzwingen zusammen. Polstern Sie aber die Klemmbacken vorher mit Stoff oder Weichholzresten, damit die Oberfläche des Acrylglases nicht beschädigt wird. Wenn Sie zwei Teile lediglich mit einer durchgesteckten Schraube verbinden wollen, dann genügen ganz normale glatte Bohrungen in der Stärke des Metallschraubenbolzens. Zusammengeschraubt werden die Teile dann durch einen Schraubenbolzen mit Mutter. Sehr schön sehen sogenannte Hutmuttern oder Hülsenmuttern aus.
Bei bestimmten Konstruktionen ist diese Art der Schraubverbindung aber nicht möglich. Das kann der Fall sein, wenn eines der Werkstücke besonders dick ist, oder wenn an der Innenseite herausstehende Schraubenmuttern stören. In solchen Fällen ist ein *Innengewinde* nötig, in das eine Metallschraube eingedreht wird.
Auch hier wieder wird mit einem normalen Bohrloch begonnen, das möglichst nur so tief sein soll, wie die Schraube später an Platz braucht. Allerdings muß das glatte Bohrloch enger sein als der spätere Gewindedurchmesser; die Wand des Bohrloches muß ja noch genügend „Fleisch" für das Gewinde haben. Es gibt da eine Faustregel: Bohrlochdurchmesser = 0,8 x Schraubendicke. Auf gängige Bohrerstärken kommen Sie bei dieser Regel meist nicht; da müssen Sie einfach abrunden.

*Abb. 21:* So wird Acrylglas gebohrt.

Wenn Sie z.B. eine 6 mm starke Schraube verwenden wollen, dann bohren Sie zunächst ein Loch mit 5 mm Durchmesser.
Für das eigentliche Gewindeschneiden werden die üblichen Schneideisen mit Handgewindebohrer verwendet. Auch beim Gewindeschneiden treten Spalt- oder Kerbkräfte auf, über die wir beim Bohren schon gesprochen haben. Gehen Sie also nicht mit Gewalt vor. Versuchen Sie auch nicht, Schrauben, die sich das Gewinde selbst schneiden, in die Bohrlöcher zu schrauben. Das Acrylglas würde dabei springen.
Auch beim Gewindeschneiden benutzen Sie als Kühlmittel Petroleum. Entfernen Sie die Späne nach jeder Umdrehung durch Rückdrehen des Gewindebohrers. Haben sich nämlich erst einmal diese Späne auf dem Grund der Bohrung festgepreßt, dann sind sie nur sehr schwer wieder herauszubekommen.
Selbstverständlich bekommen nicht beide Teile, die zusammengeschraubt werden sollen, ein Gewindeloch. Derjenige Teil, der auf dem anderen festgeschraubt werden soll, erhält ein glattes Loch, das so groß sein muß, daß der Schraubenbolzen mühelos hindurchgesteckt werden kann.

### Ein paar Tips zum Pflegen von Acrylglas

Obwohl Acrylglas nicht so hart ist wie normales Glas, ist es doch erstaunlich robust. Empfindlich ist es nur gegen bestimmte Lösungsmittel wie *Aceton, Nitroverdünner* usw. Diese Lösungsmittel schaden dem Acrylglas auch dann, wenn Sie z.B. in Alleskleber oder andere Substanzen gemischt sind.

Mit *Testbenzin* (Waschbenzin) und *Terpentin* können Sie hingegen ruhig an Acrylglas-Gegenstände herangehen, wenn sie z.B. fettige Flecken haben.
In den meisten Fällen wird es aber genügen, verschmutzte Acrylglasteile mit lauwarmen Wasser und einem üblichen Spülmittel zu reinigen. Benutzen Sie dafür einen weichen Schwamm und zum Nachwischen entweder ein nichtfaserndes Handtuch oder ein ganz normales Fensterleder.

Sollte es doch einmal Kratzer oder rauhe Flächen gegeben haben, dann lassen sie sich mit speziellen Polierpasten immer wieder entfernen. Bei tiefen Kratzern müssen Sie evtl. wieder mit Naßschleifpapier arbeiten, wie wir es unter dem Abschnitt „Polieren" im einzelnen beschrieben haben. Für das Nachpolieren größerer Flächen empfehlen wir, möglichst eine Bohrmaschine mit einer Polierscheibe aus Stoff zu verwenden.
Ein kleiner Nachteil bei Acrylglas ist, daß es sich durch Reibung *elektrostatisch aufladen* kann. Diese Aufladung ist auch der Grund dafür, daß sich auf den Flächen immer wieder feinster Staub absetzt. Eine Aufladung läßt sich verhindern, indem man die Acrylglasteile mit einem antistatisch wirkenden Reinigungsmittel behandelt. Es hinterläßt auf der Oberfläche einen dünnen Film, der die elektrische Leitfähigkeit so weit erhöht, daß die durch Reibung entstehenden Ladungen abfließen können.
Die Teile werden zunächst mit einem Tuch oder Fensterleder abgewaschen, das mit antistatisch wirkendem Kunststoffreiniger getränkt worden ist. Zum Schluß den Lappen auswringen und die letzten Tropfen beseitigen. Das geht ganz ähnlich wie beim Autowaschen.
Die Dauer der antistatischen Wirkung ist von der Beanspruchung der Acrylglasteile abhängig. Wenn der antistatische Film nicht durch starkes Reiben oder Waschen zerstört wird, kann er über mehrere Monate hinweg halten.

## Ein Fernsehtisch

Dieser Tisch ist sehr einfach zu bauen. Es sind nur gerade Schnitte zu sägen; sämtliche Kanten werden lediglich geklebt.

Dieses Material brauchen Sie:

| | |
|---|---|
| 1 | Acrlyglasplatte 45 x 65 cm |
| 1 | Acrylglasplatte 45 x 61 cm |
| 2 | Acrylglasplatten 63 x 45 cm |
| | (Plattenstärke jeweils 20 mm) |

Dieser Tisch ist sehr robust; er trägt also auch ein schwereres Fernsehgerät.
Wenn Sie ihn noch stabiler und vor allem verwindungssteifer bauen wollen, können Sie noch eine Rückwand aus 8 mm starkem Acrylglas einsetzen. Die

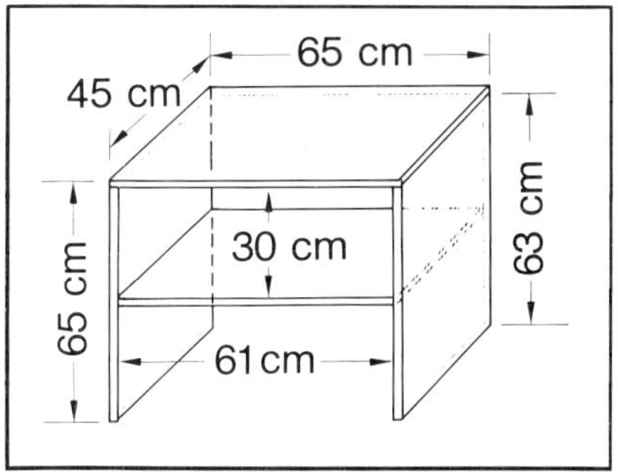


*Abb. 22:* Konstruktionszeichnung für den Fernsehtisch.

Platte wird mit den Schmalseiten von innen gegen die obere Platte und die beiden Seitenteile geklebt; die Schnittkante des Ablagefaches wird mit dieser Rückwand ebenfalls durch Leim fest verbunden. Das Ablagefach muß dann 8 mm kürzer sein (44,2 cm lang).

Vor dem Zusammenkleben wieder alle Schnittkanten schleifen und polieren, damit der Tisch rundherum gläsern aussieht. Vor dem Auftragen des Klebers die Klebeflächen mit Band entsprechend schützen (vgl. dazu *Seite 55*).

## Ein Couchtisch

Für diesen Couchtisch brauchen Sie folgendes Material:

1 Acrylglasplatte 100 x 80 cm, 12–20 mm stark
4 Acrylglasplatten 45x60 cm, 12 mm stark
3 Acrylglasrundstäbe 70 cm lang, 40 mm Durchmesser
Zweikomponentenkleber für Acrylglas

Auf *Abbildung 25* sehen Sie, wie dieser Tisch zusammengeklebt wird. Vorher aber müssen sämtliche Kanten auf Hochglanz poliert werden. Wie das geht, haben wir auf *Seite 46* beschrieben.

Seinen eigentlichen Halt erhält dieser Tisch durch die drei Acrylglasstäbe. Auf *Abbildung 25* zeigen wir Ihnen, wie sie angeordnet sind. Durch die dreieckförmige Plazierung wird der Tisch besonders stabil. Allerdings kommt es hier darauf an, daß die 4 cm weiten Bohrungen in den beiden inneren Fußteilen

*Abb. 23:* Ein robuster Fernsehtisch.

*Abb. 24:* Ein Couchtisch, wie Sie ihn im Laden nicht bekommen.

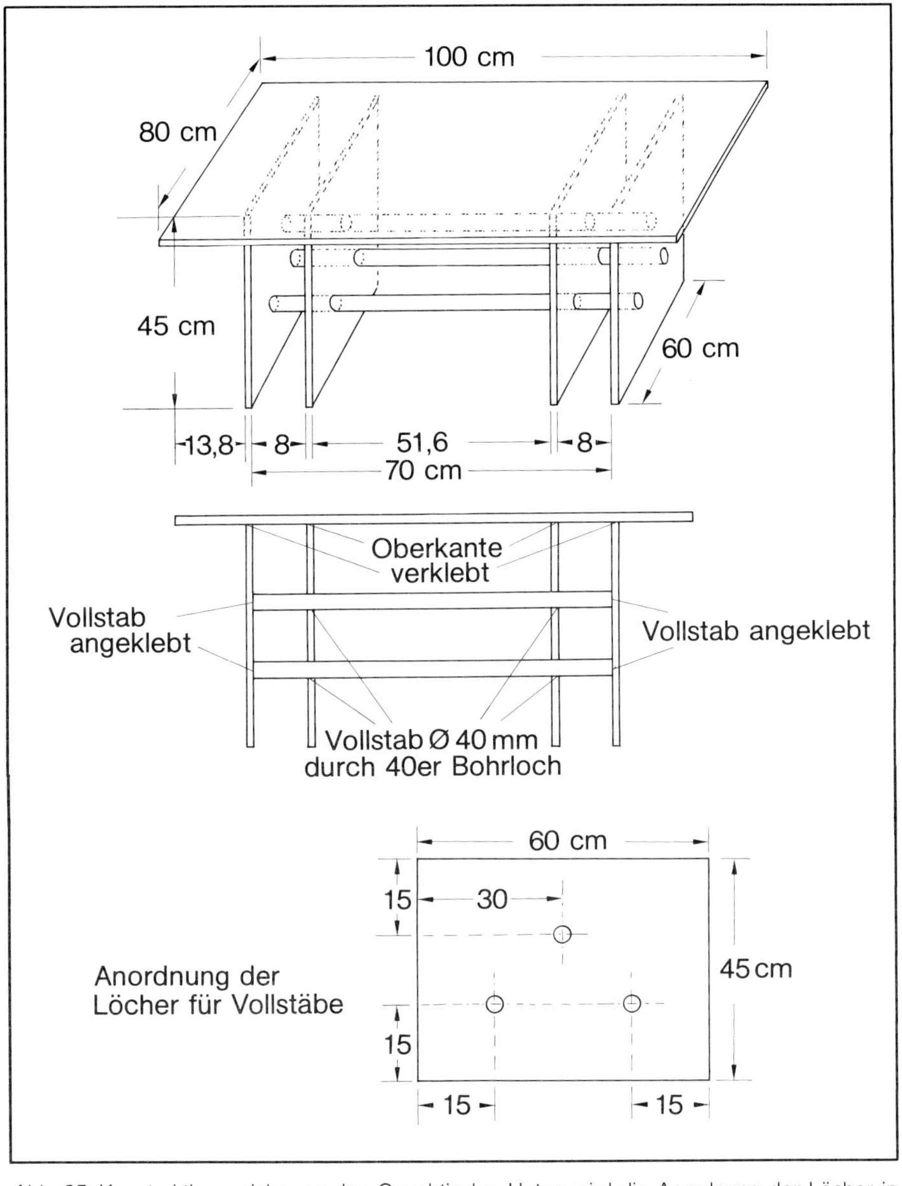


*Abb. 25:* Konstruktionszeichnung des Couchtischs. Unten wird die Anordnung der Löcher in den Seitenteilen angegeben.

exakt zueinanderpassen. An die beiden äußeren Fußteile werden die Stäbe nur angeklebt.

Wenn Sie eine Bohrmaschine mit Stativ haben, mit der es relativ leicht ist, genau senkrecht zu bohren, dann erleichtert Ihnen das die Arbeit. Bohren Sie die beiden Fußteile in einem Gang. Klemmen Sie dazu die beiden Platten mit zwei gepolsterten Schraubzwingen fest zusammen.

Beginnen Sie beim Zusammenbau mit dem *Untergestell*.

Nicht ganz einfach ist das Verleimen der beiden inneren Platten, weil aus ihnen die drei Stäbe links und rechts gut 10 cm herausragen. Stecken Sie dazu das Untergestell provisorisch zusammen und umkleben Sie die Stäbe dort mit Klebeband, wo sie von innen her in die beiden inneren Fußteile hineinragen. Damit schützen Sie die Stäbe wenigstens nach einer Seite gegen überlaufenden Zweikomponenten-Kleber.

Ziehen Sie jetzt die Platten wieder ab und bringen Sie – evtl. mit einer Spritze – einen dünnen Ring aus Kleber an den abgeklebten Stellen der Stäbe an. Schieben Sie dann die beiden inneren Fußteile vorsichtig auf die Stäbe. Damit sich der Kleber in den Löchern gut verteilt, die Stäbe ein paarmal leicht hin- und herdrehen.

Bei den beiden äußeren Fußteilen ist das Kleben weniger kompliziert, weil diese Teile nur gegen die Stäbe geklebt werden müssen.

Zum Schluß wird die Tischplatte aufgeklebt, wobei wir auch hier wieder empfehlen, die Klebekanten vorher mit Band gegen überlaufenden Kleber zu schützen.

# Eine Stehlampe, die nicht jeder hat

Dieses Material brauchen Sie:

- 1 Acrylglasrohr, 60 bis 80 mm Durchmesser, 110 bis 170 cm lang
- 1 Acrylglasplatte 20 mm stark, 40 x 40 cm
- 2 Acrylglasplatten 20 mm stark, je 6 x 40 cm
- 1 Acrylglasplatte für den Schirm, 3 bis 5 mm stark, 35 x 35 cm
- 1 Lampenfassung, möglichst aus schwarzem Plastik mit einem schraubbaren Befestigungsstück
- 5 m schwarzes Kabel mit einem Kabelschalter und einem Stecker
- 1 Kuppenverspiegelte Glühbirne

Auf *Abbildung 26* sehen Sie, wie die Lampe aussieht. Natürlich können Sie kleine Varianten nach eigenem Geschmack formen; so z.B. den Schirm aus einem runden Stück Acrylglas formen. Sehr schön sieht auch ein runder Fuß aus. Er ist allerdings etwas schwieriger zu sägen.

Da man bei dieser Lampe das gesamte „Innenleben" sieht, muß auch hier wieder sorgfältig gearbeitet werden.

Am besten lassen Sie sich die Einzelteile im Geschäft gleich auf die richtigen Maße zuschneiden. Sie brauchen dann nur noch Kanten zu schleifen und zu polieren (wie man das macht, haben wir auf *Seite 46* beschrieben).

Bevor es ans Zusammenbauen geht, müssen Sie dasjenige Stück des Kabels in Spiralform bringen, das sich in dem Lampenständer aus Acrylglasrohr befindet. Eine glatte Schnur sieht einfach nicht gut aus. Solche Spiral-Kabel gibt es natürlich auch fertig zu kaufen. Sie sind allerdings nicht ganz billig. Man kann jedoch auch ganz normales Plastikkabel in Spiralform bringen; und dabei hilft uns eine Abwandlung unserer „Backofen-Methode".

Besorgen Sie sich ein Rundholz von etwa 1 cm Durchmesser und einer Länge, daß es diagonal gerade noch in den Backofen paßt. Umwickeln Sie dieses Holz straff mit dem Kabel, wobei zwischen den einzelnen Windungen kein Zwischenraum bleiben soll. Befestigen Sie die Kabelenden mit dünnem Draht. Schneiden Sie aber das eine Ende mit etwa einem Meter Zugabe ab. Es wird später nämlich aus dem Lampenfuß in glatter Form herausführen und in dem Fußschalter enden. Dieses Stück wird nur ganz locker aufgerollt mit in den Backofen gegeben, damit es später leicht wieder glatt zu ziehen ist.

Heizen Sie nun den Backofen auf 150 °C auf. Höher darf die Temperatur auf keinen Fall sein, weil zu große Hitze die Isolierung des Kabels beschädigen könnte. Legen Sie den Stab mit dem aufgewickelten Kabel in den Backofen, in den Sie vorher wieder Backpapier gelegt haben. Lassen Sie das Kabel etwa 10 Minuten „braten".

Nach dem Abkühlen behält das Kabel seine Spiralform.

Da der Backofen nun schon einmal heiß ist, erhöhen Sie seine Temperatur jetzt auf 160 °C. Formen Sie aus dem entsprechenden Stück Acrylglas mit Hilfe einer Schüssel nun den *Lampenschirm*. Wie das geht, können Sie noch einmal auf *Seite 51* nachlesen.

In die Mitte des Lampenschirms wird anschließend ein Loch von 10 mm Durchmesser gebohrt, an dem die Birnenfassung befestigt wird. In der Fassung anschließend das Kabel an die dafür vorgesehenen Kontakte schrauben.

Jetzt geht's ans Zusammenkleben der Einzelteile.

Bevor Sie den Lampenschaft auf den Lampenfuß kleben, muß dort durch die Mitte wieder eine 8-mm-Bohrung für das Kabel gelegt werden.

Die Klebestelle des Lampenschaftes hat eine ganze Menge auszuhalten. Um

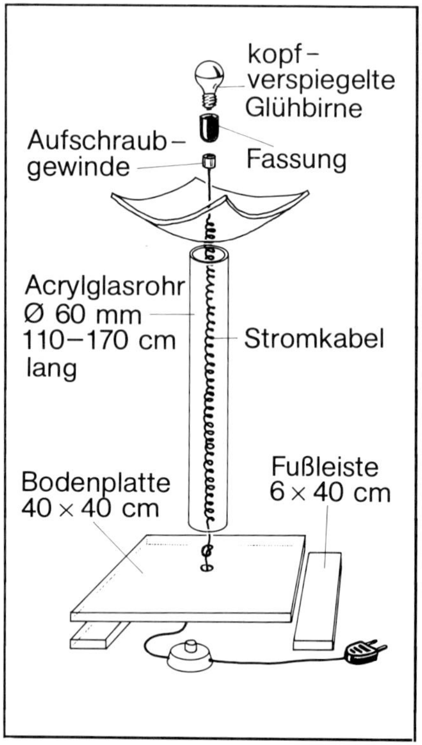


*Abb. 26:* Konstruktionszeichnung der Stehlampe.

*Abb. 27:* Eine Stehlampe, die verkürzt und verkleinert eine hübsche Tischlampe wird.

eine besonders haltbare Verbindung herzustellen, wird die untere Schnittkante des Rohres nach außen leicht mit Schleifpapier angeschrägt. Eine Schräge von etwa 3° bis maximal 10° reicht vollkommen. Das Rohr ist danach an der Innenkante etwas länger als an der Außenkante. Es steht dadurch auf dem Lampenfuß keineswegs kippliger, sondern im Gegenteil: in diesem keilförmigen Kleberand kann sich der Zweikomponenten-Kleber besonders gut festsetzen.

Achten Sie beim Aufkleben des Lampenschaftes besonders auf eine exakt *senkrechte* Lage. Legen Sie dazu beispielsweise den Lampenfuß auf die Erde, stellen Sie dann den Schaft auf die entsprechende Stelle des Lampenfußes und fixieren Sie ihn mit Klebeband an der Lehne eines Stuhls. Der Stuhl muß dann so verschoben werden, daß der Schaft senkrecht steht. (Falls Sie keine Wasserwaage haben, hilft auch ein in den Schaft gehaltenes kleines Pendel).

Wenn die Klebestelle abgebunden hat, werden die beiden „Fußleisten" unter den Lampenfuß geklebt. Sie heben den Fuß soweit an, daß das Kabel später die Lampe nicht kippeln läßt.

Zum Schluß wird der Schirm samt Birnenfassung und Spiralkabel oben auf den Ständer geklebt. Wenn Sie Schwierigkeiten haben, das Spiralkabel durch das Loch des Lampenfußes zu pfriemeln, dann bedienen Sie sich folgenden Tricks: Drehen Sie den Lampenständer um, lassen Sie durch Loch und

Schaft einen Bindfaden hindurchgehen, der an der Schirmseite des Schaftes mit dem Spiralkabel verbunden wird. Dann den Bindfaden wieder zurückziehen, der nun das Kabel durch das Loch des Fußes mit hindurchzieht. Zum Schluß wird der Schirm aufgeklebt.
Schließlich sind noch der Fußschalter und der Stecker anzubringen – und fertig ist eine sehr schöne und originelle Lampe.
Natürlich kann man nach derselben Methode auch eine Tischlampe bauen. Bei ihr genügt eine Höhe von 25 bis 35 cm und ein Rohrdurchmesser von 40 cm. Beim Lampenfuß geben etwa 15 x 15 cm und eine Stärke von lediglich 10 mm eine ganz gute Proportion. Den Lampenschirm würden wir nicht kleiner als rund 20 x 20 cm machen.

## Ein schöner Pflanzenständer

Pflanzenständer, die einmal völlig aus der Mode gekommen waren, sind jetzt wieder sehr „in". Sie haben ja tatsächlich ihren Vorteil. Hängende Pflanzen brauchen einfach Platz unter sich; und den bekommen sie auf einem Ständer aus Acrylglas auf besonders wirkungsvolle Weise geboten. Da dieser Ständer durchsichtig ist, scheint die Pflanze zu schweben. Außerdem sieht man von jeder Seite alle herabhängenden Pflanzenteile.
Der Bau ist sehr einfach und braucht eigentlich nicht umständlich beschrieben zu werden. Schauen Sie sich einfach *Abbildung 29* einmal genau an.

Dieses Material brauchen Sie:

- 2 Platten 30 x 30 cm
- 1 Platte 12 x 12 cm
- 1 Platte 21 x 21 cm
  (alle Platten 20 mm stark)
- 4 Stangen, je 80 cm lang, 4 x cm stark

Die einzelnen Platten aus 20 mm Acrylglas und die 4 Vierkantsäulen werden verklebt. Dabei kommt es besonders darauf an, daß der Zweikomponentenkleber über die eigentlichen Klebstellen nicht hinausläuft. Sichern Sie diese Stellen also wie auf *Seite 55* beschrieben mit Klebeband. Natürlich kann man die 4 Vierkantsäulen auch oben und unten mit Gewindelöchern versehen und sie mit oberer Platte und Fuß verschrauben (zur Sicherheit zusätzlich kleben).
Bei dem aus drei Platten stufenförmig zusammengesetzten Fuß gibt es grundsätzlich zwei Möglichkeiten des Zusammenbaus. Entweder kleben Sie die rela-

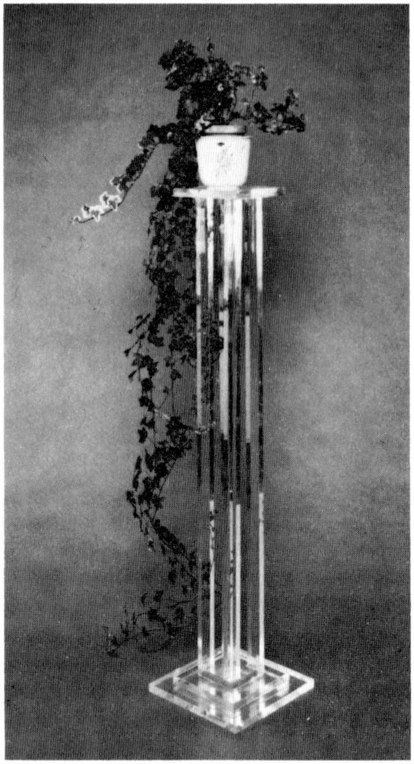

*Abb. 28:* Ein transparenter Blumenständer.

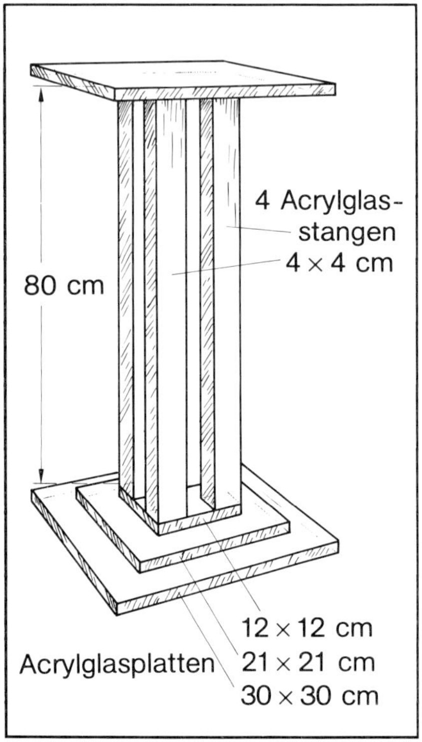


*Abb. 29:* Konstruktionszeichnung des Blumenständers.

tiv großen Flächen möglichst blasenfrei aufeinander. Das ist aber nicht ganz leicht und sieht letzten Endes auch nicht makellos schön aus.

Eine andere Möglichkeit besteht darin, diese drei Platten durch vier hindurchgehende Plexiglaszapfen von 10 mm Durchmesser miteinander zu verbinden. Diese Zapfen sieht man dann zwar von außen; das kann aber sehr reizvoll aussehen.

Klemmen Sie die drei Platten mit einer gepolsterten Schraubzwinge aufeinander und bohren Sie an den vier Seiten der kleinen oberen Platten vier Löcher durch sämtliche Platten. Wenn Sie so weit in die Ecken gehen wollen, daß die nach oben gehenden Ständerteile die Zapfen mit ihren Klebeflächen bedekken, dann müssen Sie beim Bohren der obersten Fußplatte sehr vorsichtig vorgehen. Das Loch sitzt relativ dicht am Rand, so daß die Ecke leicht abspringen könnte.

Natürlich ist es die eleganteste Lösung, diese Zapfen (statt der Schrauben) gleich bis in die Vierkantsäulen ragen zu lassen.

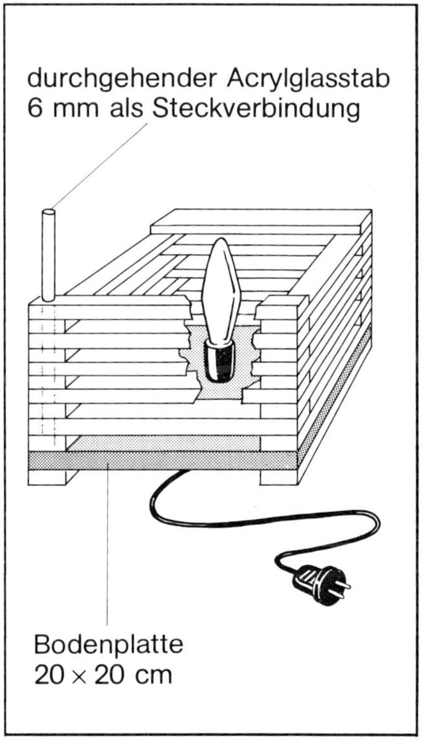


*Abb. 30:* Eine interessante Tischleuchte aus Acrylglasstäbchen.

windeloch geschnitten. Dort hinein wird mit einem kurzen Gewindestück die Lampenfassung geschraubt. Zugleich führt dort das Kabel heraus, in das Sie einen Schalter einsetzen können.

Wir empfehlen einen glasklaren Kolben für die Birne. Die Glühdrähte erzeugen dann sehr hübsche Lichtbrechungen in den Acrylglasstäben.

Die Einzelteile dieser Lampe werden weder aufeinandergeklebt noch geschraubt. Durch die vier Ecken – dort, wo die Stäbe aufeinanderliegen – werden Löcher von 6 mm Durchmesser gebohrt. Durch die wird später ein durchgehender Acrylglasstab als Steckverbindung hindurchgesteckt. Diese Löcher können Sie nicht durch die provisorisch aufgeschichtete Lampe in einem Stück bohren. Da müssen Sie schon Etage für Etage vorgehen, wobei so genau gebohrt werden sollte, daß keiner der Stäbe über die Kante des anderen hinaussteht oder dahinter zurückbleibt. Die Lampe ist zwar auch bei ein paar Millimetern Ungenauigkeit aufzubauen; das ganze sieht hinterher aber nicht so schön aus.

## Eine einfache, aber sehr effektvolle Tischleuchte

Schauen Sie sich die Lampe auf *Abbildung 30* einmal an. Außer einer Platte von 20 x 20 cm brauchen Sie dafür nur schmale Plexiglasstreifen, die man manchmal auch als Abfall bekommt. Wenn es gesägte Abfallstreifen von Platten sind, gibt es zwar relativ viel zu schleifen und zu polieren; Sie kommen dafür aber sehr billig an die Lampe.

Wenn Sie sich Arbeit sparen wollen, dann können Sie sich Acrylglasstäbe kaufen, bei denen nur die kurzen Abschnittkanten poliert werden müssen.

Die Zahl der Stäbe hängt einmal von der Stärke des Materials ab und davon, wie hoch die Lampe werden soll. Haben Sie z.B. 20 mm starkes Material, dann ist die Lampe nach unserem Modell 16 cm hoch – es sei denn, Sie schichten einfach noch ein paar Etagen darauf.

In die 20 x 20 cm große Grundplatte wird in die Mitte ein 10 mm weites Ge-

## Acrylglas für Könner: die hohe Kunst des Biegens von Platten

Bis jetzt haben Sie Acrylglas entweder gesägt oder durch Biegen nach Erhitzen im Backofen verformt. Allein schon die Größe des Backofens setzt dieser Methode des Verformens enge Grenzen. Außerdem gibt es – vor allem bei Möbeln – Verformungen des Acrylglases, bei denen nur bestimmte Stellen

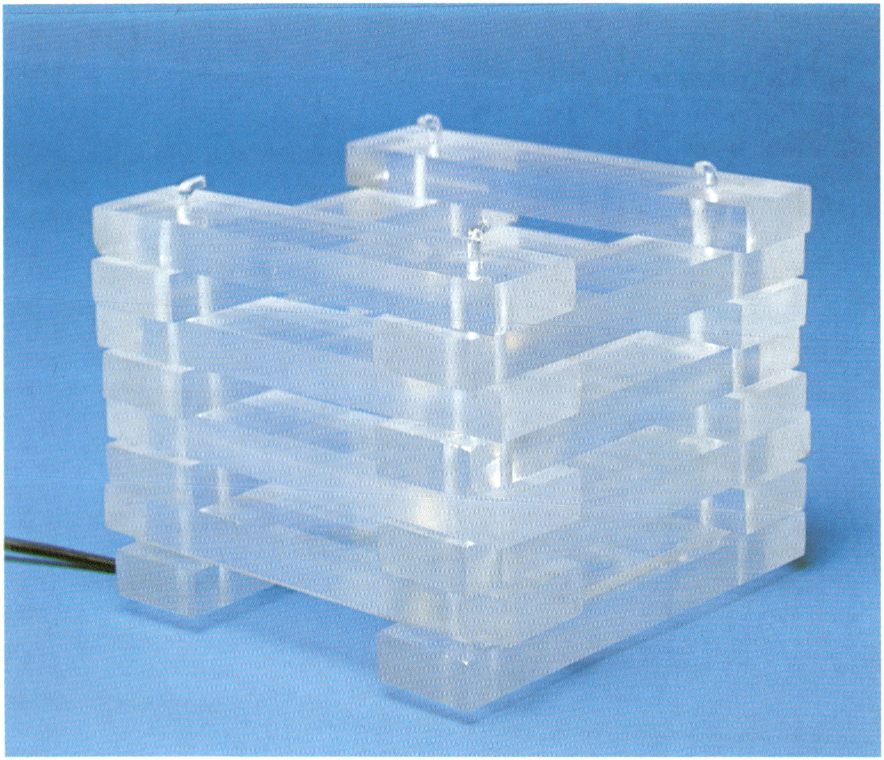

*Abb. 31:* Die fertige Leuchte.

erhitzt werden dürfen. Ein Beispiel dafür sind die auf *Abbildung 32* gezeigten Beistelltische. Bei diesen Tischen dürfen nur diejenigen Stellen erwärmt werden, an denen die Acrylglasplatte gebogen wird.
Die hier angewendete Biegetechnik kann auch vom Laien nachvollzogen werden, wenn er ein bißchen geschickt ist und anhand unserer etwas einfacheren Vorschläge in Übung ist. Auch wenn das Biegen von Beistelltischen, Hokkern und anderen Möbelteilen ein wenig Zeit und Vorbereitung braucht, lohnt es sich letzten Endes doch. Gehen Sie einmal in ein Einrichtungshaus und schauen Sie sich dort die Preise für solche Möbel an; sie sind sehr hoch, weil auch bei industrieller Fertigung diese Biegetechnik einigen Aufwand erfordert. Und warum sollen Sie den beträchtlichen Lohnkostenanteil, der in solchen Möbeln steckt, nicht durch eigene Arbeit ersetzen? Außerdem macht es großen Spaß, solche Gegenstände herzustellen.

Die hier vorgeführte Biegetechnik ähnelt der, die auch bei industrieller Verarbeitung von Acrylglas üblich ist. Sie müßten damit einigermaßen problemlos zurechtkommen, wenn Sie Acrylglas bis zu einer Stärke von 8 mm verwenden. Das ist z.B. für einen Beistelltisch oder die gebogenen Fächer unseres HiFi-Turmes (*Abbildung 38*) eine durchaus ausreichende Stärke. Bis zu solchen Stärken reicht es nämlich, das Acrylglas von einer Seite her zu erwärmen, wie wir es gleich sehen werden.

## Das Grundmuster der Biegetechnik zur Möbelanfertigung: ein Beistelltisch in U-Form

An einem solchen Beistelltisch läßt sich sehr gut zeigen, worauf es bei dieser Technik ankommt. Dazu in kurzen Worten der Arbeitslauf:
Um die beiden Schenkel des Tisches, die gewissermaßen die Tischbeine bilden, nach unten abbiegen zu können, muß die Acrylglasplatte an zwei Streifen gezielt erhitzt werden. Dabei wird zuerst die eine Biegestelle erhitzt und die Schenkel über eine feste Form in rechtem Winkel gebogen und bis zum Abkühlen fixiert. Danach wird derselbe Arbeitsgang beim anderen Schenkel praktiziert. Das klingt zwar sehr einfach, ist aber nicht ganz leicht zu machen. Denn im Unterschied zum Backofen, bei dem Sie die Temperatur genau einstellen können, wird hier mit einem Heizstab gearbeitet. Auch er darf das Acryl-

*Abb. 32:* Ein Satz Beistelltische aus Acrylglas.

glas nicht höher als bis auf 160 °C erwärmen. Sonst besteht die Gefahr, daß sich Blasen bilden und das ganze Stück verdorben ist. Hinzu kommt, daß Sie sich fürs Biegen eine sehr genaue Form bauen müssen. Aber das alles sind Probleme, die zu bewältigen sind. Und am Ende können Sie dann sagen: „Das habe ich selbst gebaut".

**Der Heizstab**

Als Wärmequelle für das Biegen benutzen wir einen Heizstab. Nach unseren Versuchen hat sich dafür ein Heizstrahler bewährt, den man als zusätzliche Heizung im Bad oder auch auf der Außenterrasse verwendet. Am schnellsten kann man mit einem *Infrarot-Quarzstab* arbeiten, der allerdings etwas teurer ist. Es geht aber auch mit einem Strahler, dessen Heizstäbe aus Metall bestehen. Das sind sogenannte Dunkelstrahler.

Wichtig ist auch die Länge dieses Heizstrahlers. Die meisten sind nicht länger als 50 cm, wobei der Bereich, in dem gleichmäßige Hitze abgestrahlt wird, nur bei etwa 47 cm liegt. Das Werk-

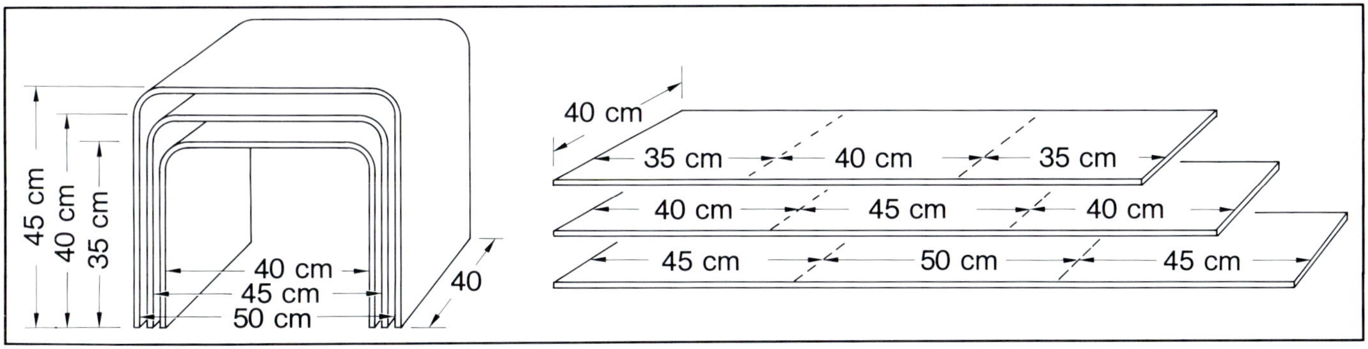


*Abb. 33:* Konstruktionszeichnung für die Beistelltische; links die gebogenen Tische; rechts das nötige Material.

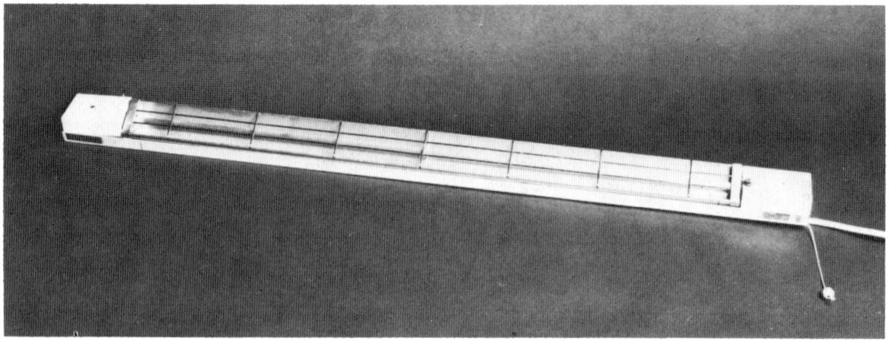

*Abb. 34:* Dieser oder ein ähnlicher Heizstab wird für den Heiztisch gebraucht.

stück, das Sie biegen wollen, darf also nicht länger als 45 cm sein, damit auch wirklich das Material über die ganze Länge gleichmäßig erhitzt wird. Diese 45 cm reichen aber durchaus für Sitzmöbel oder auch die beiden kleineren der besagten Beistelltische.

Wenn man in ein Spezialgeschäft geht, kann man auch Stäbe mit einer Heizlänge von gut 87 cm finden. Da müssen Sie sich einfach einmal erkundigen.

An den Möbelbeispielen auf unseren Abbildungen können Sie sehen, daß die Winkel einen Bogen und keine scharfe Kante bilden. Letzteres wäre technisch auch nicht möglich; und sähe längst nicht so schön aus. Wie wir gleich noch sehen werden, hängt die Rundung davon ab, wie dicht man mit dem Heizstrahler an das Acralglas herangeht.

Es gibt eine Faustregel, nach der die Breite des zu erhitzenden Streifens 3- bis 5mal so groß sein sollte wie die Materialstärke. Bei einer 8 mm starken Acrylglasplatte wären das rund 25 bis 40 mm. Wenn Sie einen noch runderen Bogen haben wollen, dann müßten Sie mit dem Heizstab noch weiter vom Material weggehen, was allerdings zugleich eine längere Zeit für das Erwärmen bedeutet.

Nun kann man die Platte nicht einfach auf einem normalen Tisch erhitzen. Man braucht dazu einen speziellen Heiztisch.

### Der Heiztisch

Auf dem Heiztisch wird die Acrylglasplatte lediglich erwärmt, aber noch nicht gebogen. Das eigentliche Biegen wird auf einer Form vorgenommen – dazu gleich mehr.

Schauen Sie sich einmal *Abbildung 35* an. Dort sehen Sie, daß der Heiztisch aus zwei Spanplatten besteht, zwischen denen ein Spalt freibleibt. Beide Spanplatten liegen jeweils auf zwei hochkant gestellten Ziegelsteinen. Dadurch erhält der Heizstab genügend Raum, die auf die Spanplatten gelegte Acrylglasplatte von unten zu erwärmen. Um die Breite des erwärmten Streifens genau einstellen zu können und eine gewisse Streuung der Wärmestrahlung nach den Seiten hin zu erzielen, werden zwischen die Ziegelsteine und die Spanplatten zwei *Alubleche* gelegt. Sie schauen jeweils 1 cm über die Spanplatten hinaus. Vor dem Erwärmen stellen Sie die Spaltbreite nach der Faustformel ein: 3- bis 5 mal die Materialstärke.

Damit das Acrylglas auf den Spanplatten keine Kratzer bekommt, sollten Sie diese Platten mit *Bügelbrett-Stoff* bespannen. Man bekommt ihn in Haushaltswarengeschäften oder Kaufhäusern. Er ist hitzeunempfindlich und relativ billig zu haben.

Der Heizstab wird nun in den Spalt geschoben; und zwar so, daß er genau mittig liegt.

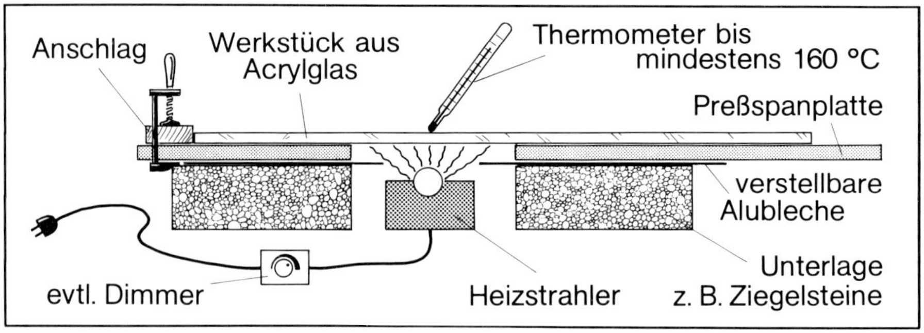


*Abb. 35:* Der Heiztisch im Schnitt.

Im Grunde ist bis hierher alles recht einfach. Jetzt kommt es darauf an, daß Sie die richtige *Biegetemperatur* von 160 °C erreichen und nicht überschreiten. Zur Kontrolle benutzen wir ein *Thermometer*, das bis 200 °C reicht. Man bekommt es in Apotheken oder über eine der im Anhang genannten Adressen. Diese Thermometer sind relativ kurz. Verlängern Sie es deshalb, damit Sie sich die Finger nicht verbrennen. Das geht am einfachsten mit einem Holzstiel, an dem Sie das Thermometer mit Papierklebeband befestigen.

Mit dem Biegen klappt es nur, wenn die Temperatur von 160 °C durch den ganzen Querschnitt des Materials erreicht wird. Deshalb genügt es durchaus, die Temperatur auf die Oberseite der Plexiglasscheibe zu messen. Halten Sie also das Thermometer an verschiedenen Stellen genau über dem Heizstab an das Plexiglas und lesen Sie die Temperatur von Zeit zu Zeit ab. Nach unseren Erfahrungen steigt die Temperatur in der Mitte des Acrylglasstreifens am schnellsten an.

Bevor Sie mit großen Stücken anfangen, sollten Sie zunächst Erfahrungen mit einem schmalen Streifen dieses ja nicht ganz billigen Materials machen.

Wer der Temperaturmessung mit einem Thermometer nicht recht traut und handwerklich ein wenig geschickt ist, kann dem Heizstab auch einen sogenannten *Dimmer* vorschalten. Das ist eine Art Regler, mit dem sich die Heizkraft des Stabes einstellen läßt. Vielleicht kennen Sie dieses Gerät für das Hell- und Dunkelstellen von Raumbeleuchtungen. Ein solcher Dimmer läßt sich im übrigen nicht nur für den Heizstab, sondern auch für Bohrmaschine und andere elektrische Geräte benutzen, die stufenlos geregelt werden sollen. Wichtig ist nur, daß der Dimmer der jeweiligen Wattzahl des Heizstabes entspricht. Da lassen Sie sich am besten in einem Elektrofachgeschäft beraten. Dort gibt es z.B. auch fertig installierte Dimmer, die man nur in die Steckdose zu stecken braucht.

Wenn Sie mit einem solchen Gerät anhand eines Acrylglasstreifens von bestimmter Stärke die richtige Temperaturerhöhung pro Zeiteinheit ausprobiert haben, ersparen Sie sich viel Messerei.

Hat das Werkstück aus Acrylglas an der Biegestelle die richtige Temperatur erreicht, dann muß es sehr schnell auf die Form gebracht und gebogen werden.

## Die Biegeform

Der Materialaufwand für die Form ist relativ billig und der Bau eigentlich auch nicht sehr schwer. Schauen Sie sich wieder genau die Zeichnung (*Abbildung 36*) an, bevor Sie weiterlesen.

Eine gleichmäßige Rundung der Acrylglasplatte erreicht man nicht, indem man sie über eine Wölbung biegt. Viel gleichmäßiger und glatter wird der Bogen, wenn er berührungsfrei über dem Winkel der Form liegt (vgl. dazu *Abbildung 36*). Außerdem wird dann die Wärme gleichmäßiger abgeführt.

Bauen Sie sich also zunächst aus zwei Platten (Spanplatten oder billiges Holz) einen rechten Winkel, der durch Winkelverstrebungen gehalten wird. Man kann auch Latten wie auf *Zeichnung 36 (rechts)* nehmen. Als Abstandhalter kommen auf diese beiden Winkelplatten Dachlatten, auf die zwei weitere Platten aufgeleimt werden. In *Zeichnung 36* können Sie sehen, daß im Winkel nun ein freier Raum nach außen offen bleibt. Die Kanten zu diesem Winkel hin müssen ein wenig rundgeschliffen werden, damit sie sich nicht in das weiche Acrylglasmaterial eindrücken. Der Bogen über diesen beiden Platten muß mindestens so breit sein wie der Schlitz über dem Biegetisch, auf dem Sie das Acrylglas erwärmt haben. Das können Sie am besten mit einem biegsamen Pappstreifen ausprobieren, den Sie zunächst gebogen über den Winkel drücken und anschließend – geradegezogen – über den Spalt des Heiztisches halten.

Auch bei dieser einfachen Form gilt die Regel: Das Werkstück kann keinesfalls exakter werden als die Form, an der es angeformt wird. Gehen Sie hier also genau vor.

Beim Biegen der Acrylglasplatte sollten Sie zu zweit arbeiten: Einer drückt die erhitzte Platte vorsichtig über die Form, der andere schraubt sie mit gepolsterten Schraubzwingen an der Form fest. Aber bitte mit Gefühl!

Die Schraubzwingen erst öffnen, wenn die Acrylglasplatte erkaltet ist. Wie schon gesagt, stellt sich das Acrylglas sonst beim Erkalten wieder zurück, und der schöne rechte Winkel ist futsch.

Noch ein Wort zur Größe der Form. Bauen Sie sie möglichst gleich so breit, wie Ihr Heizstab lang ist. Sie können dann auf der Form auch schmale Streifen biegen. Bei den beiden Schenkeln ihres Winkels dürfen Sie nicht vergessen, daß z.B. ein U-förmiger Tisch zwei nach unten gebogene Seiten hat. Der eine Schenkel der Form sollte also so kurz sein, daß die Form auch dann noch unter den Tisch paßt, wenn eine Seite bereits nach unten gebogen ist.

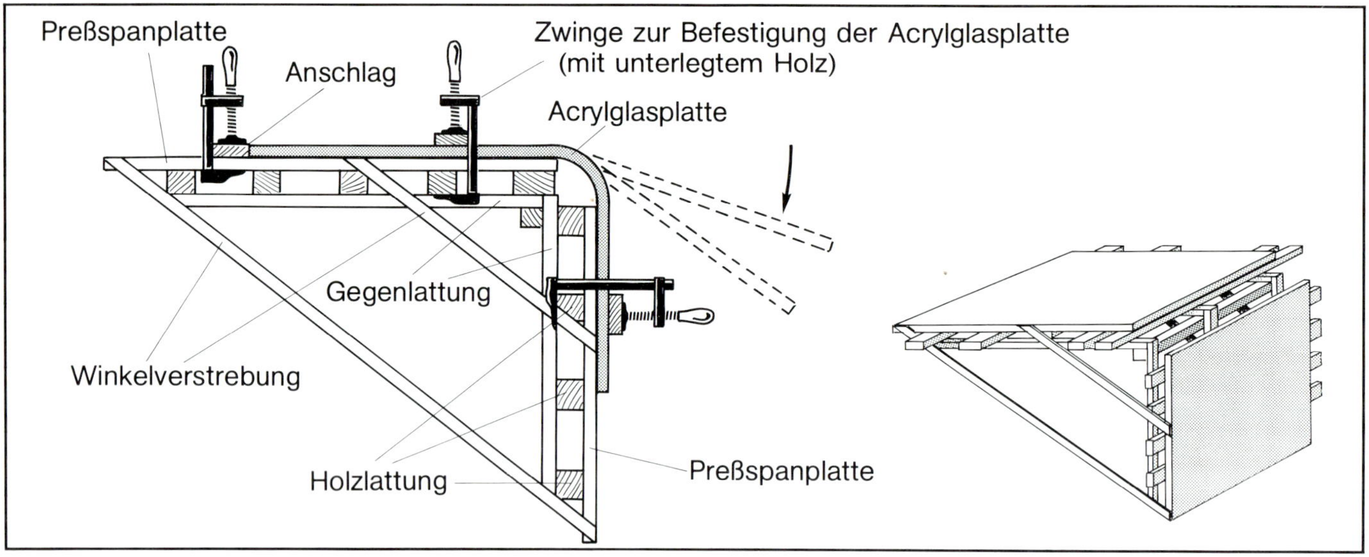


*Abb. 36:* Konstruktionszeichnung für die Biegeform.

*Abb. 37:* Biegen einer Acrylglasplatte auf der Form.

Bei Möbelteilen, von denen Sie mehrere Stücke brauchen, empfiehlt es sich, gleich eine Form mit den beiden benötigten Winkeln zu bauen. Das gilt z.B. für den Fall, daß Sie unseren HiFi-Turm nachbauen wollen, der ja mehrere gleichartige Böden hat. Auch wenn Sie mehrere Hocker oder Tischchen der gleichen Größe bauen wollen, empfiehlt sich diese Doppelform.

Und was macht man, wenn das Biegen beim ersten Versuch mißlingt?
Sofern das Material nicht überhitzt wurde und dabei Blasen geworfen hat, oder wenn es nicht durch zu geringes Erhitzen Risse beim Biegen bekommen hat, kann man die Biegestelle ruhig ein zweites Mal erwärmen. Das ist allerdings nicht ganz einfach, weil sich die Platte nun nicht mehr flach über den Spalt des

Heiztisches legt. Da hilft es nur, die falschgebogene Stelle gewissermaßen freischwebend über den Spalt zu halten und bei entsprechender Erwärmung möglichst wieder gerade zu ziehen. Trainieren Sie deshalb besser mit schmaleren Probestreifen.

## Ein besonders attraktiver HiFi-Turm

Auf *Abbildung 38* sehen Sie einen HiFi-Turm, wie Sie ihn nirgends kaufen können. Wenn Sie die Biegetechnik beherrschen, ist er relativ einfach und preiswert zu bauen. Seine Größe ist abhängig von den Maßen Ihrer HiFi-Bausteine. Unser Modell entspricht aber den gängigen Maßen.

Sie brauchen an Material:

- 2 Acrylglasplatten 105 x 30 cm, 12 mm stark, für die Seitenwände (bei sehr schweren Geräten 20 mm stark)
- 4 Acrylglasplatten 62 x 35 cm, 8 mm stark, für die einzelnen Fächer
- 16 verchromte Schrauben mit Metallgewinde, 6 mm stark, 25 mm lang, Hutmuttern und Unterlegscheiben.

Wer sehr schwere Geräte hat, sollte – wie angegeben – für die Seitenwände 2 cm starke Acrylglasplatten verwenden. Entsprechend länger müssen dann die Schraubenbolzen sein.

*Abb. 38:* Ein sehr „technisch" aussehender Hifi-Turm aus Acrylglas.

Die 4 Böden für den Turm werden so gebogen, wie es auf *Abbildung 39* zu sehen ist. Die Schmalseiten sind bei unserem Modell 10 cm hoch gebogen, was rund 45 cm Fachbreite ergibt. Hier kommt es darauf an, daß sämtliche 4 Böden genau gleich breit werden.
Beim Bohren der Löcher für die Verschraubungen müssen Sie darauf achten, daß sie genau aufeinanderpassen. Am besten verbinden Sie die Seitenteile mit den Böden mit Hilfe gepolsterter Schraubzwingen so, daß Sie die Löcher

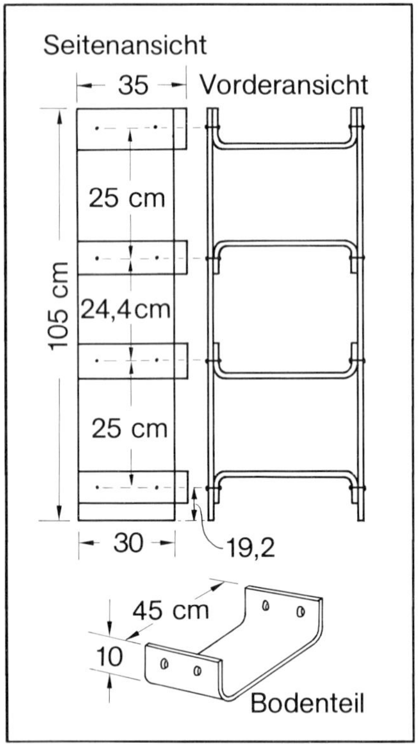


*Abb. 39:* Konstruktionszeichnung des Hifi-Turms.

gleich in einem Arbeitsgang durch Seitenwand und Boden durchbohren können.
Den Abstand der Fächer voneinander müssen Sie gegebenenfalls nach den Maßen Ihrer Geräte selbst festlegen. Unsere Maßangaben sind nur ungefähre Hinweise.

## Wenn Sie Lust zum Weiterbauen mit Acrylglas bekommen haben ...

Aus der Fülle der Bauvorschläge, die wir in der Sendung gezeigt haben, hier noch ein paar Beispiele und Anleitungen zum Weitermachen. Wir beginnen mit zwei Modellen auf der Basis der Biegetechnik.

## Ein Wandhalter für Telefonbuch, Zeitschriften usw.

Auf dem Foto und der Konstruktionszeichnung in *Abbildung 40* und *43* ist eigentlich schon alles zu sehen. Dieser Halter hat den Vorteil, nicht allzu groß zu sein. Allerdings müssen Sie beim Biegen der beiden kurzen Kanten ein bißchen vorsichtig vorgehen. Drücken Sie die Kanten, die bis fast zum Rand hin weich werden, mit einem Brett gegen die Form, das Sie vorher mit Tuch gepolstert haben.
Dieser Halter wird mit zwei Schrauben und entsprechenden Dübeln an der Wand festgeschraubt.

## Eine praktische Telefonkonsole

Dies ist eine Abwandlung unseres Beistelltisches. Auch hier dürften Sie mit dem Biegen kaum Probleme haben. Angeschraubt wird diese Ablage wieder mit zwei Metallschrauben und entsprechenden Dübeln (vgl. *Abb. 41* und *44*).

## Eine „futuristische" Lampe

Schauen Sie sich einmal *Abbildung 42* und *45* an; sie erspart uns eine Menge Erklärungen. Die Tischlampe besteht aus einem Fuß aus 20 mm Plexiglas, einem Rohr von 8 cm Durchmesser sowie verschiedenen Platten, die das Licht der Stabbirne brechen. Unser Modell hat in der Mitte eine rot eingefärbte Platte. Sie bekommen farbiges Acrylglas, das besonders schöne Lichtreflexe erzeugt, heute schon in vielen Hobby- und Baufachgeschäften. Die Zahl der Lagen, die gewissermaßen einen Lampenschirm bilden, können Sie frei wählen; auf der Konstruktionszeichnung (*Abbildung 42*) ist nur eine Lage angegeben.
Für das Bohren der Löcher in diese Schirmteile können Sie zwischen zwei Methoden wählen:

1. Bohren Sie ein normales Loch von 6 bis 8 mm Durchmesser und sägen Sie es anschließend mit der Laubsäge auf seinen endgültigen Durchmesser aus.
2. Es gibt für Bohrmaschinen sogenannte Lochsägen, Bohrkränze also, die im Prinzip ein kreisrund gebogenes Sägeblatt sind. Wenn Sie eine solche Lochsäge in passender Größe haben, geht es mit dem Bohren natürlich etwas schneller.

Den Einbau der Birnenfassung haben wir in *Abbildung 42* im Detail dargestellt. Bevor Sie das Acrylglasrohr auf den Fuß aufkleben, leimen Sie eine Scheibe in das Rohr, auf der Sie vorher die Birnenfassung fertig montiert haben. Dazu erhält diese Scheibe in der Mitte eine 8-mm-Bohrung, durch die eine Fassung mit Gewindestück und Gegenmutter eingesetzt wird. Für die Ableitung des Kabels erhält das Rohr an der Seite ein entsprechendes Loch.

## Eine Plastik aus Acrylglas

Plastiken der in *Abb. 46* gezeigten Art sind sehr leicht herzustellen. Auch hier wieder ist zum Teil farbiges Acrylglas verwendet worden. Außerdem wurde bei den verschiedenen Zapfen, die aus runden Acrylglasscheiben zusammengesetzt sind, zwischen polierten und unpolierten Rändern abgewechselt. Dadurch lassen sich ohne großen Aufwand sehr schöne Wirkungen erzielen.
Wir wollen diese Plastik jetzt im einzelnen gar nicht beschreiben. Sie soll Ihnen vielmehr als Anregung für eigene Ideen dienen.

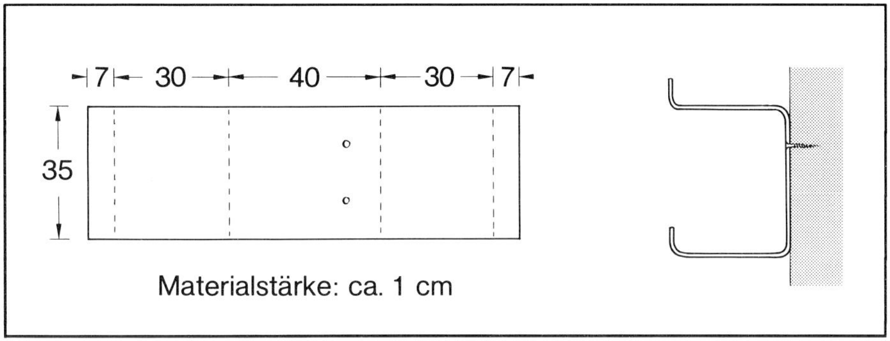


*Abb. 40:* Konstruktionszeichnung für den Wandhalter.

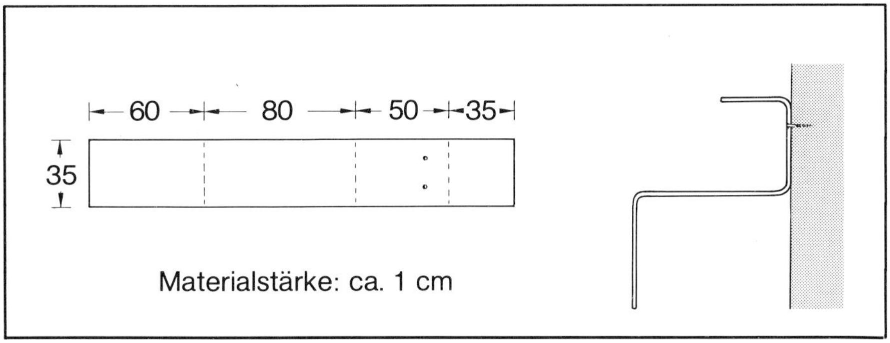


*Abb. 41:* Konstruktionszeichnung für die Telefonkonsole.

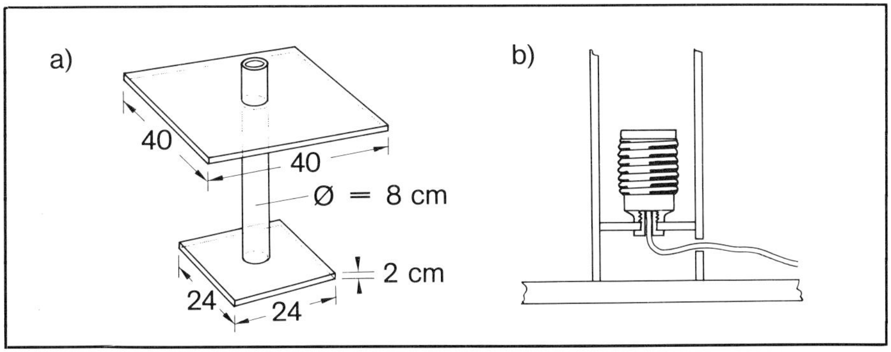


*Abb. 42:* Konstruktionszeichnung für eine „futuristische“ Lampe.

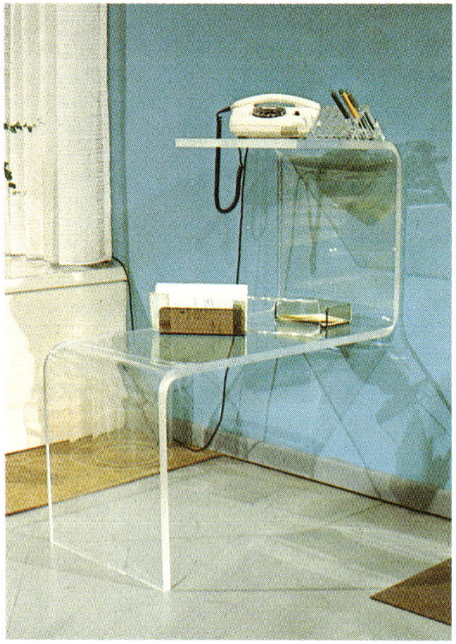

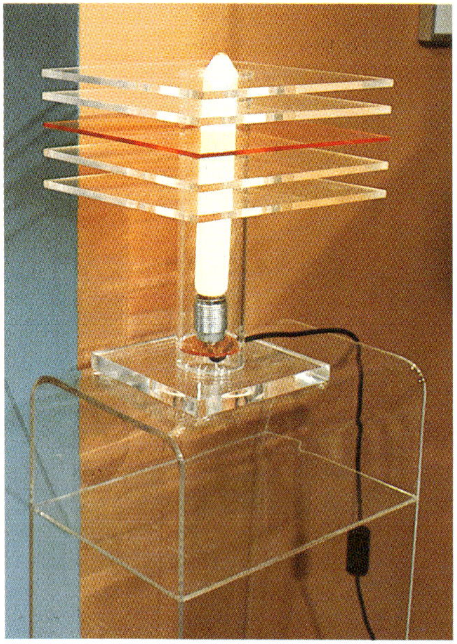

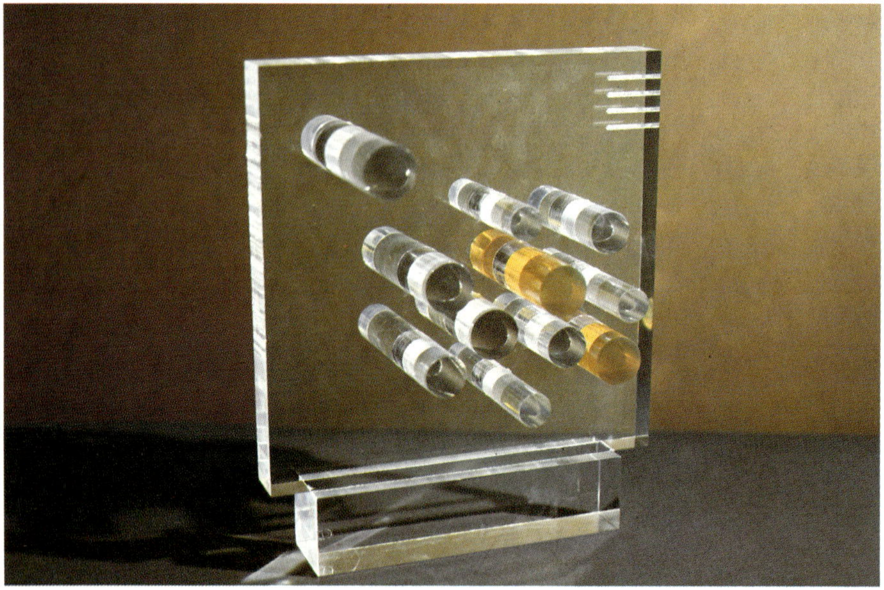

*Abb. 43 (oben, links):* Ein Wandhalter für Telefonbuch, Zeitschriften usw.

*Abb. 44 (oben, Mitte):* Eine praktische Telefonkonsole.

*Abb. 45 (oben, rechts):* Eine „futuristische" Lampe.

*Abb. 46 (links):* Lassen Sie sich durch diese Plastik zu eigenen Entwürfen anregen.

# Spiele mit Sand – Kunstwerke aus Sand

*Abb. 1:* Mit verschiedenfarbigem Sand gefüllte Säulen.

*Abb. 2:* Beispiele für Sandbilder des Künstlers Jox Reuss.

Schauen Sie sich einmal *Abbildung 1* an. Dort sehen Sie gläserne Säulen, die vom Fußboden bis zu Decke reichen, und die mit verschiedenfarbigen und verschieden strukturierten Sandschichten gefüllt sind. Diese Kunstwerke stehen im Foyer des Regierungspräsidiums in Köln. Solche Kunstwerke aus Glas oder auch Acrylglas, die mit Sand gefüllt wurden, gibt es in vielfältigen Formen. Sie sehen sehr schön aus, und es ist überhaupt nicht schwierig, sie selbst zu bauen.
Wir wollen Ihnen in diesem Kapitel nicht nur beschreiben, wie man Sandobjekte wie in *Abbildung 1* selber machen kann. Wir wollen Ihnen außerdem Bilder des Künstlers Jox Reuss vorstellen, in denen der Sand *beweglich* untergebracht ist. Bei diesen Objekten ist schwer zu sagen, ob es sich um ein Spiel mit Sand oder Kunstwerke aus Sand oder beides handelt. Aber die Bezeichnung ist nicht so wichtig; der Spaß am Bauen und das Vergnügen beim Anschauen dieser Objekte sind gleichermaßen groß.

# Kunstwerke aus Sand

Beginnen Sie – gewissermaßen zur Einübung – mit einer sandgefüllten Säule. Im Gegensatz zu den beweglichen Sandbildern, bei denen man nur echtes Fensterglas verwenden kann, eignet sich hier als Glasbehälter ein Rohr aus Acrylglas. Welche Länge und welchen Querschnitt Sie wählen wollen, möchten wir ganz Ihnen überlassen. Es muß ja nicht gleich eine Säule sein, die vom Fußboden bis zur Decke reicht. Eine 50 cm hohe und 7 bis 8 cm starke Säule sieht auch schon sehr schön aus.

Die Wirkung dieser Säule beruht ganz auf der unterschiedlichen Farbe und Körnung des Sandes, der schichtweise in diese Säule eingefüllt wird. Vielleicht soll eine solche Säule zugleich ein Andenken an eine schöne Reise ans Meer sein? Bringen Sie doch aus dem nächsten Urlaub einmal ein paar Plastiktüten voll unterschiedlicher Sände zurück. Das könnte z.B. feiner weißer Sand von der Küste sein oder fast schwarzer Sand, wie man ihn auf den vulkanischen Kanarischen Inseln findet. Es kann aber auch grober Kies aus irgendeiner Sandgrube sein, oder eine Schicht zerschlagener Muschelschalen vom Meer. Schließlich könnte sogar eine Schicht feiner bunter Kiesel aus irgendeinem Bergbach einen besonderen Konstrast in eine solche Säule bringen.

Bevor Sie diese verschiedenen Sandschichten in die Säule füllen, müssen Sie den Behälter von unten verschließen. Das geht am einfachsten, wenn Sie als *Boden* eine dickere Scheibe aus Acrylglas verwenden, die Sie mit einer groben Laubsäge selbst aussägen können. Diese Scheibe sollte im Durchmesser etwas größer sein als das Rohr. Als *Deckel* können Sie natürlich eine gleiche Scheibe nehmen oder auch eine, die mit dem Rohr bündig abschließt oder sogar hineinpaßt. Das wollen wir ganz Ihrem Geschmack überlassen.

Wichtig ist nur, daß sowohl der Fuß des Rohres wie auch die abdeckende Scheibe einen vollkommen durchsichtigen Rand erhalten. Die rauhen Sägespuren müssen also beseitigt werden, indem man die Sägekanten poliert. Wie das geht, können Sie im Acrylglas-Kapitel auf *Seite 46* nachlesen.

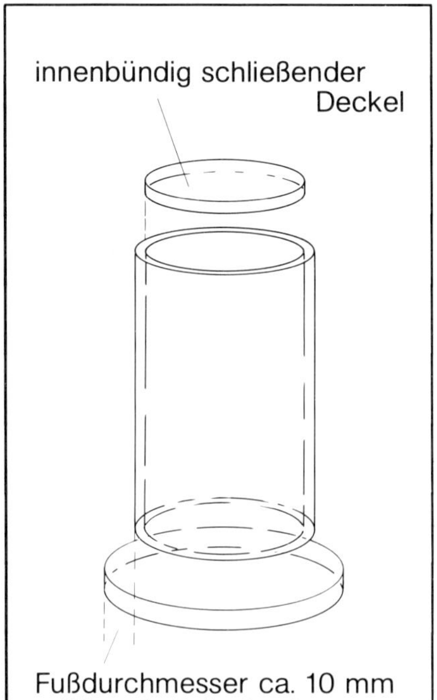


*Abb. 3:* Konstruktion einer Acrylglas-Säule, die Sie mit Sand füllen können.

Kleben Sie das Rohr mit einem Zweikomponenten-Kleber, der sich für Acrylglas eignet, auf den Fuß. Wenn alles abgebunden hat, können Sie mit dem Einfüllen beginnen.

Dazu müssen aber die verschiedenen Sandarten vollkommen trocken sein. Breiten Sie sie dazu vielleicht auf Zeitungen aus, die Sie im Sommer in die Sonne legen oder im Winter ein paar Tage in der Nähe der Heizung trocknen lassen. Der Prozeß läßt sich auch beschleunigen, indem Sie den Sand auf einem Bratenblech in den auf 100 °C erwärmten geöffneten Backofen schieben. Später werden wir Ihnen noch zeigen, wie man Sand färben und damit besonders reizvolle Wirkungen erzielen kann.

### Künstlerischer Umgang mit Sand

Bevor Sie mit dem Einfüllen beginnen, sollten Sie auf einem Tisch die verschiedenen Sandarten in mehreren Schüsseln nebeneinanderstellen. Denn die Reihenfolge, in der Sie die verschiedenen Sandschichten einfüllen, muß auf Anhieb stimmen. Sie können später die Sandarten kaum wieder voneinander trennen und die Schichten ein zweites Mal einfüllen.

Hier ein paar Tips für die Anordnung der Schichten:

Schön sieht es aus, wenn die einzelnen Schichten miteinander kontrastieren. Das kann einmal durch die Farbe bewirkt werden – also heller Sand, der auf dunkleren Sand folgt –; es kann aber auch die Korngröße sein – ein feiner Sand liegt über einem gröberen Sand. Wenn Sie es mögen, können Sie allerdings auch einen allmählichen Verlauf herstellen. Beginnen Sie also mit einem

dunklen Sand und werden Sie bei den einzelnen Schichten nach oben immer heller, oder umgekehrt.
Effekte lassen sich auch dadurch erzielen, daß die einzelnen Sandschichten nicht eben sind. Wir wollen Ihnen sogar empfehlen, die Schichten unterschiedlich dick, abwechselnd schräg und gerade usw. zu schütten. Überlassen Sie dabei ruhig einiges dem Zufall. Das ist nämlich das Schöne an diesen Objekten, daß Akkuratesse beim Einfüllen hier nur zu langweiligen Ergebnissen führt.
Beim Einfüllen die Säule senkrecht stehenlassen, damit Ihnen die Sandschichten nicht verrutschen. Schräglagen schieben Sie am besten mit einer Leiste oder einem langstieligen Löffel zurecht.
Wenn die Säule bis oben randvoll gefüllt ist, dann stoßen Sie sie einige Male auf der Tischplatte auf, damit eventuell stehengebliebene Hohlräume sich füllen. Wenn Sie jedoch sehr grobkörnigen Kies oder Muschelsplitter verwendet haben, auf die nach oben hin ein sehr feiner Sand folgt, dann müssen Sie vorsichtig zu Werke gehen. Sonst rieselt Ihnen nämlich zuviel feiner Sand in die grobe Schicht.
Zum Schluß soll die Säule soweit gefüllt sein, daß die oben aufgeklebte Deckelscheibe direkt auf dem Sand aufliegt.

**Sandobjekte lassen sich in fast jeder beliebigen Form herstellen**

Natürlich können Sie statt einer Säule auch ein flaches Sandbild herstellen. Dazu brauchen Sie eine Acrylglasscheibe in der gewünschten Bildgröße, ein paar Leisten und eine Sperrholzplatte, die etwas größer ist als die Acrylglasscheibe. Statt des teureren Acrylglases kann man auch normales Fensterglas nehmen. Wie diese einzelnen Teile zusammengebaut werden, sehen Sie auf *Abbildung 4*. Die dort gemachten Maßangaben sind ein Vorschlag. Wichtig ist nur, daß die Außenmaße des Gesamtbildes zugleich die Maße der Sperrholzplatte sind, während die Maße der Glasscheibe, die in den Rahmen eingesetzt wird, je nach verwendeter Rahmenleiste geringer sind.
Damit man bei diesem Bild die Sandschichten auf gleiche Weise wie bei der Säule von oben einfüllen kann, wird die obere Rahmenleiste erst zum Schluß angebracht.
Bauen Sie also den Rahmen zusammen, indem Sie die Rahmenleisten auf Gehrung (d.h. in einem Winkel von 45°) schneiden. Sie werden zunächst auf der Rückwand aus Sperrholz aufgeleimt und mit kleinen Nägeln zusätzlich gesichert. An die Innenseiten dieser Rahmenleisten kommen nun schmale und ebenfalls auf Gehrung geschnittene Leisten (Abstandhalter), auf denen

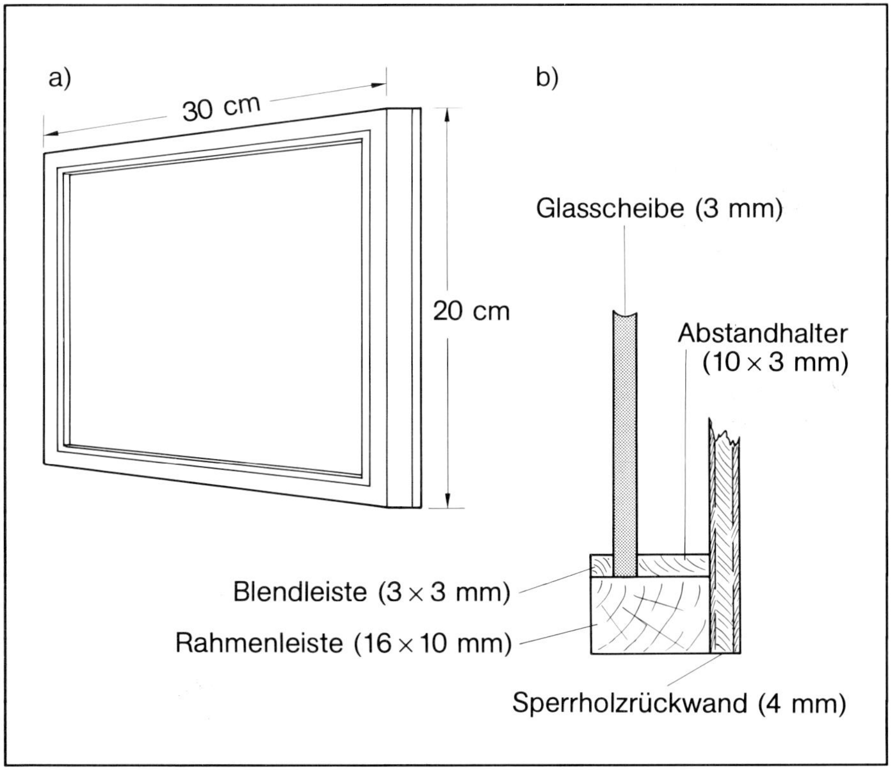


*Abb. 4:* So wird der Rahmen für ein feststehendes Sandbild gebaut.

später die Glasscheibe aufliegt. Sie brauchen lediglich mit Holzleim festgeklebt zu werden. Dann die Glasscheibe auflegen und von vorn dünne Modellbauleisten, die ebenfalls auf Gehrung geschnitten sind, fest gegen die Scheibe gedrückt ankleben.
Nach dem Trocknen können Sie den Sand einfüllen.
Wenn Sie bei einem solchen Bild den Sand wellig einfüllen, können Strukturen entstehen, die einer Wüsten- oder Berglandschaft sehr ähnlich sehen.
Auch hier wieder ein kleiner Tip, der die Bildwirkung erhöht: Wenn Sie unten dunklere Sandschichten einfüllen, die relativ glatt sind, darüber einige gewellte Schichten in unterschiedlicher Tönung, und in der oberen Bildhälfte möglichst einfarbigen hellen Sand, dann erzeugen Sie nicht nur den Eindruck einer Hügellandschaft, sondern das Bild vermittelt die Illusion räumlicher Tiefe. Dunklere Töne scheinen nämlich optisch weiter vorn zu liegen als helle Töne, die eher einen Eindruck von Ferne erzeugen.
Wenn das Bild bis oben hin mit Sand gefüllt wird, wird die fertig zusammengeklebte obere Rahmenleiste eingepaßt, die in ihrer Zusammensetzung genau der unteren entspricht. Hier sind die Leisten, die eine Rille für die Glasscheibe freilassen, also bereits vor dem Einsetzen festgeklebt. Drücken Sie diese Leiste nun, nachdem Sie sie zur Rückseite hin und an den Schrägen mit Leim bestrichen haben, auf das Bild. Sichern Sie auch diese Leiste mit ein paar kleinen Nägeln von der Rückseite.
Zum Schluß werden noch ein oder zwei Bildaufhänger an der Sperrholzplatte befestigt, und fertig ist das Bild.

Je dicker die Schicht zwischen Sperrholzplatte und Glasplatte ist, um so schwerer wird das Bild. Schöner wird es dadurch nicht. Ein Zwischenraum von 1 cm genügt auch bei großen Formaten vollkommen.

Mit diesen Sandbildern nähern wir uns bereits dem Vorschlag von beweglichen Sandbildern, bei denen wir uns – wie gesagt – nicht im klaren darüber sind, wo das Spiel endet und die Kunst beginnt.

## Bewegliche Bilder aus Sand

Am schönsten sehen diese Bilder aus, wenn mehrere Schichten hintereinander geordnet sind. Dadurch entsteht der Eindruck eines hintereinander gestaffelten Gebirges. Sehen Sie sich einmal dazu die Beispiele auf *Abbildung 6* an.
Wer mit einer etwas einfacheren Konstruktion beginnen will, kann bereits

*Abb. 5:* Spielzeug oder Kunst?

*Abb. 6:* Ein paar Beispiele für bewegliche Sandbilder.

sehr schöne Effekte mit einem Objekt erzielen, das nur eine Schicht für den Sand hat. Er läßt dann einfach die verschiedenen Zwischenglasscheiben weg, die auf der Schemazeichnung auf *Abbildung 7* zu sehen sind.

Je nach Zahl der Sandschichten, ihrer unterschiedlichen Färbung und der Anordnung der Löcher in der Trennwand zwischen der oberen und unteren Kammer entstehen wunderschöne harmonische Strukturen. Man kann diese Bilder ständig dadurch verändern, indem man sie auf den Kopf stellt und den Sand gerade oder auch schräg durch die Löcher der Trennwand rieseln läßt. Wenn einem das so entstandene Bild nicht gefällt, dann dreht man es einfach wieder um.

Bei diesen Sandspielen können Sie Acrylglas *nicht* verwenden. Es lädt sich leicht elektrostatisch auf, wodurch feine Sandkörner an der Wand kleben bleiben und das Bild verschleiern. Außerdem würde der rieselnde Sand die Acrylglasoberfläche mit der Zeit aufrauhen und blind machen. Bei den vorhin beschriebenen Sandobjekten, in denen der Inhalt ein für alle Mal fixiert ist, spielt das keine Rolle; dort ist ja auch der gesamte Inhalt der Säule oder des Bildes mit Sand gefüllt. Und das ist bei den Objekten, die wir Ihnen jetzt vorstellen wollen, nicht der Fall.

Auf *Abbildung 7* finden Sie die Bauzeichnung für den Rahmen des Sandspieles. Selbstverständlich können Sie die Maße verändern; für das erste Objekt empfiehlt es sich aber vielleicht, sie aus der Zeichnung zu übernehmen.

Wir haben den Bau so einfach wie möglich gehalten und darauf geachtet, daß der Rahmen möglichst stabil ist. Auf

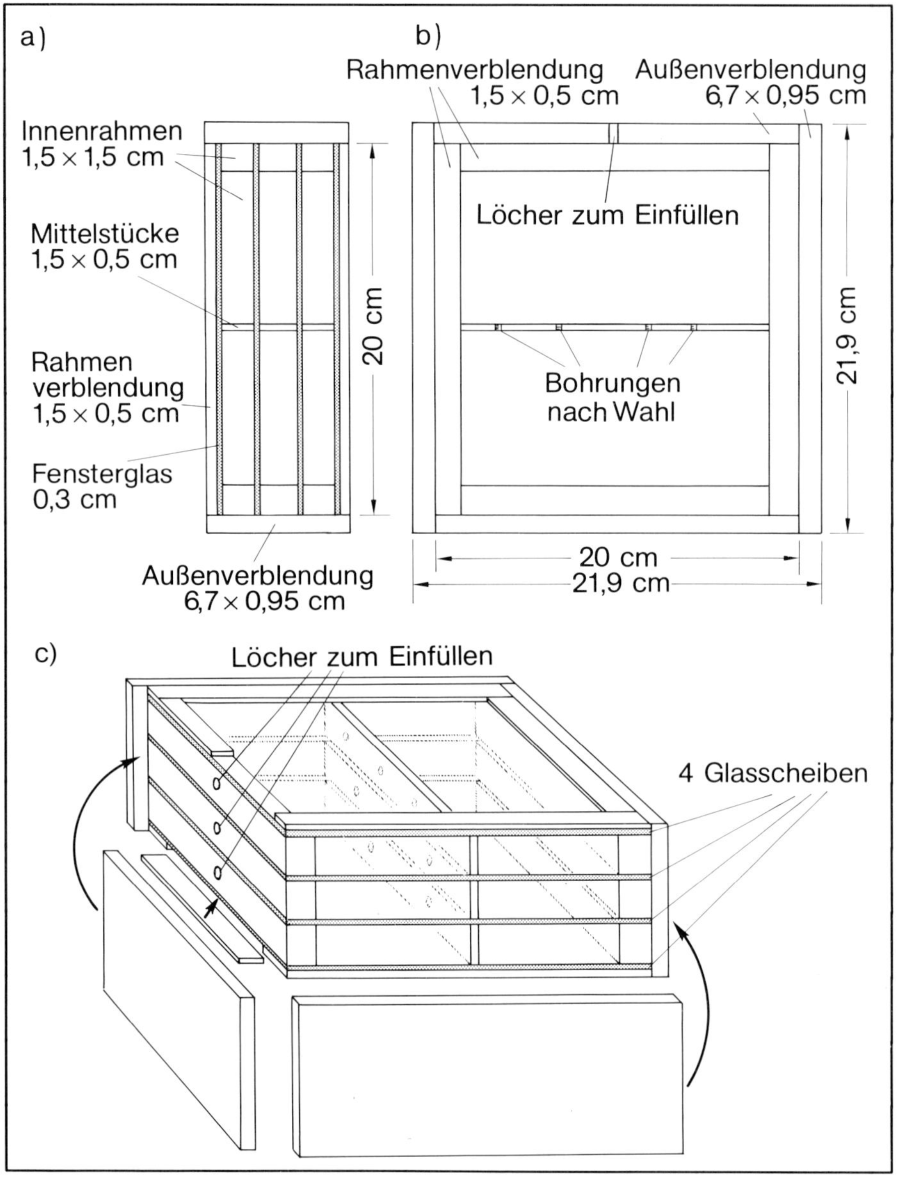


*Abb. 7:* Konstruktionszeichnung eines Rahmens für ein Sandbild mit drei hintereinander angeordneten Schichten.

Gehrung braucht hier z.B. keine Leiste geschnitten zu werden.

An Material brauchen Sie:

| |
|---|
| Holzleisten<br>für Außenrahmen: 90 cm mit Querschnitt 6,7 x 1 cm<br>für Rahmenverblendung und Stege: 240 cm mit Querschnitt 1,5 x 0,5 cm<br>für Abstandhalter: 240 cm mit Querschnitt 1,5 x 1,5 cm<br>4 Glasscheiben, 3 mm stark, 19,8 x 19,8 cm<br>kleine Nägel<br>Holzleim |

Beginnen Sie mit dem äußeren Rahmen, der bei unserem Modell aus 6,7 x ca. 1 cm starker Leiste zusammengesetzt ist. Die Außenmaße des gesamten Bildes betragen 21,9 x 21,9 cm. Um diese Maße zu erzielen, müssen zwei Leistenstücke 21,9 cm lang sein und die beiden anderen jeweils 20 cm. Sie werden stumpf aneinandergefügt, mit Leim und feinen Nägeln verbunden (den Nägeln vor dem Einschlagen leicht auf die Spitze klopfen, die dann stumpf ist und das Holz weniger leicht spaltet).
In diesem Rahmen wird nun genau passend die Rahmenverblendung eingesetzt, die aus Leisten mit dem Querschnitt 1,5 x 0,5 cm bestehen. Diese Verblendung schließt mit einer Seite des Außenrahmens bündig ab.
Legen Sie den Rahmen mit der Rahmenverblendung nach unten auf den Tisch. Eingelegt wird nun die erste Glasscheibe, die aus 3 mm Fensterglas besteht, und die Sie sich beim Glaser am besten gleich fertig schneiden lassen. Wenn Sie das selbst können – um so besser. Die Scheibe muß knapp 20 cm x 20 cm groß sein; also sich ohne Druck in den Rahmen hineinlegen lassen. Auf die Glasscheibe kommt nun ein Abstandhalter, der aus einem Rahmen aus Profilleiste mit dem Querschnitt 1,5 x 1,5 cm besteht. Dieser Rahmen ist genauso groß wie die Rahmenverblendung.
Auf den Abstandhalter kommt nun die zweite Glasscheibe, dann ein weiterer Abstandhalter und die dritte Glasscheibe und noch ein Abstandhalter und die vierte Glasscheibe. Zum Schluß wird wieder eine Rahmenverblendung aus 1,5 cm x 0,5 cm Leiste angebracht.
Bevor Sie diese zweite Rahmenverblendung aber festkleben, müssen noch die Mittelstege zwischen die einzelnen Glasscheiben eingefügt werden, durch deren Löcher später der Sand von den oberen Kammern in die unteren rieselt.
Nehmen Sie also bis auf die erste Glasscheibe alle anderen Glasscheiben noch einmal heraus, und kleben Sie die Mittelstege aus Profilleisten mit dem Querschnitt 1,5 x 0,5 cm ein. Diese Stege erhalten vorher ein paar Löcher, deren Anordnung durchaus unregelmäßig sein sollte. Auf jeden Fall sollten die Löcher in den drei Stegen gegeneinander versetzt sein, damit sich die Sandhügel später nicht gegenseitig verdecken. Bei unserem Modell sind wir davon ausgegangen, daß jede Strebe drei bis vier Löcher erhält.
Diese Stege müssen sehr genau zwischen die Abstandhalter passen. Lieber ein bißchen zu stramm als zu locker. Sie werden mit Holzleim genau auf halber Höhe des Gesamtrahmens (vgl. dazu *Abbildung 7*) festgeklebt. Zunächst also der erste Steg, dann die zweite Glasscheibe darauflegen, dann der zweite Steg, anschließend die dritte Glasscheibe auflegen und so fort.
Zum Schluß wird der gesamte Kasten mit der vorderen Rahmenverblendung geschlossen, die Sie wiederum mit Holzleim einkleben.
Wie aber bekommen wir nun die drei verschiedenen Sandsorten in den Rahmen?
Dazu wird in die obere Außenleiste einschließlich der Abstandhalter für jede Kammer ein Loch gebohrt, das Sie allerdings so genau setzen müssen, daß Sie beim Bohren nicht auf eine Glasscheibe stoßen. Eine Öffnung von 6 mm genügt bereits, durch sie kann mit einem Trichter aus Papier der feine Sand eingefüllt werden.

## Wie wird der Sand gefärbt?

Auf *Abbildung 6* können Sie sehen, daß wir bei unseren Sandspielen verschiedenfarbigen Sand genommen haben, wie er in der Natur kaum vorkommt.
Wie haben wir das gemacht?
Wir haben ein wenig herumexperimentiert und herausbekommen, daß sich Sand ganz einfach färben läßt. Als Färbemittel sind geeignet: Tinte, aber auch Batikfarben, Stoffarben usw. Was nicht klappt, ist das Färben mit trockener Pulverfarbe. Das Pulver würde sich nämlich mit den Sandkörnern nicht verbinden, sondern nach unten rutschen und den Sand lassen, wie er ist.
Aber zunächst einmal muß der Sand gesiebt und gewaschen werden. Das entfällt, wenn Sie *reinen Quarzsand* ver-

*Abb. 8:* Farben für das Färben von Sand.

wenden (bekommt man im Baufachhandel, in Fliesengeschäften und – meist teurer – in Zoohandlungen).

Schon ungefärbt hat der Sand eine sehr schöne Farbe. Wollen Sie mehrere Farbtöne kombinieren, dann können Sie eine Sandsorte immer im Naturton lassen.

Das Färben geht ganz einfach. Je nach gewünschtem Farbton mischen Sie *Tinte* mit Wasser im Verhältnis 1:5 bis 1:20. Bei *Batikfarben* genügt ein halber Teelöffel auf einen Liter Wasser. Wollen Sie weitere Farbtöne haben, dann nehmen Sie die Anilinfarben aus dem Malergeschäft. Wichtig ist nur, daß Sie keine Farben verwenden, die die Sandkörner miteinander verkleben. Also zum Beispiel keine Lackfarben nehmen!

Machen Sie ruhig eine Probe. Dabei nicht vergessen, daß der Sand nach dem Trocknen heller wird.

Schütten Sie den Sand in das Farbbad, rühren Sie gut um und lassen Sie die Mischung eine Weile stehen. Dann wird die Farbe abgegossen und der Sand auf einem Backblech, dickem Zeitungspapier oder ähnlichem zum Trocknen ausgebreitet. Die Feuchtigkeit verschwindet relativ schnell in der Sonne, im Winter auch neben der Heizung oder wieder im Backofen. Vor dem Einfüllen in den Rahmen muß der Sand völlig trokken sein.

**Ein paar Tips zur Farbanordnung**

Bevor Sie mit dem Färben beginnen, hier noch eine Regel:

Färben Sie den Sand nicht zu intensiv. Die Objekte sehen viel schöner aus, wenn der Sand *Pastelltöne* behält und sich die einzelnen Schichten vielleicht nur in Nuancen unterscheiden. So kann

man den Gebirgseindruck dadurch verstärken, daß die vorderste Sandschicht ein etwas kräftigeres Blaugrün erhält, die mittlere ein etwas helleres Blau, und die hintere ein ganz helles Blau-Violett. Wenn Sie im Gebirge einmal auf die Farbschattierungen der näheren und ferneren Berge achten, dann werden Sie sehen, daß der Dunst in der Luft genau diese Abstufung vom dunkleren Vordergrund zum helleren Hintergrund erzeugt.
Natürlich können Sie auch ganz andere Farbtöne miteinander kombinieren. Und wenn Sie es mögen – warum nicht auch Popfarben?
Für diese Bilder ist – wie Sie sich denken können – nur *feiner* Sand geeignet.

### Nicht zu viel Sand einfüllen

Der fertige Sand wird nun in die Kammern des Rahmens eingefüllt. Mehr als halbvoll sollte eine einzelne Kammer nicht sein. Sonst stoßen die Spitzen des Rieselbildes an den Trennsteg zwischen der oberen und unteren Kammer, und das Bild sieht nicht gut aus. Haben Sie aus Versehen zuviel Sand eingefüllt, dann können Sie den Rahmen mit der Einfüllöffnung nach unten drehen und den überflüssigen Sand wieder herausrieseln lassen. Einen echten „Gebirgseffekt" erzeugen Sie, wenn Sie die hintere Kammer am stärksten füllen und nach vorn zu immer flacher werden.
Ist alles richtig gefüllt, dann werden die Einfüllöcher mit einem Holzstopfen verschlossen, den Sie einleimen.
Sie können den Rahmen dieses Sandspieles holzfarben lassen oder auch farbig anstreichen. Im letzteren Fall empfiehlt sich ein möglichst neutraler Ton – also weiß, grau oder schwarz –, damit der Rahmen die Farbwirkung des Sandes nicht beeinträchtigt.
Natürlich kann auch der Rahmen der vorhin beschriebenen festen Sandbilder je nach Geschmack farblos lackiert oder mit einer deckenden Farbe gestrichen werden.
Man kann diese Sandspiele entweder irgendwo hinstellen oder auch an die Wand hängen. Wollen Sie sie wie ein Bild verwenden, dann müssen Sie noch Aufhängeösen am Rahmen befestigen. Damit Sie auch an der Wand das Bild hin und wieder verändern können, sowohl oben wie unten eine Öse annageln, die man nach hinten klappen kann. Dann können Sie das Bild je nach Lust und Laune immer wieder umdrehen.

Vielleicht geht es Ihnen mit diesen Objekten wie uns: Sie regen einerseits den Spieltrieb an, und sie beruhigen zugleich. Man nimmt sie immer wieder in die Hand, läßt den Sand gerade oder schräg durch die Löcher laufen, man beobachtet die entstehenden Strukturen und Landschaften und wird dabei ganz ruhig. Und wenn Ihnen die Sandhügel zu spitz sind, dann klopfen Sie doch ruhig einmal vorsichtig an die Seite des Rahmens. Aus einem spitzen Gebirge wird plötzlich eine rundgewellte Hügellandschaft.

Viel Spaß bei Ihren Sandspielen, die Sie vielleicht noch auf weitere Ideen bringen.

*Abb. 9:* Ein Sandbild, das sich in jeder Sekunde verändert.

# Patchwork – Wiederentdeckung einer alten Kunst

*Patchwork* – ein seltsames englisches Wort ist das. Es setzt sich zusammen aus dem Wort *patch*, das Flicken oder auch Lappen bedeutet, und *work*, was beides zusammengesetzt zu deutsch Flickwerk heißt. Und um ein Flickwerk oder auch Flickenkunst handelt es sich beim Patchwork in der Tat.

Wie bei vielen Dingen, die heute mehr Kunst- als Gebrauchsgegenstand sind, ging die Entwicklung auch beim Patchwork. Diese aus vielen kleinen Stoffteilen zusammengesetzten Decken, Teppiche, Kissen und Wandbehänge waren in früheren Zeiten sicher mehr Produkte der Not als des Überflusses. Aus alten Sachen schnitt man die besten Teile heraus, man verwendete Lumpen und Lappen und nähte daraus – oft in mühseliger langer Arbeit – neue nützliche Sachen. Heute können wir es uns leisten, neuen Stoff zu zerstückeln.

Trotzdem entstand daraus eine Gebrauchskunst, bei der zunächst sicher die Betonung mehr auf Gebrauch lag. Heute hingegen liegt die Betonung mehr auf Kunst; denn eine Patchwork-Überdecke für das Bett hat neben ihrem Gebrauchswert sicher einen nicht unbeträchtlichen Kunstwert. Selbst wenn sie von einem Laien hergestellt wird, ist sie in aller Regel schön. Denn das ist das Besondere an Patchwork: Man muß weder ein gelernter Künstler noch Schneider sein, um in dieser Technik Dinge hervorbringen zu können, die einfach durch ihre bunte Vielfalt, die Abwechslung der Muster und schließlich auch durch das Material schön sind.

## Patchwork und Quilt

Um diese beiden Begriffe geht es hier vor allem. Die Bedeutung des Wortes *Patchwork* haben wir gerade erklärt. Das Wort *Quilt* kommt ebenfalls aus dem Englischen und bedeutet gesteppte Decke oder auch Steppdecke. Was haben Patchwork und Quilt miteinander zu tun?

Die meisten Arbeiten in Patchwork-Technik werden zu Quilts verarbeitet; also auf eine Unterlage meist mit einer Stofflage dazwischen gesteppt. Das hat ganz praktische Gründe. Die Rückseite von Patchwork sieht nicht sehr gut aus; sie muß also ohnehin durch eine zweite Stoffschicht verdeckt werden. Steppt man noch eine Lage dazwischen, dann wird eine Patchwork-Decke fester und wärmender. Wärmeschutz zu bieten war in früheren Zeiten eine der wichtigsten Aufgaben des Patchwork.

Das Zusammensteppen von mehreren Stofflagen in Mustern nennt man fachmännisch auch *Quilting*, oder eingedeutscht: *Quilten*.

## Ein paar Worte zur Geschichte dieser schönen Gebrauchskunst

Auf der Suche nach den Ursprüngen des Patchwork stieß man auf folgende Geschichte eines buddhistischen Priesters:

Zu Lebzeiten Buddhas mußten die Menschen ihre „Kirchensteuer“ auch in Form von Gewändern abgeben. Dies galt auch für die ärmsten der Armen, deren Abgaben für Buddha besonders

wertvoll deshalb waren, weil sie eigentlich gar nichts zu geben hatten. Von diesen Leuten erhielt er oft nichts anderes als kleine Flicken. Zum Zeichen der Achtung vor diesen Gaben ordnete Buddha an, daß aus diesen Stoffteilen Vorhänge, Wandbehänge und Teppiche genäht wurden.
Sollte diese Geschichte stimmen, dann würde die Geschichte des Patchwork im heutigen Sinne etwa 500 Jahre vor Christi Geburt in Asien begonnen haben.
Die Technik des Quiltens – das zeigen alte Abbildungen – beherrschte man offenbar schon im alten Ägypten rund 4.000 Jahre vor Christi Geburt. Damals verwendete man diese Technik freilich noch nicht für Überdecken auf Betten, sondern für Kleidung. Und da auch weniger zum Wärmen, sondern zum Schutz gegen Waffen.
Weiterentwickelt haben diese Technik nach heutiger Kenntnis offenbar die Kreuzritter bzw. ihre Damen. Sie kamen mit ihrer Technik dem heutigen Patchwork schon näher. Die Banner der einzelnen Rittergruppen waren mit Wappen und anderem Zierrat reich besetzt – und zwar in Patchwork-Technik.

Nur zum Schmuck dienten ähnliche Arbeiten auch an den Fürstenhöfen in Europa. Dort verwendete man die aus bunten Stoffen zusammengenähten Teppiche vor allem als Wandbehang.
Seine besondere Blütezeit erlebte das Patchwork erst relativ spät; nämlich zwischen 1800 und 1880 in Amerika. Auch dort setzte man eine Tradition fort, die in Zeiten der Not – also in der Pionierzeit – entstanden war, als jeder kleinste Lappen kostbar war. So entstanden Dekken mit bis zu 1500 Einzelteilen, die heute eine Sammlerrarität sind. Im 19. Jahrhundert dann war man schon wesentlich wohlhabender; Patchwork wurde eine Spezialität der Frauen, seine Herstellung zugleich Ausdruck einer ganz bestimmten amerikanischen Lebensweise. Im puritanischen Amerika galt es nämlich für Frauen einfach als unschicklich, auch nur die kleinste Zeit des Tages mit Müßiggang zuzubringen. Es gehörte sich einfach, ständig mit Arbeit beschäftigt zu sein. Und für diese Art von Beschäftigung war das Patchwork ganz hervorragend geeignet. Man kann es nämlich nicht nur allein und im stillen Kämmerlein herstellen, sondern auch in Gruppen. Bestimmte Techniken, auf die wir noch eingehen werden, legen die Arbeit in der Gruppe sogar nahe oder machen sie zur Voraussetzung.
Aus diesen Zusammenhängen haben sich Bräuche entwickelt, von denen der hübscheste hier erzählt werden soll:
Zu Beginn des 18. Jahrhunderts kam in Amerika der Brauch auf, daß in die Aussteuer eines jungen Mädchens unbedingt 12 selbstgenähte Quilts gehörten. Die Mädchen mußten schon als Kinder mit der Arbeit beginnen; und so war es nicht verwunderlich, daß die ersten Quilts noch einfach und naiv waren, während die späteren oft kleine Kunstwerke wurden.

Zum Brauch gehörte auch, daß 11 dieser Bettdecken bis zur Hochzeit völlig fertiggestellt sein mußten, während von der 12. nur das ornamentale Oberteil ausgeführt wurde. Stand der Hochzeitstermin fest, dann wurden alle weiblichen Verwandten und Freunde zu einer Quilting-Party eingeladen, in deren Verlauf der Hochzeitsquilt von allen auf die Unterlage gesteppt wurde. Hier verband man also das Nützliche mit fröhlicher Geselligkeit. Es heißt, daß der Bräutigam sich die Quilts seiner Braut genau angesehen habe; denn die Feinheit des Stichs und die Akkuratesse der Arbeit konnten ihm Auskunft über die hausfraulichen Qualitäten seiner zukünftigen Frau geben.
Patchwork-Quilts wurden nicht genäht, um damit ein Geschäft zu machen. Überhaupt war der Verkauf die Ausnahme. Wer einen Quilt nähte, tat dies für den eigenen Gebrauch. Das änderte sich eigentlich erst nach 1930, als in Amerika Quilts plötzlich Mode wurden. Für das heutige überaus große Interesse an alten amerikanischen Patchwork-Quilts ist eine Quilt-Ausstellung mitverantwortlich, die 1974 das New Yorker Metropolitan-Museum veranstaltete und die schlagartig zu Preissteigerungen von über 200% führte. Sie sehen also, daß ein selbstgenähter Quilt zwar noch kein antikes Stück ist, aber durchaus etwas ersetzen kann, was im Laden kaum zu bezahlen ist.

Patchwork hat längst Eingang in die Kunst gefunden. Paul Klee hat einen Quilt gemalt und nannte das Bild „Teppich der Erinnerungen". Er hat damit die Sache im Kern getroffen: Die Arbeit an einem Patchwork-Quilt braucht nämlich ihre Zeit, und in der hat man tatsächlich nebenbei auch Zeit für Gedanken. In unserer hastigen und unruhigen Epoche, in der Liebe, Angst, Freude und Haß im Grunde – wie man unter Psychologen sagt – gar nicht verarbeitet werden, ist es ganz gut, zur Ruhe auch einmal gezwungen zu werden. Und dafür eignet sich die Arbeit an einem Patchwork-Quilt ganz beson-

*Abb. 1:* Zwei Beispiele für das Standardmuster „Blockhaus", das zugleich zeigt, wie unterschiedliche Eindrücke mit demselben Muster erzielt werden können.

ders. Hinzu kommt, daß dabei auch ein schönes Ergebnis herauskommt. Da verwundert es nicht, daß Patchwork in deutschen Nervenkliniken als Therapie angewandt wird.

Alte Patchwork-Decken sind längst etwas für Sammler geworden. Die Preise für ein Stück, das meistens nicht älter als 100 Jahre ist, liegen zwischen 1.000 und 5.000 DM; oft auch weit darüber. Leider hat man ja während des Krieges und kurz danach solchen alten Plunder, wie man ihn damals nannte, weggeschmissen. Deshalb sind wirklich alte Quilts inzwischen sehr rar geworden. Vor allem in den USA, aber auch in London, Paris und Zürich gibt es Galerien, die sich auf den Verkauf alter Patchwork-Quilts an Museen und internationale Sammler spezialisiert haben. Taucht beispielsweise im Mittleren Westen der USA ein gut erhaltener, 150 bis 200 Jahre alter Patchwork-Quilt auf, dann kann man sicher sein, daß am nächsten Morgen jeder wichtige Antiquitätenhändler in New York davon weiß und auch bereits versucht hat, ihn zu kaufen.

Bei derart großer Nachfrage und geringen Beständen überrascht es nicht, daß bei Patchwork-Quilts wild drauflosgefälscht wird. Da gibt es Dinger, die sich beim näheren Zusehen als Fließbandarbeit aus Kunstseide entpuppen, die vom ahnungslosen Käufer als ein „Crazy-Quilt" von 1830 gekauft worden sind. (Grazy-Quilts sind Decken aus mit dickem, farbigem Garn beliebig zusammengenähten Stücken).

Sie sollten sich also beim Kauf eines alten Patchwork-Quilts eine schriftliche Garantie zu folgenden Punkten geben lassen:
eine genaue Beschreibung des Quilts mit Hinweisen auf eventuelle Ausbesserungen;
Angabe über das Alter;
Angabe des vollen Verkaufspreises;
Zusicherung des Händlers, den bezahlten Preis zurückzuzahlen, wenn eins der garantierten Merkmale nicht zutrifft.

*Abb. 2:* Historische Darstellung einer Quilting-Party (vgl. *Abb. 25*).

## Patchwork-Quilts sind für den Gebrauch da

Wer einen schönen alten Quilt irgendwo aufgestöbert hat und mehr noch der, der selbst einen genäht hat, sollte dieses gute Stück auch benutzen. Die meisten großen Quilts werden zum Abdekken von Betten benutzt. Man kann eine solche Decke aber auch an die Wand hängen. Nur achten Sie dann darauf, daß sie nicht direkter Sonnenbestrahlung ausgesetzt ist; denn ältere Stoffe bleichen nicht nur leicht aus; sie werden mit der Zeit auch mürbe. Bei einem Wandteppich, bei dem es aufgrund seines Musters gleichgültig ist, wo oben, unten, recht oder links ist, empfiehlt es sich, ihn alle paar Monate einmal zu drehen. Dann können sich die am stärksten belasteten Oberkanten, an denen der Wandbehang befestigt ist, wieder etwas ausruhen.
Natürlich sind kleine Quilts auch hervorragend als Sets geeignet oder – wenn

*Abb. 3:* Paul Klees Bild „Teppich der Erinnerungen".

man zwei davon zusammennäht – als Kissenbezug. Sie werden sicher selbst noch viele andere Verwendungsweisen herausfinden.

## Was braucht man alles für das Patchwork?

Zunächst einmal Geduld und ein bißchen Sorgfalt. Viele, die dieses Hobby betreiben, können Ihnen bestätigen, daß Patchwork ausgesprochen süchtig machen kann. Und dies, obwohl ein Quilt aus ungefähr 1.500 Stücken ungefähr 60 Stunden Arbeitszeit erfordert. Aber man kann ja auch mit einem kleineren Quilt beginnen, der vielleicht nur 10 Stunden erfordert. Für den Anfang wollen wir sogar dazu raten.

Und was braucht man noch?

Eine *Nähmaschine*, eine *Schere*, natürlich *Nadel* und *Faden* und ein paar Bogen steifes *Papier* zum Ausschneiden von Mustern – das ist eigentlich schon alles an Hilfsmitteln.

Am wichtigsten aber ist ein Haufen *verschiedenfarbiger Stoffe*. Wenn Sie nach einem ersten Versuch Spaß an der Sache bekommen haben, werden Sie in jedem Kaufhaus, Stoffgeschäft, auf jedem Flohmarkt, in vielleicht noch existierenden Flickenkörben nur noch Material für Ihre Arbeit sehen. Genieren Sie sich nicht, überall kleine Mengen zu erstehen. Die besten Ideen kommen später beim Herumwühlen in einem großen Haufen mit bunten Stoffen.

Am besten geeignet sind *Baumwollstoffe*, die man überall bekommen kann. Außerdem sollte – wie Sie an den abgebildeten Beispielen sehen können – der Stoff möglichst kleingemustert sein, wobei eine Farbe dominiert. Natürlich können Sie auch einfarbige Stoffe darunter mischen. Beim Zusammenstellen der Muster kommt es ja im wesentlichen darauf an, daß im ganzen hell oder dunkel wirkende Stoffe durch ihren Kontrast das Muster bilden.

Achten Sie auch darauf, daß die Stoffe möglichst nicht zum Ausfransen neigen und sich nicht allzu sehr dehnen. Also keinen Stretch oder ähnliches verwenden.

Bei vorsichter Verwendung lassen sich aber auch gute Wirkungen dadurch erzielen, daß man Samt, Seide, Cord, Tweed und vielleicht sogar Wildleder mit Baumwolle mischt.

Achten Sie nur darauf, daß sich die Stoffe auch waschen lassen; denn es werden ja Gebrauchsgegenstände daraus angefertigt. Ohnehin sollten Sie vor der Verarbeitung alle Materialien waschen. Dann stellt sich am ehesten heraus, ob etwas ausfärbt oder sonstwie unansehnlich wird. Außerdem ist der Stoff dann bereits eingegangen und kann sich später nicht mehr verziehen.

## Wir beginnen mit dem Entwurf

Vielleicht lassen Sie sich durch die Beispiele, die wir auf diesen Seiten abbilden, ein wenig anregen. Im Grunde kommt man beim Patchwork mit relativ wenigen Elementen im Entwurf aus und kann trotzdem zu großer Vielfalt von Mustern kommen. Zwei Elemente bestimmten das Patchworkmuster:
die Kombination bestimmter *Formen*;
die Kombination bestimmter *Farben*.

Beginnen Sie nicht gleich mit dem Schwierigen; nämlich *Formen*, in denen Bögen vorkommen. Wenn Sie sich auf Grundelemente wie Rechtecke, Dreiecke, Sechs- und Achtecke und Rhomben beschränken, haben Sie schon derart vielfältige Möglichkeiten, Muster zusammenzustellen, daß niemand später sagen wird: das ist aber ein langweiliges Muster. Wir haben Ihnen auf *Abbildung 5* ein paar dieser Formen aufgezeichnet, die Ihnen bereits vielfältige Möglichkeiten der Kombination eröffnen.

Noch wichtiger als die Formen sind für das spätere Ergebnis die *Farben* der Stoffe. Wir sagten schon, daß kleingemusterte Stoffe am besten wirken. Beim Zusammensuchen dieser Stoffe sollten Sie darauf achten, daß trotz der Musterung ein Farbeindruck entsteht. Es gibt ja kleingemusterte Stoffe, die zwar viele kleine, zum Teil sehr bunte Einzelheiten haben, insgesamt aber beinahe grau oder zumindest farblos wirken. Für Patchwork geeignete Stoffe sollten eine deutliche Grundfarbe haben – welche, ist gleichgültig –, und sie sollten sich in hell und dunkel deutlich voneinander unterscheiden. Ein Eindruck von einem Muster wird nämlich hauptsächlich durch die Kombination heller und dunkler Töne erreicht.

Selbstverständlich können Sie die gemusterten Stoffe auch mit einfarbigen Stoffen abwechseln. Dabei kann man entweder Kontrastfarben verwenden oder Farben, die bereits in gemusterten Teilen des Patchwork vorkommen.

Wie kommt man am besten auf Ideen? Am Anfang macht es gar nichts, wenn Sie sich durch die Ideen anderer anregen lassen. Vielleicht haben Sie aber

auch einen guten Einfall, wenn Sie Ihre bunten Stoffe falten und probeweise nebeneinander legen. Auf diese Weise kann man die besten Farbkombinationen schon einmal ausprobieren.
Auf jeden Fall sollten Sie aber einen *Entwurf* machen. Fangen Sie mit kleineren Stücken an; z.B. einem Set für den Frühstückstisch oder einem Kopfkissenbezug. Nehmen Sie ein Stück Papier, und zeichnen Sie darauf ein Muster auf. Schraffieren Sie dabei schon einmal die Farben der Stoffe mit bunten Filzstiften, wobei es nicht darauf ankommt, das Muster genau zu wiederholen. Wichtig ist nur der farbliche Gesamteindruck, und da vor allem die Verteilung von hellen und dunklen Tönen. Genieren Sie sich nicht, für den Anfang nur Quadrate zu verwenden. Wie Ihnen das Beispiel auf *Abbildung 7* zeigt, kann man selbst bei derart einfachen Formen – die eine entsprechend einfache Näharbeit bedeuten – durch geschickte Farbwahl einen sehr schönen Eindruck erzeugen. Den Entwurf können Sie überdies auf Rechenpapier machen, was die Sache weiter vereinfacht.

Wenn Sie im Nähen größerer Teile bereits geübt sind, können Sie sich natürlich auch gleich an größere Entwürfe wagen. Ein Muster, das eine lange Tradition hat und vergleichsweise einfach zu nähen ist, ist das sogenannte *Blockhausmuster*. Wir zeigen Ihnen ein Beispiel auf *Abbildung 13*. Im Endergebnis ergibt dieses Muster immer ein Quadrat, es sei denn, daß man mehrere Blockhausmuster zu einem Rechteck zusammennäht.
Das führt uns zu einer wichtigen Technik, die beim Patchwork eine Arbeitserleichterung bedeutet.

**Zusammensetzen von mehreren Blocks**
Damit das Zusammensetzen verschiedener kleiner Teile zu einem größeren Muster nicht allzu mühsam wird, und Sie nicht riesige Stoffmassen durch die Nähmaschine schieben müssen, empfehlen wir bei größeren Quilts das Zusammensetzen mehrerer in sich gleichartiger oder auch verschiedener Blocks. Ein Beispiel für einen Quilt, der aus gleichartigen Blocks zusammengesetzt ist, zeigen wir Ihnen in *Abbildung 1*. Für das Zusammensetzen gibt es ein paar Regeln. Auf *Abbildung 9* zeigen wir Ihnen, was vor allem zu beachten ist. So näht man z.B. die Blocks zunächst in Streifen und nicht winkelig zusammen; zum Schluß werden die einzelnen Streifen zum gesamten Quilt zusammengenäht. Dabei kann es durchaus passieren, daß nicht alle Streifen exakt gleich lang sind. Damit der Quilt trotzdem keine Falten und Beulen bekommt, sollten Sie ruhig bei einem zu lang gewordenen Streifen bei ein paar Quernähten eine zweite Quernaht mit einer kleinen Falte machen, und schon ist das Übel behoben.

Aber zurück zum Entwurf.

Ein einzelner Block kann für sich allein durchaus schön aussehen; in der Kombination mit anderen gleichartigen Blocks jedoch einen häßlichen Eindruck machen. Es genügt also nicht, einen Block nur einmal zu zeichnen; Sie müssen ihn schon mehrmals kopieren und die einzelnen Teile probeweise auf dem Papier aneinanderfügen. Das kann zunächst durchaus in einem kleinen Maßstab z.B. auf Rechenpapier geschehen.

**Übertragen des Entwurfs auf den Stoff**
Überzeugt Sie der Entwurf in seiner Gesamtheit, dann geht es ans Übertragen der Formteile auf den Stoff. Und auch dafür gibt es wieder einige hilfreiche Regeln.
Wenn Sie nur einen Tischset oder ein kleineres Kissen machen wollen, dann sollten Sie den Entwurf ruhig im Maßstab 1 : 1 auf Papier aufzeichnen. Dasselbe gilt auch, wenn Sie mehrere Blocks zu einem großen Quilt zusammensetzen wollen; dann genügt es, nur einen Block im Maßstab 1 : 1 zu entwerfen.
Handelt es sich am Anfang um ein Muster aus Quadraten z.B. mit 10 cm Seitenlänge, dann müssen Sie jetzt ein solches Quadrat auf ein Stück festeren Karton zeichnen. Da die einzelnen Patchworkteile rundherum Zugabe für die Nähte brauchen, ist das Quadrat nicht 10 mal 10 cm groß, sondern 12 mal 12 cm. Das heißt, wir haben rundherum 1 cm Zugabe für die Naht. Diesen einen Zentimeter brauchen Sie freilich nur, wenn Sie Patchworkteile mit der Hand zusammennähen wollen. Das ist freilich ein recht mühsames Geschäft, weshalb wir raten, die Nähmaschine zu benutzen. Die alten Quilts in den Antiquitätenläden sind zwar alle mit der Hand genäht; aber soweit muß man es nicht unbedingt treiben.
Benutzen Sie also eine Nähmaschine, dann brauchen Sie rundherum nur soviel Nahtzugabe, wie der Nähmaschinenfuß von der Nadel bis zum rechten Rand breit ist (vgl. dazu *Abbildung 10*). Das erleichtert Ihnen nämlich das Nähen auf der Maschine. Sie müssen beim Legen der Naht nur darauf achten,

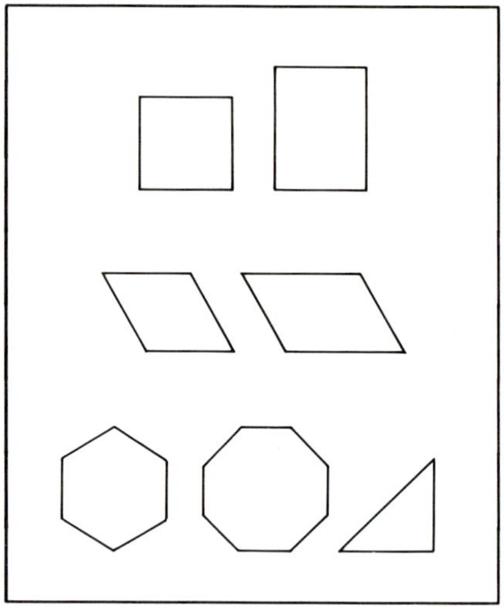

*Abb. 5:* Grundmuster für die Einzelteile.

*Abb. 4:* So vielfältig kann Patchwork sein. Das Beispiel rechts zeigt, daß auch figürliche Muster überaus reizvoll sein können.

*Abb. 6:* Das Muster wird auf Kästchen- oder Millimeterpapier entworfen.

*Abb. 7:* Schon ein ganz einfaches Muster aus Quadraten kann sehr schön aussehen.

*Abb. 8:* Diese Decke besteht – bis auf den Rand – aus Einzelteilen gleicher Form.

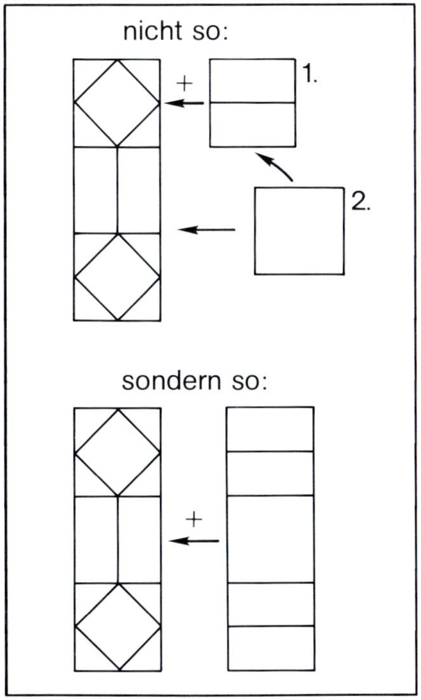


*Abb. 9:* Einzelteile zunächst zu größeren Einheiten in Streifenform zusammennähen, die erst später zu einer Decke verbunden werden.

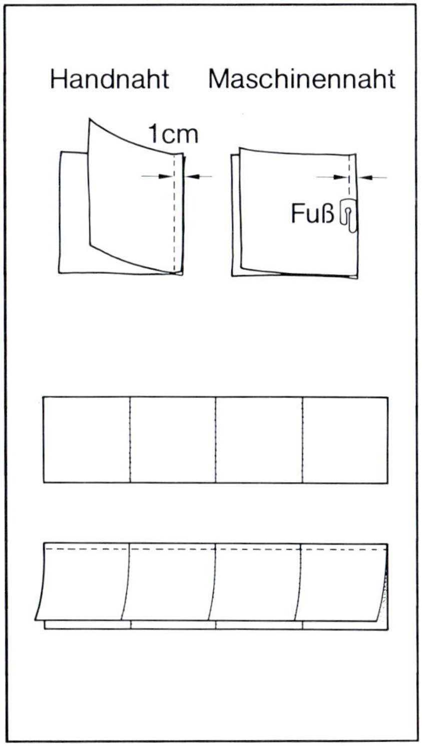


*Abb. 10:* So wird bei der Arbeit mit der Nähmaschine vorgegangen.

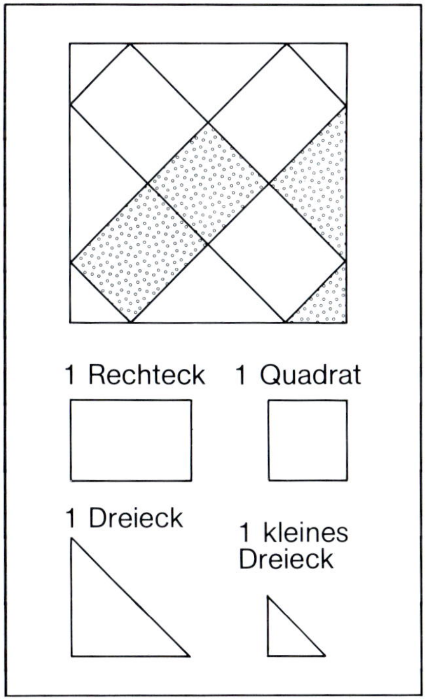


*Abb. 11:* Aus einem auf Pappe gezeichneten Muster werden Schablonen ausgeschnitten. *Oben:* Der fertige Block. *Unten:* Von jeder Form brauchen Sie nur eine Schablone.

daß der Rand des Stoffes exakt am rechten Rand des Nähmaschinenfußes endet. Und auf Exaktheit kommt es beim Nähen an, damit die einzelnen Teile schließlich gleichgroß werden.
Haben Sie ein Muster entworfen, das zum Beispiel aus Quadraten und Sechsecken besteht, dann müssen Sie für diese beiden Formen jeweils eine eigene Pappschablone schneiden. Bei noch größerer Formenvielfalt natürlich entsprechend mehr Schablonen.
Legen Sie nun die Pappschablone auf den Stoff und zeichnen Sie mit Bleistift oder Schneiderkreide (bitte nicht mit Filzstift, weil der beim Waschen später ausfärben kann) das Muster auf der *linken* Seite des Stoffes nach. Schneiden Sie aus jeder Farbe von der entsprechenden Form soviele Teile aus, wie auf Ihrem Entwurf vorhanden sind. Wenn Sie schon ein wenig geübter sind, können Sie auch mehrere Stofflagen mit Stecknadeln zusammenheften und auf diese Weise das Ausschneiden rationalisieren.
Beim Ausschneiden werden Sie sehen, daß Sie beim Einkaufen des Stoffs nicht allzu sparsam sein dürfen. Man muß bis zu einem Drittel an Verschnitt rechnen. Wichtig ist nämlich, daß die einzelnen Stoffteile möglichst in gleicher Fadenrichtung geschnitten werden. Also nicht einmal ein Quadrat parallel zur Stoffkante und einmal ein wenig verdreht. Bei wechselnder Fadenrichtung verzieht sich das Patchwork leicht; es wird beulig und unansehnlich.

## Das Zusammennähen

Wenn Sie mit einem Muster beginnen, das nur aus Quadraten zusammengesetzt ist, dann ist das Nähen ganz einfach. Beginnen Sie mit einem Streifen, der z.B. auf Ihrem Entwurf am linken Rand von oben nach unten führt. Legen Sie die einzelnen Stoffteile entsprechend zusammen. Genäht werden sie folgendermaßen: Zuerst werden die beiden Quadrate links oben und das darunter rechts auf rechts aufeinandergelegt. (Die rechte Seite ist bei bedruckten Stoffen diejenige, auf der das Muster sauber zu sehen ist.) Nähen Sie die Stoffteile an einer Seite zusammen. Wenn Sie die beiden Quadrate jetzt auseinanderklappen, haben Sie sie gerade miteinander verbunden; die beiden Nahtzugaben befinden sich auf der Rückseite.
Nun werden Stück für Stück die anderen Quadrate entsprechend Ihrer Vorlage darangenäht, bis schließlich ein Streifen entstanden ist.
Jetzt kommt der nächste Streifen daran und so fort.
Anschließend werden die ersten beiden linken Streifen wieder rechts auf rechts aufeinandergelegt und durch eine längslaufende lange Naht miteinander verbunden. Wenn Sie einigermaßen genau beim Zusammenfügen der Streifen vorgegangen sind, müßten die Ecken der Quadrate ziemlich genau aufeinanderpassen.
Zum Schluß werden die abgeschnittenen Fäden vernäht und verknüpft und die hochstehenden Nahtzugaben mit einem Bügeleisen so umgebügelt, daß sie sich flach nach beiden Seiten umlegen.

### Das traditionelle Blockhausmuster

Dieses Muster sieht sehr dekorativ aus und ist doch nicht allzu schwierig. Es kann – wie gesagt – zum Grundmuster auch eines größeren Quilts werden. Beim Blockhausmuster gibt es eine besondere Nähtechnik, die wir hier beschreiben wollen.
Ausgangspunkt ist ein Quadrat, für das wir eine Seitenlänge von 5 cm vorschlagen. Natürlich kann es auch größer sein. Traditionell ist es rot.

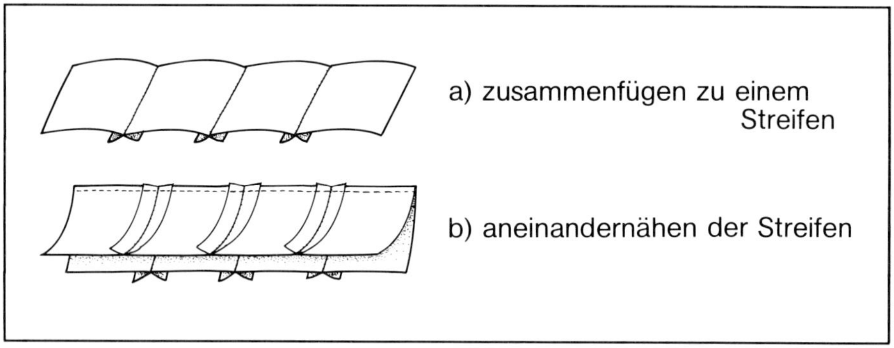


*Abb. 12:* Hier noch einmal das Zusammennähen von Einzelteilen zu Streifen.

Um dieses Muster werden ebenfalls 5cm breite Streifen gelegt, die mit zunehmender Entfernung vom mittleren Quadrat immer länger werden. Machen Sie sich einen Entwurf im Maßstab 1:1 und messen Sie die Länge dieser Streifen einfach ab.

Das Blockhausmuster sieht vor allem in der Kombination mehrerer Einzelblökke zu einem großen Quilt besonders schön aus, wenn zwei dunklere Streifen – sie bilden zusammen jeweils einen rechten Winkel – auf zwei hellere Streifen folgen.

Beim Zusammennähen des Musters gehen Sie folgendermaßen vor:

Wie auf *Abbildung 14* zu sehen ist, wird an das kleine Quadrat ein heller Streifen so angelegt, daß er mit einer Seite des Quadrats bündig abschließt und über die andere hinausragt. Wieder die Stoffe rechts auf rechts legen und wie oben beschrieben zusammennähen. Anschließend wird der Streifen umgekippt und die rückwärtige Naht flach gebügelt. Anschließend den zweiten hellen Streifen – wieder rechts auf rechts aufeinandergelegt – an die Kante nähen, die Quadrat und Streifen miteinander bilden. Anschließend wieder umbügeln und nun den dritten Streifen annähen.

Der vierte Streifen endet in dem Winkel, den das Quadrat und der erste Streifen miteinander bilden. Die lange Naht wird wie gehabt mit der Maschine genäht. Übrig bleibt die kurze Naht, bei der der letzte Streifen mit dem ersten zusammenstößt. Sie ist am schnellsten mit der Hand genäht.

Das Quadrat und die vier Streifen bilden nun wiederum ein Quadrat. Darum kommt nun aus vier längeren Streifen ein weiterer Rahmen, um den zum Schluß noch ein dritter kommt. Sie haben dann ein Blockhausmuster aus einem Quadrat und 16 Streifen. Auf *Abbildung 1* zeigen wir Ihnen, wie man solche Blockhausmuster zu einem sehr schönen großen Muster zusammenfügen kann.

*Abb. 13:* Beispiel für ein Blockhausmuster.

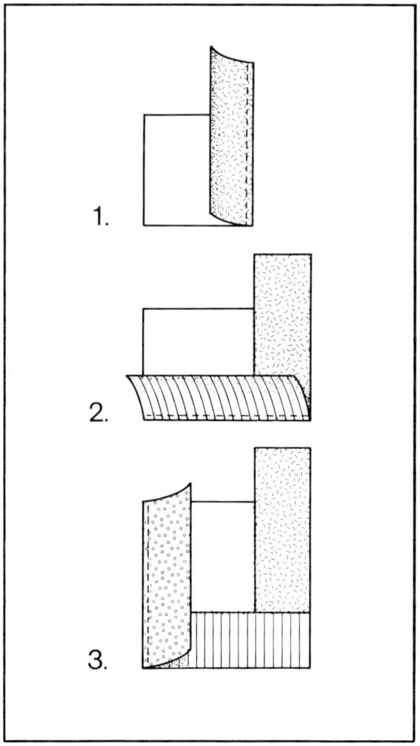


*Abb. 14:* So wird das Blockhausmuster zusammengenäht.

## Zwei weitere Muster aus der amerikanischen Patchwork-Tradition

### „Milky Way"

Dieses Muster besteht aus Quadraten und Dreiecken, die in ihrer Größe so zueinander passen, wie auf *Abbildung 15* gezeigt ist. Machen Sie sich auch hier wieder Schablonen, mit deren Hilfe Sie den Stoff ausschneiden.

### „Rolling Stone"

Dieses Muster besteht aus Quadraten, Rechtecken und Dreiecken. Hier zeigen wir noch einmal, wie man beim Herstellen der einzelnen Streifen dieses Musters und beim späteren Zusammensetzen vorgeht. Schauen Sie dazu auf *Abbildung 9*, die deutlicher als Worte zeigt, wie hier vorgegangen werden muß.

### „Großmutters Blumengarten"

Das ist ein Muster, das aus Sechsecken besteht (*Abb. 17*). Hier kommt es besonders darauf an, daß die einzelnen Patchwork-Teile wirklich gleich groß sind. Wenn hier nämlich nicht tatsächlich Kante auf Kante stößt, dann wird die ganze Angelegenheit beulig und sieht schlecht aus. Man kann sich bei diesem Muster mit einem kleinen Trick behelfen.

*Abb. 15:* „Milky-Way“, ein relativ einfaches und besonders wirkungsvolles Muster.

*Abb. 16:* Dieses Muster heißt „Rolling Stone“.

Wir gehen davon aus, daß die Sechsekke jeweils 5 cm Kantenlänge haben. Mit Nahtzugabe hat der Stoff dann 7 cm Kantenlänge. Schneiden Sie sich für diese Sechsecke eine Schablone mit 5 cm Kantenlänge und eine Schablone mit 7 cm aus. Die kleinere dient zum Ausschneiden von Papiereinlagen aus festem Papier, die vorübergehend in die einzelnen Patchwork-Teile hineinkommen. Die größere Schablone nehmen Sie als Muster beim Ausschneiden des Stoffes.

Wie Sie auf *Abbildung 19* sehen können, wird eine Papierschablone auf ein Stück Stoff mit einer Stecknadel festgeheftet. Klappen Sie nun die Nahtzugabe sauber um die Kanten der Papierschablone herum und heften Sie sie mit großen Stichen fest. Anschließend werden die Sechsecke mit ihrer Papiereinlage glattgebügelt.

Legen Sie nun diese Sechsecke nach dem Muster, das Sie vorher auf Papier wieder entworfen haben, zusammen. Von der Rückseite, auf der die Papierschablonen zu sehen sind, werden die einzelnen Sechsecke nun mit feinen Stichen überwendlich zusammengenäht. Dies ist eine Stichart, die Ihnen auf *Abbildung 20* gezeigt wird; sie ist sehr einfach. Die ersten beiden Sechsecke können Sie dabei rechts auf rechts aufeinanderlegen. Ab dem dritten Sechseck geht das nicht mehr ganz so einfach; es genügt aber, wenn die Kanten ein wenig zusammengedrückt werden, damit die zusammenzunähenden Ränder ein wenig hochstehen. Versuchen

Abb. 17: Dieses Muster aus Sechsecken, die in Rosettenform zusammengenäht sind, hat den hübschen Namen „Großmutters Blumengarten".

Sie beim Nähen, die Papierschablonen im Inneren der Sechsecke möglichst wenig mit festzunähen.

Um eine Rosette wie auf *Abbildung 17* herzustellen, brauchen Sie 19 Sechsecke. Diese Rosetten können später natürlich wiederum zu größeren Einheiten vereinigt werden.

Haben Sie eine Rosette zusammengenäht, dann werden die Heftnähte wieder aufgetrennt und das Schablonenpapier herausgenommen.

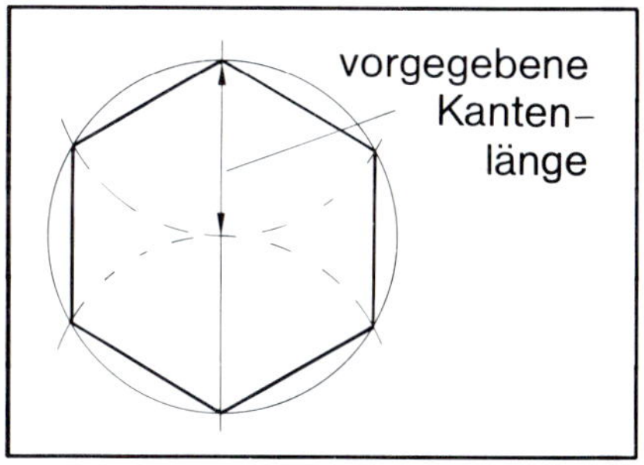


Abb. 18: So wird für die Pappschablone mit Hilfe eines Zirkels ein exaktes Sechseck konstruiert.

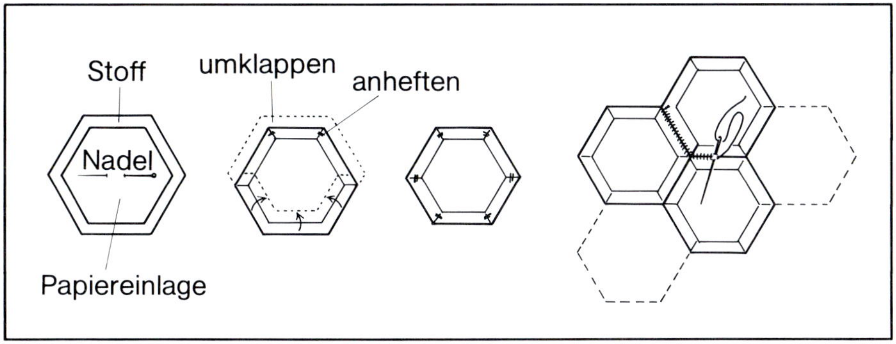


Abb. 19: Aufnähen der Stoff-Sechsecke auf die Schablone.

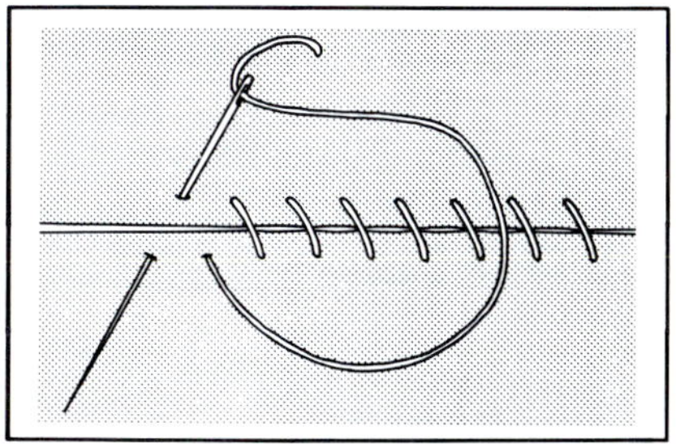

Abb. 20: Zwei umgelegte Stoffkanten werden gewissermaßen auf Stoß miteinander vernäht. Das nennt man überwendlich nähen.

Ein ausschließlich aus Sechs- oder auch Achtecken bestehendes Muster hat niemals gradlinige Kanten. Hier kann man sich zum Schluß mit Dreieck- oder anderen Kantenteilen aushelfen.

## Arbeiten mit Rändern und Zwischenstreifen

Patchwork-Teile mit geraden Kanten brauchen im Grunde keinen Rahmen. Es genügt, wenn sie auf der Rückseite gefüttert oder mit einer Zwischenlage gequiltet sind; dazu gleich mehr. Oft sieht eine Decke aber schöner aus, wenn sie einen einrahmenden Stoffrand erhält, der – ähnlich wie bei einem eingerahmten Bild – die Gesamtkomposition zusammenpaßt. Solche Rahmen können nur wenige Zentimeter schmal oder auch sehr breit sein; das müssen Sie im Entwurf einfach einmal ausprobieren. Einfarbige Stoffe eignen sich für den Rand besonders gut.
Arbeiten aus Sechs- oder Achtecken, deren Ränder nicht durch entsprechende Dreiecke begradigt worden sind, sehen auf jeden Fall mit einem Rahmen besser aus. Muster mit zackigen Rändern lassen sich am einfachsten mit der Hand auf ein größeres und in der Farbe passendes Stück aufnähen. Mehr dazu lesen Sie im Abschnitt über das Quilten.

Man kann einfarbige Streifen aber auch zur *Untergliederung* einer großen Dekke benutzen. Und schließlich helfen einem diese Streifen auch weiter, wenn z.B. die einzelnen Blocks eines größeren Quilt in den Maßen nicht ganz exakt zueinander passen. Mit zwischengelegten Streifen, wie Sie sie in einem Beispiel auf *Abbildung 21* sehen, kann man solche Ungleichheiten besser auffangen, als wenn die Blocks unmittelbar aneinander genäht werden.

*Abb. 21:* Ein Quilt mit Zwischenstreifen.

## Das Quilten

Sie wissen bereits, daß ein Quilt eine Decke aus drei Lagen ist. Er enthält folgende Teile:

1. die *Oberseite* aus dem eigentlichen Patchwork;
2. eine *Zwischenlage* aus einem auftragenden Material wie z.B. Watteline, Diolen-fill; es kann aber auch ein Leinentuch oder ein etwas auftragenderes Moltontuch sein;
3. die dritte Lage ist dann ein Futterstoff.

Soll der Quilt einen mehr oder weniger breiten Rand bekommen, dann wird er vor dem Quilten an das Oberteil aus Patchwork angenäht.
Wer es ganz im Stil der Tradition machen will, näht diese drei Lagen am Rand mit der Hand. Da es sich bei einem größeren Quilt aber um sehr lange Nähte handeln kann, empfehlen wir doch, die Nähmaschine zu benutzen. Abgesehen von der Arbeitserleichterung werden die Ränder einfach gerader.

Für das Zusammennähen der verschiedenen Lagen gibt es mindestens *zwei Methoden*:
1.
Die schnellere, aber ein wenig gewaltsamere Methode erinnert an das Zusammennähen eines Kissenbezuges. Legen Sie den *Unterstoff* und das *Patchwork-Oberteil* rechts auf rechts aufeinander. Nähen Sie beide Teile am Rand mit der Maschine aneinander und lassen Sie an einer Seite wie bei einem Kissenbezug ein Stück offen.
Wenn Sie die Decke nicht wattieren oder mit einer anderen Einlage versehen wollen, dann ist das Wenden genauso einfach wie bei einem Kopfkissenbezug. Wenn jedoch eine *Einlage* hineingearbeitet werden soll, besteht beim Wenden die Gefahr des Verrutschens. Fest verbunden sind die drei Lagen ja erst nach dem Quilten.

Bei einer großen Decke und einer einigermaßen steifen Einlage kann man aber genauso vorgehen, wie beim Beziehen einer Bettdecke. Durch die offengebliebene Seite faßt man ins Innere der Decke hinein und zieht dort die Füllung glatt und steckt sie bis in die Ecken.
Es gibt aber einen alten Trick, bei dem das Verrutschen der Füllung ausgeschlossen ist. Legen Sie vor dem Wenden die Füllung auf die Patchworkseite, falten Sie die Decke wie auf *Abbildung 22* gezeigt an einer Schmalseite zu einer Spitze und rollen Sie das Ganze von der Spitze in Richtung auf die offene

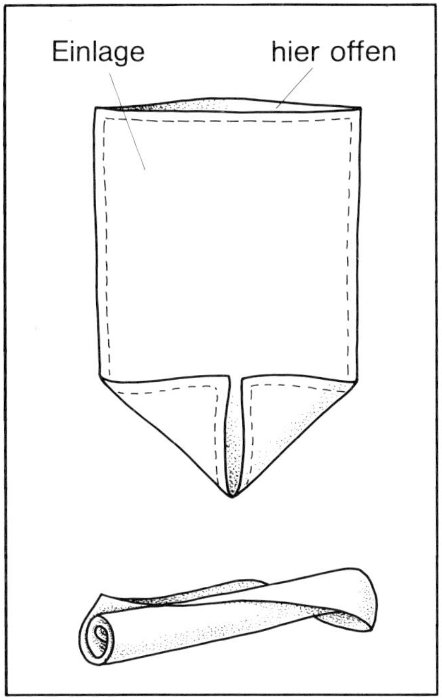


*Abb. 22:* Das Wenden einer Patchwork-Decke mit Füllung.

Seite der Decke fest ein. Zum Schluß drücken Sie die ganze Rolle durch die noch offene Seite hindurch, rollen das Ganze wieder aus und schütteln die Decke glatt. Dabei alle drei Stofflagen am oberen Rand mit der Hand fest zusammenhalten, sonst rutscht Ihnen die Füllung nach unten.
Zum Schluß wird die offene Seite mit feinen Stichen mit der Hand zugenäht.

2.
Bei der zweiten Methode werden die drei Lagen gleich in ihrer endgültigen Form aufeinanderlegt; der *Unterstoff* also mit der rechten Seite nach unten, darauf die *Wattierung* und als dritte Lage schließlich das *Patchwork-Teil* mit der rechten Seite nach oben. Anschließend wird das Ganze mit Nadeln gegen Verrutschen gesichert, wobei man nicht nur die Ränder, sondern auch die beiden Diagonalen feststeckt. Gehen Sie dabei von der Mitte der Decke aus. Die offenen Seiten werden bei dieser Methode erst nach dem eigentlichen Quilten mit der Hand zusammengenäht. Man kann das Ganze aber auch mit der Maschine machen und zum Schluß z.B. mit einer Borte umnähen.

Eine Variante dieses Verfahrens geht folgendermaßen:

3.
Schneiden Sie den *Unterstoff* rundherum jeweils 5 cm breiter als den Oberstoff. Insgesamt ist der Unterstoff also 10 cm breiter und 10 cm länger als der Oberstoff. Die *Wattierung* oder Füllung wird genauso groß zugeschnitten wie der Oberstoff. Legen Sie nun den Unterstoff mit der rechten Seite nach unten, darauf die Füllung und den *Oberstoff*

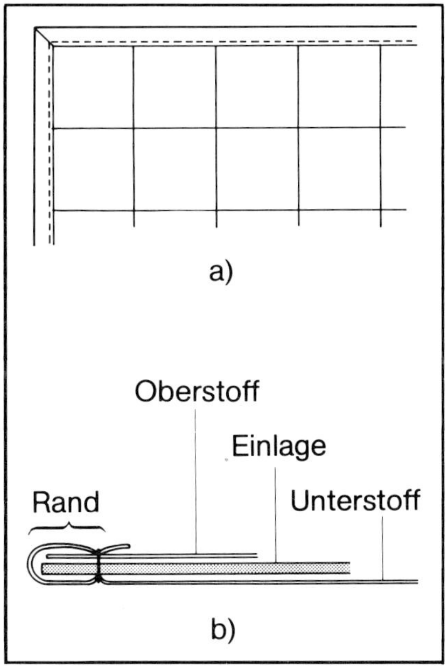


*Abb. 23:* Umnähen einer Decke mit Rand; unten die Decke im Schnitt.

mit der rechten Seite nach oben. Achten Sie darauf, daß der 5 cm breite Rand rundherum in gleicher Breite heraussteht.
Stecken oder heften Sie nun diese drei Lagen rundherum und diagonal zusammen. Dabei wieder von der Mitte ausgehen. Anschließend wird die Decke gequiltet und zum Schluß der überstehende Rand des Unterstoffes zum Oberstoff hin umgeschlagen und mit der Maschine oder mit der Hand festgenäht. Legen Sie diesen Rand in den Ecken so, daß er wie bei einem Bilderrahmen zusammenstößt. Diese 45° Ekken kann man nur mit der Hand vernähen.

Bei dem letzten Verfahren erhält der Quilt einen Rahmen. Es empfiehlt sich also, dieses Verfahren nur anzuwenden, wenn der Quilt nicht bereits einen anderen Rahmen hat.
Wenn Sie vorgehen, wie eben beschrieben, verdeckt der Rahmen den äußeren Rand des Patchwork-Oberteils. Wenn dies das Muster beeinträchtigt, dann gehen Sie ein wenig anders vor:
Schneiden Sie z.B. den Unterstoff rundherum 5 cm breiter, die Füllung rundherum 2 cm breiter als den Oberstoff. Dann weiter wie oben beschrieben. Wenn Sie jetzt den Unterstoff nach oben klappen, dann endet er etwa am Rand des Patchwork-Oberteils. Beim Legen der Naht, die den Quilt am Rand zusammenfaßt, aber darauf achten, daß diese Naht außer den Unterstoff auch wenigstens ein paar Millimeter des Oberstoffes mit erfaßt. Sonst guckt Ihnen nämlich nach einiger Zeit am Rand die Füllung heraus.

## Das eigentliche Steppen des Quilt

Wir haben bis jetzt einfach vom Quilten gesprochen, ohne im einzelnen darauf einzugehen. Quilten heißt Steppen – und um nichts anderes geht es hier. Gesteppt werden die drei Lagen, die bereits in ihrer endgültigen Form aufeinanderliegen, mit der Hand oder auch mit der Maschine. Bei großen Stücken wird man allerdings mit der Maschine Schwierigkeiten haben.
Man steppt nun entweder entlang der Linien, die das Muster bildet, oder man bildet mit den Steppnähten ganz bewußt ein zusätzliches Muster. Im letzte-

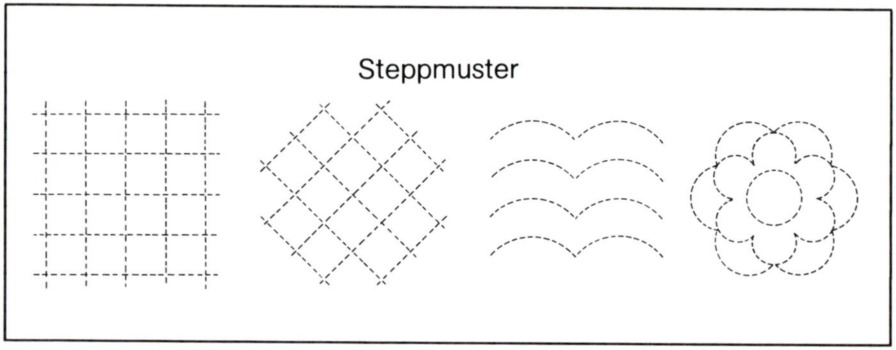


*Abb. 24:* Ein paar Vorschläge für das Anlegen von Steppnähten.

*Abb. 25:* Eine moderne Quilting-Party (vgl. dazu das historische Beispiel in *Abb. 2*).

ren Fall können Sie durch entsprechende Farbe eines kräftigen Steppfadens das Muster unterstützen. Zeichnen Sie mit Schneiderkreide das Steppmuster vor oder markieren Sie es zumindest mit Nadeln. Auf *Abbildung 24* zeigen wir Ihnen ein paar traditionelle Steppmuster.

Bei einem sehr großen Quilt – z.B. einer Überdecke für das Bett – kann man sich die Arbeit mit einem *Quiltrahmen* erleichtern. Man kann ihn sich leicht selber zusammenbauen. Er besteht aus vier Brettern, die man in passender Größe entweder mit vier Schraubzwingen zusammenhält oder auch zusammennagelt. Legen Sie den Rahmen auf zwei Böcke. Auf diesem Rahmen wird der Quilt mit Heftzwecken fixiert – und los geht es mit dem Quilten.

Je weiter Sie zur Mitte hinkommen, um so schwieriger wird es, die Nadel auf der Unterseite des Quilts zu erreichen und wieder nach oben durchzustechen. In früheren Zeiten hat man deshalb oft Kinder unter den Quilt gesetzt, die die Nadel nach oben stechen mußten. Da das Quilten aber vor allem dazu dient, daß die Lagen nicht gegeneinander verrutschen, können Sie ruhig mit großen Stichen arbeiten.

Vielleicht haben Sie Lust, eine alte Tradition des Quilting wiederzubeleben. Damals gab es die Sitte der sogenannten *Quilting bees*, bei der viele Frauen zum Steppen einer Decke zusammenkamen, was zugleich Gelegenheit für ein Schwätzchen bot. Laden Sie also Freunde, Bekannte oder Verwandte ein und machen Sie eine *Quilting-Party*.

## Ein paar moderne Varianten des Patchwork

### Das „Kirchen- oder Domfester"

Dieses Muster hat den Vorteil, daß die Arbeit auch auf der Rückseite sauber aussieht; also nicht gefüttert werden muß. Außerdem ist dieses Muster sehr effektvoll. Wie Sie auf *Abbildung 26* sehen können, stehen umgebogene Stoffränder plastisch ein wenig hervor,

*Abb. 26:* „Kirchen- oder Domfenster" heißt dieses Muster.

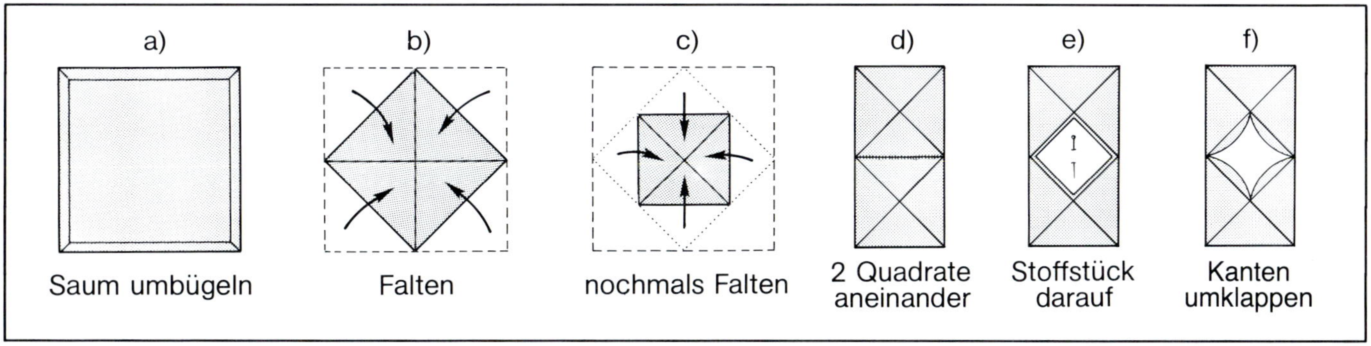


*Abb. 27:* So werden die Einzelteile des „Domfensters" hergestellt.

so daß zur reinen Farbwirkung bei entsprechendem Lichteinfall noch eine Licht- und Schattenwirkung hinzukommt.

Das Verfahren ist einfacher, als es auf den ersten Blick aussieht. Auf *Abbildung 27* haben wir Ihnen die einzelnen Abläufe schematisch dargestellt:

Legen Sie zunächst wieder auf einem Entwurf fest, wieviele Einzelteile Sie letzten Endes brauchen. Bedenken Sie dabei, daß die Stoffquadrate von 15 cm Kantenlänge, wie Sie eins auf *Abbildung 27* sehen, durch mehrfaches Falten auf eine Kantenlänge von nur 7,5 cm kommen (vgl. *Abbildung 27c*).

Aber nun zum eigentlichen Verfahren:

1.

Schneiden Sie zunächst die *Stoffquadrate* mit einer Seitenlänge von 17 cm mit einer Pappschablone zu. Die Ränder dieser Quadrate werden zu einem Saum umgebügelt, so daß schließlich Quadrate mit 15 cm Kantenlänge entstehen (vgl. *Abbildung 27a*). Der Saum liegt auf der linken Seite des Stoffes.

2.

Jetzt muß der *Mittelpunkt* der Quadrate ermittelt werden. Das geht am einfachsten, wenn Sie den Stoff zweimal diagonal falten und den Schnittpunkt der Diagonalen mit Stoffkreide markieren. Falten Sie die Ecken des Quadrates im Sinn von *Abbildung 27b* zur Mitte hin, wobei die linke Stoffseite nach innen weisen muß. Nähen Sie die vier zusammenstoßenden Ecken des Quadrates in der Mitte mit ein paar Stichen fest.

3.

Derselbe Vorgang wird jetzt noch einmal wiederholt: also die vier Ecken des bereits einmal gefalteten Quadrates noch einmal nach innen schlagen und an den Spitzen festnähen (*Abbildung 27c*).

4.

Jetzt werden zwei solcher Quadrate *stumpf aneinandergenäht*. Das geht am besten mit der Hand oder zur Not auch mit einem leichten Zick-Zack-Stich auf der Maschine.

5.

Schneiden Sie nun aus einem andersfarbigen Stoff, der zu den gefalteten Quadraten einen guten Kontrast bildet, ein kleines Quadrat aus, das etwas kleiner ist als das Quadrat, das die beiden gefalteten Quadrate an ihrer Nahtstelle miteinander bilden (vgl. *Abbildung 27e*). Das kleine Quadrat mit einer Stecknadel am angegebenen Platz feststecken.

6.

Jetzt kommt das eigentliche Effektvolle dieses Musters. Die vier Kanten des Quadrats, das unter dem aufgesteckten kleineren Quadrat liegt, werden jetzt in der Mitte mit zwei Fingern gefaßt und leicht nach oben gezogen. Legen Sie diese Kanten in einem Bogen, den der leicht dehnbare Stoff von selbst bildet, über die Ränder des kleinen, aufgelegten Quadrates. Fixieren Sie diese Bogen in der Mitte mit einer Stecknadel (vgl. *Abbildung 27f*). Sie können jetzt das Ganze mit einem Bügeleisen ein wenig glätten und in seiner Lage fixieren. Zum Schluß werden diese Bögen entweder mit Steppstichen oder auch mit verdeckten Stichen, wie man sie

*Abb. 28:* Besondere Sorgfalt erfordert das Umlegen der Bögen.

z.B. bei einem Hosensaum verwendet, angenäht. Damit der plastische Effekt dieses Musters nicht verlorengeht, sollten die Bögen nicht allzu fest auf den kleinen Quadraten aufliegen. Legen Sie die Stiche also nicht unmittelbar am Außenrand der Bögen, sondern ein klein wenig nach innen gesetzt. Durch die Spannung, unter der der gebogenen Stoff steht, wölben sich dann die Bögen ein wenig nach oben.

**Wie setzt man ein solches Domfenster effektvoll zusammen?**

Das Kirchen- oder Domfenstermuster wirkt allein schon durch seine Struktur. Durch recht einfache Mittel lassen sich zusätzliche Wirkungen durch verschiedene Farben erzielen. Selbst wenn Sie sämtliche gefalteten Stoffquadrate in derselben Farbe lassen, und nur die aufgesetzten kleineren Quadrate in wechselnden Farben gestalten, haben Sie bereits sehr vielfältige Variationsmöglichkeiten. Ein Beispiel zeigen wir Ihnen in *Abbildung 26*. Lassen Sie sich dadurch zu eigenen Entwürfen anregen.

## Patchwork mit Mini-Kissen

Bei dieser Technik erhalten Sie eine waffelartige Decke, die lauter kleine Pölsterchen hat. Diese Technik hat den Vorteil, daß man nicht ganz so präzise wie bei einer normalen Patchwork-Dekke arbeiten muß. Bei unserem Vorschlag gehen wir von quadratischen Mini-Kissen mit 6 cm Kantenlänge aus. Wenn Ihnen das zu klein ist, können Sie die Kissen auch etwas größer machen. Schöner sieht allerdings ein Muster aus solchen kleinen Kissen aus.

Für ein einzelnes Mini-Kissen, das später mit anderen Kissen zu einer größeren Einheit zusammengenäht wird, braucht man zwei Stoffquadrate. Eins mit einer Seitenlänge von 6 cm und eins mit einer Seitenlänge von 8 cm. Diese Quadrate können Sie wieder mit Hilfe von Pappschablonen ausschneiden. Die kleinen Quadrate, die später die Rückseite einer Decke oder eines Stuhl- oder Bankbelages bilden, können in einer einzigen Farbe gehalten werden. Wenn Sie eine Decke nähen wollen, müssen Sie die Rückseite ohnehin füttern.

Die Einzelkissen werden folgendermaßen genäht:

Das große Quadrat wird an drei Seiten derart auf das kleinere Quadrat genäht, daß die Ecken beider Teile aufeinanderliegen. Da das obenliegende Quadrat eine längere Kante hat, muß es durch eine Falte in der Mitte dieser Kante auf 6 cm verkürzt werden (vgl. dazu *Abbildung 29*). Beide Quadrate werden an drei Seiten auf diese Weise zusammengenäht; die vierte Seite bleibt offen. Durch diese Öffnung kommt nun die Füllung in das Kissen. Sie besteht aus einer Polsterwatte (Bastelfill oder ähnliches), mit der das Kissen so gefüllt wird, daß die Watte möglichst auch in die Ecken hineinreicht. Notfalls mit der zugeklappten Schere vorsichtig beim Stopfen nachhelfen. Wenn Sie normale Watte verwenden, kann die Decke nicht gewaschen werden.

Zum Schluß wird die vierte Seite zugenäht, die ebenfalls in der Mitte eine Falte erhält.

Das fertige Kissen hat jetzt ungesäumte Ränder. Das macht aber nichts, wenn Sie beim Zusammennähen mehrerer Kissen zu einer Decke oder einem größeren Sitzkissen über die Nähte ein Nahtband legen. Mit zwei Nähten können Sie zugleich das Nahtband befestigen und die Kissen miteinander verbinden. Wie beim normalen Patchwork geschieht das am besten zunächst in Streifen, die dann zu größeren Einheiten miteinander verbunden werden.

Wenn Sie auf ein solches Band zwischen den einzelnen Feldern verzichten wollen, müssen Sie die Hälfte der Kissen mit gesäumten Rändern herstel-

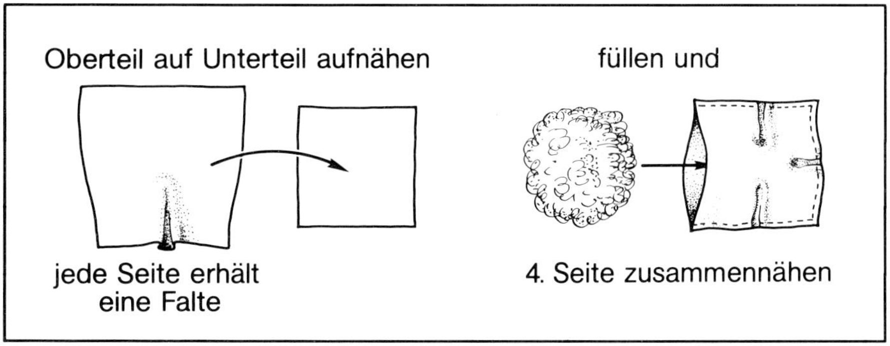


*Abb. 29:* Schema der Herstellung von Minikissen.

*Abb. 30:* Dieses Kissen besteht aus 12 zusammengenähten Minikissen.

len. Die Hälfte deshalb, weil Sie die gesäumten Ränder *auf* die ungesäumten Ränder der anderen Kissen beim Zusammennähen legen können. Auf der Rückseite der Decke stören diese saumlosen Ränder nicht, wenn die Rückseite insgesamt gefüttert wird.
Selbstverständlich können auch diese Kissen aus unterschiedlichen Farben bestehen.

# Scharf, pikant und sauer

*Abb. 1:* Selbstgemachter Senf, natursaures Gemüse, ein würziger Kräuteressig und Salatsaucen, wie man sie nicht in jedem Laden bekommt, sind zugleich auch ein originelles Geschenk.

Auf den folgenden Seiten geht es um Saures und Pikantes, und in einigen Fällen auch um Scharfes. Genauer: um Sauerkraut, saure Gurken, Senf, Ketchup, Salatsaucen. Als wir die Fernsehsendungen zu diesem Thema und das Buchkapitel vorbereiteten, fiel uns ein, daß die Hobbythek eigentlich ein kleines Zwischenjubiläum feiern könnte. Sauer einlegen oder die Milchsäuerung von Gemüse hat nämlich nicht nur etwas mit dem Geschmack zu tun; es dient zugleich der *Haltbarmachung*. Und auf diesem Gebiet hat die Hobbythek schon einiges getan, wobei sie immer auf uralte Verfahrensweisen und Rezepte zurückgegangen ist. Zum großen Themenbereich der Konservierung gehörte:

- Haltbarmachung durch *Räuchern* (das können Sie im *Hobbythek-Buch 3* nachlesen);
- Haltbarmachung durch *Kandieren* (das steht ebenfalls im *Hobbythek-Buch 3*);
- Haltbarmachung durch *Trocknen* (wen es interessiert, es steht im *Hobbythek-Buch 6*).

Hier also geht es ums *Saure*; und da wären wir bei der vierten, ebenfalls schon sehr alten Art der Konservierung. Nun ist aber Saures bei weitem nicht gleich Saures. Und so werden Sie auf den folgenden Seiten mehrere Teilkapitel zum Thema finden. In dem einen geht es um *Saures unter Verwendung von Essig* – und sogar um die Essigherstellung. Im anderen Teil geht es um *Saures auf der Basis von Milchsäuregärung* (ab *Seite 141*).

Es gibt einen uralten Streit darüber, ob nun Saures auf der Basis von Essig oder Saures, das durch Milchsäuregärung entstanden ist, gesünder sei. Wir wollen diesen Streit hier nicht entscheiden, weil er auch gar nicht zu entscheiden ist. Beide Verfahren haben ihre Vorteile, und sie sind auch nicht ohne weiteres austauschbar. Senf kann man nun einmal nur mit Hilfe von Essig herstellen; und Sauerkraut läßt sich nur durch Milchsäuregärung machen. Beides sind im übrigen völlig natürliche Verfahren, die der Mensch nicht erfinden, sondern nur für seine Bedürfnisse entdecken mußte.

Wenn die im Laden gekauften Produkte heute *Konservierungsstoffe* enthalten, dann deswegen, weil die Industrie auf Haltbarkeit auch bei längerer Lagerung achten muß. Wenn Sie also auf sauren Konserven den Hinweis finden, daß darin *Benzoesäure* oder *Sorbinsäure* enthalten sei, dann sind das zugesetzte Haltbarkeitsmittel und nicht Substanzen, die für natürliche Säuerungsprozesse notwendig sind.

Wie immer bei selbstgemachten Sachen haben wir auch hier den Vorteil, wieder ganz auf die *natürlichen* Formen zurückgehen zu können. Sie müssen Ihre sauren Sachen ja nicht ewig und unter verschiedenen Transportbedingungen lagern; Sie können sich alle paar Wochen oder sogar alle paar Tage alles wieder frisch zubereiten. Sie werden sehen, daß das in jeder Hinsicht positive Auswirkungen auf den Geschmack hat.

# Machen Sie Ihren Senf doch selber

## Zunächst ein bißchen Geschichte

Wir haben nie verstehen können, warum man eigentlich von jemandem, der alles kommentieren muß, sagt: „Immer mußt du deinen Senf dazugeben". Senf ist nämlich ein überaus vielseitiges und nützliches Produkt der Natur, wie wir gleich sehen werden.

Wußten Sie, daß die Senfkörner der Samen einer wilden Kohlart sind? Diese einjährige und gelbblühende Pflanze, die es auch wild gibt, hat eine sehr alte Geschichte. Man kannte sie bereits im klassischen *Griechenland*, was man beim alten Philosophen und Mathematiker *Pythagoras* nachlesen kann. Seine „Karriere" begann der Senf übrigens nicht als Genußmittel. Am Anfang war Senf ausschließlich ein *Heilmittel*, was er heute nur noch in zweiter Linie ist. Vielleicht kennen Sie noch das Senfpflaster, das man bei Rheuma und ähnlichen Krankheiten anwendet. Dieses Pflaster enthält Senfmehl, das die Durchblutung der Haut und der darunter liegenden Organe fördert. Schon im 1. Jahrhundert unserer Zeitrechnung hat der berühmte griechische Arzt *Pedanios Dioskurides* in seiner Arzneimittellehre „Materia Medica" die heilende Wirkung des Senfs beschrieben.

Die *Römer* waren es schließlich, die etwa zur selben Zeit den Senf als *Würzpflanze* entdeckten. Ebenfalls im 1. Jahrhundert unserer Zeitrechnung beschrieb der Römer *Columella* ein Senfrezept, dessen Bestandteile Senfkörner, Wasser, Soda und Essig waren. Die Römer waren es auch, die die Senfpflanze über die Alpen in unser Land brachten. Ursprünglich war sie als Akkerkraut vor allem in Kleinasien verbreitet, wo die Griechen den Senf kennengelernt haben. Und so taucht er auf deutschem Gebiet zum ersten Mal im Jahr 795 in einer Schrift *Karls des Großen* auf, der nicht nur das Anlegen von Kräutergärten anordnete, sondern auch den Senfanbau.

Daß Senf schon in frühen Zeiten keine Allerweltspflanze war, geht aus verschiedenen Schriften hervor, die dem Senf magische Kräfte zuweisen. So behauptete zum Beispiel der Römer *Plinius*, daß drei mit der linken Hand gepflückte Blätter des weißen Senfs, die man zusammen mit Honigwasser verspeist, ein hervorragendes Aphrodisiakum seien, also die Liebeskräfte anregen. Nach einer anderen Quelle hat der Senf die Eigenschaft, Schlangen zu vertreiben. Dazu braucht man nur einige Blätter zu verbrennen; der Rauch besorgt dann sein Werk.

Nun, auf solche Zauberwirkungen des Senfs sollte man sich vielleicht nicht allzu sehr verlassen. Als *Heilmittel* ist der Senf aber durchaus ernstzunehmen.

### Senf – ein Heilmittel aus Großmutters Zeiten

Vom *Senfpflaster* war schon die Rede. Man kann sich einen Senfwickel mit derselben Wirkung aber auch selbst herstellen. Dazu werden ganz normale gelbe Senfkörner gemahlen. Dieses Verfahren bietet Ihnen die Gewähr dafür, daß das Senfmehl *nicht entölt* ist. Denn das Öl enthält den eigentlichen Wirkstoff (dazu gleich mehr).

Rühren Sie das Senfmehl mit warmem Wasser zu einem dicken Brei an. Bei *rheumatischen Beschwerden* oder *Gelenkschmerzen* trägt man diesen Senfbrei auf die schmerzenden Stellen auf und deckt das Ganze mit einem Tuch ab. Bei *Augen-* und *Ohrenschmerzen* kommt dieser Wickel allerdings auf den Nacken. Und bei *Bronchialkatarrh* legen Sie ihn auf die Brust. Lassen Sie die Auflage solange liegen, bis die Haut krebsrot und warm geworden ist. Das dauert in der Regel eine viertel bis zu einer halben Stunde. Anschließend wird die Stelle mit warmem Wasser abgewaschen und gut warmgehalten.

Dieser Senfbrei muß vor jeder Behandlung frisch zubereitet werden.

Wer chronisch *kalte Füße* hat, und an einem gestörten *Kreislauf* leidet – beides hat in der Regel miteinander zu tun –, der sollte es einmal mit einem Fußbad aus 5 Liter Wasser und 50 g Senfmehl probieren. Das Wasser sollte gut warm sein.

Die heilende Wirkung des ätherischen Senföls macht sich auch hier durch Brennen auf der Haut bemerkbar.

Der Senf als Gewürz hat durchaus mit dem Senf als Heilmittel etwas zu tun. Die meisten Gewürze machen unsere Speisen nämlich nicht nur wohlschmekkender, sondern versehen sie zusätzlich mit *Spurenelementen* und *anregenden Wirkstoffen*. So bringen

Gewürze z.B. den Speichelfluß in Gang, der für die Verdauung sehr wichtig ist. Die Lust am Essen hat also durchaus ihre medizinische Seite. Das bestätigt auch die Ärztin G. Hauschka mit ihrem Satz: „Ein mit Lust begangener Diätfehler bekommt manchmal dem Patienten besser als eine hineingequälte Diätspeise."

Die medizinische Forschung hat aber herausgefunden, daß Senf nicht nur die Produktion von *Verdauungssekreten* im Magen und im Darm günstig beeinflußt und die Darmbewegungen (Peristaltik) anregt, sondern daß er auch auf den *Blutdruck* regulierend einwirkt. Außerdem hat er antibakterielle Eigenschaften; er wirkt also entzündungshemmend. Wie kommt diese Wirkung zustande?

Der wichtigste Wirkstoff ist das *Senföl*, das nicht nur heilende Wirkung hat, sondern auch für den scharfen Geschmack des Senfs verantwortlich ist. Dieses Senföl bildet sich allerdings erst in einem chemischen Prozeß, der in Gang kommt, wenn das Mehl des gemahlenen Senfkorns mit Wasser vermischt wird. In diesem ätherischen Öl ist es wiederum das Glykosid Sinalbin, das die heilende Wirkung und den scharfen Geschmack bewirkt.

Sie können diesen allmählichen Prozeß der Senfölbildung selbst nachvollziehen. Zerkauen Sie ein paar Senfkörner, die zunächst durchaus mild und noch gar nicht typisch nach Senf schmecken. Nach kurzer Zeit bildet sich aber durch Vermischung des Senfs mit dem Speichel das scharfe Senföl, das sich durch seinen scharfen Geschmack verrät. Dieser Umwandlungsprozeß wird durch ein *Enzym* bewirkt, das ebenfalls im Senfkorn enthalten ist und durch Wasser aktiviert wird.

### Schwarzer und gelber Senf

Es gibt verschiedene Senfsorten. Die bekanntesten sind der *gelbe Senf (Sinapis alba)*, den man früher auch weißer Senf genannt hat, und der *schwarze Senf (Brassica nigra)*. Die schwarze Sorte ist wesentlich schärfer als die gelbe. Am verbreitetsten ist bei uns aber der gelbe Senf, den wir den meisten unserer Rezepte auch zugrunde legen wollen. Schwarzen Senf gibt es nämlich nicht überall zu kaufen.

Die Senfkörner wachsen in kleinen Schoten auf Pflanzen, die bis zu einem Meter hoch werden. Damit die kleinen runden Körner beim Ernten nicht aus den trockenen Schoten herausfallen, muß man sehr vorsichtig vorgehen. Gemäht werden die Senfpflanzen deshalb möglichst frühmorgens, solange sie noch mit Tau bedeckt sind. Die Wagen, mit denen sie vom Feld gefahren werden, legt man mit Tüchern aus, damit auch ja nichts beim Transport verlorengeht.

In manchen Gegenden wird der Senf, den man zum Würzen von Speisen verwendet, auch „Mostrich" genannt. Dieser Name kommt von dem Wort Most. Früher hat man nämlich häufig anstelle von Essig sauren jungen Wein – also Most – bei der Senfherstellung verwendet.

## Selbstgemachter Senf

Nachdem Sie nun über die Geschichte, die Zusammensetzung und die Heilwirkung des Senfs einiges erfahren haben, wollen wir Ihnen endlich den Mund wässrig machen mit ein paar Ratschlägen zur Senfherstellung und einer Menge Rezepten, die wir sämtlich selbst ausprobiert haben.

Früher gab es *milden, mittelscharfen* und *scharfen* Senf; in Bayern allenfalls noch *süßen* Senf. Damit war aber die Palette der Senfsorten auch schon komplett. Und obwohl sich die Senfkultur inzwischen schon weiter entwickelt hat, bleibt für diese Delikatesse als Hobby immer noch vieles neu zu entdecken und auszuprobieren.

Nicht zuletzt bedeutet das Selbermachen auch hier, daß man eine ganze Menge Geld einsparen kann. Sie kommen bei unseren Rezepten für ein 50 g-Töpfchen auf Durchschnittskosten von jeweils etwa 50 Pfennigen. Trotzdem brauchen Sie sich im Hinblick auf Aroma und Qualität bei einem Vergleich mit gekauften Senfsorten nicht zu genieren.

Und schließlich ein Tip, der für viele Dinge der Hobbythek gilt: Ein selbstkomponierter Senf, abgefüllt in ein Töpfchen, das hübsch dekoriert ist, ist immer ein originelles Geschenk.

### Geräte, die Sie zur Senf-Zubereitung brauchen

Sämtliche Geräte, die Sie zur Senf-Zubereitung brauchen, sind in einem durchschnittlichen Haushalt vorhanden. Als Mühle für das Zermahlen der Senfkörner genügt eine ganz normale *Kaffeemühle mit Schlagwerk.*

Wenn Sie Spaß an der Senfzubereitung bekommen haben, sollten Sie sich allerdings für diesen Zweck eine Extramühle kaufen. Die Kaffeemühle müßte nämlich nach jedem Senfmahlen sehr gründlich gereinigt werden; sonst schmeckt

Ihr Kaffee vielleicht doch etwas nach Senf und den verschiedenen Gewürzen, die wir später noch verwenden wollen.
Natürlich kann man auch noch andere Küchengeräte verwenden, die Körner und Gewürze zerkleinern – z.B. eine Moulinette.
Außer einer Mühle brauchen Sie noch einen *elektrischen Handrührer, Rührstab* oder *Mixer*.
Und schließlich werden ein paar Gefäße zum Anrühren benötigt – das ist aber auch schon alles.
Für die Aufbewahrung des Senfs sollten Sie sich ein paar hübsche kleine Gläser oder auch Tontöpfe besorgen, die Sie – wenn Sie sie nicht verschenken – immer wieder verwenden können.

**Die Zutaten**

Außer einem guten *Weinessig* (wie man ihn selber macht, können Sie ab *Seite 114* nachlesen) brauchen Sie natürlich *Senfkörner*.
*Gelben Senf* gibt es als Gewürz praktisch überall zu kaufen. Die kleinen Packungen mit maximal 100 g sind aber relativ teuer. Wenn Sie sich häufiger Ihren Senf selbst zubereiten wollen oder gar zu mehreren um die besten Rezepte wetteifern, dann kaufen Sie sich den Senf am besten kiloweise entweder in einem Reformhaus oder in Kräutergeschäften. Am billigsten bekommt man Großpackungen oft in Geschäften in der Nähe von Schlachthöfen. Ein Kilo gelbe Senfkörner kostet zwischen 3 und 5 Mark. Wenn Sie etwas Glück haben, dann bekommen Sie dort sogar *schwarze Senfkörner*, die wesentlich schärfer als die gelbe Sorte sind.

*Abb. 1:* Blühender Senf auf einem Feld in Süddeutschland.

*Abb. 2:* Scharfe schwarze und mildere gelbe Senfkörner.

*Abb. 3:* Auf dem Gewürzbord in Ihrer Küche sollte ein Sortiment an Töpfchen mit selbstgemachtem Senf nicht fehlen.

*Abb. 4:* Wichtig ist das sorgfältige Mahlen der Senfkörner in einer ganz normalen Kaffeemühle.

Die verschiedenen anderen Zutaten, die wir zum Würzen des Senfs brauchen, nennen wir bei den jeweiligen Rezepten.

### Die Grundbestandteile

Die Grundbestandteile des Senfs sind:

| | |
|---|---|
| Senfkörner | Salz |
| Wasser | Zucker |
| Essig | |

Hinzu kommen dann noch verschiedene Substanzen, die den einzelnen Senfsorten ihr jeweiliges Aroma geben.
Der Charakter des Senfs wird aber auch davon bestimmt, wie *fein* die Körner gemahlen werden, und ob die Schalen der Körner vorher beseitigt worden sind oder nicht. Die meisten Sorten aus der Lebensmittelindustrie werden aus Senfkörnern hergestellt, die vorher geschält worden sind. Das ist nicht anders wie beim Mehl oder beim Reis, bei denen man oft die sogenannten Kleiebestandteile – also die Schalen – entfernt. Nun hat sich allerdings inzwischen herumgesprochen, daß das der Gesundheit alles andere als förderlich ist. Wenn Senf auch nicht zu den „Grundnahrungsmitteln" gehört, so lassen wir die Schale an den Senfkörnern bei sämtlichen Rezepten dran. Dadurch wird der Senf zwar nicht ganz so hell wie einige Handelssorten; er schmeckt aber dafür kräftiger, und Sie können sicher sein, daß kein Aromastoff des Senfkorns verlorengegangen ist.

## Grundrezept 1: Mittelscharfer bis scharfer Senf

Bei der Zusammensetzung der Grundmasse für den Senf müssen Sie sich vorher entscheiden, ob Sie einen milden, einen mittelscharfen oder einen scharfen Senf haben wollen. Generell gilt: Je länger der Senf lagert, um so milder wird er. Wir gehen zunächst einmal von einer mittelscharfen bis scharfen Sorte aus, die folgende Bestandteile enthält:

50 g gelbe Senfkörner
5 g Salz (ein gestrichener Teelöffel)
10 g Zucker (ein gestrichener Eßlöffel)
30 g Weinessig (5 %ig)
40 g Wasser

Für das Abwiegen der kleinen Mengen sollten Sie eine Briefwaage benutzen.
Wer die Flüssigkeiten lieber abmessen statt abwiegen will und eine entsprechende Mensur (Meßzylinder) hat, kann natürlich auch messen. 40 g Wasser entsprechen 40 $cm^3$ oder 40 ml Wasser.
Enthält der Weinessig z.B. 6% Säure – was immerhin 20% mehr ist –, dann nehmen Sie entsprechend weniger Essig und mehr Wasser. Beispiel: 30 g Essig (5%ig), 40 g Wasser entsprechen 24 g Essig (6%ig), 46 g Wasser.
Wie das Mengenverhältnis für das Grundrezept bei süßerem bzw. schärferem Senf zusammengesetzt ist, können Sie auf den *Seiten 112* bzw. *113* nachlesen.
Wir haben bei diesem Rezept *nur gelbe Senfkörner* verwendet. Wenn Sie aber ein wenig mehr Schärfe hineinbringen wollen und irgendwo schwarzen Senf bekommen haben, dann können Sie ruhig ein paar Körner daruntermischen. Allerdings würden wir nicht höher gehen als bis zu 5 g. Entsprechend weniger nehmen Sie von den gelben Körnern. Das Ergebnis ist dann ein mittelscharfer bis scharfer Senf.

**Den Senf sorgfältig mahlen**
Das A und O jeder Senfzubereitung ist das richtige Zermahlen der Körner zu Senfmehl. Schütten Sie dafür die Körner in Ihre Kaffeemühle – sie passen gerade hinein –, und zermahlen Sie den Senf zunächst einmal grob.
Bis auf bestimmte Sorten des süßen Senfes, bei dem das Mehl ruhig etwas gröber bleiben kann, muß sehr gründlich gemahlen werden. Und dabei gibt es etwas Wichtiges zu beachten: Das „Mahlgut“ darf *nicht zu warm* werden. Wird es heißer als etwa 30 °C, dann verflüchtigen sich nämlich bereits verschiedene Aromabestandteile. Mahlen Sie den Senf in Intervallen: schalten Sie also die Mühle ruhig zwei- bis dreimal für ein bis zwei Minuten aus, damit sich alles abkühlen kann. Das tut im übrigen auch dem Motor der Mühle gut, der einen zusammenhängenden Betrieb von über 5 Minuten in der Regel nicht gut übersteht.
Und noch etwas: Sie werden feststellen, daß das rasend schnell rotierende Messer der Kaffeemühle das Senfmehl an den Rändern und am Boden des Gefäßes fest zusammenpreßt. Lockern Sie also in den Pausen das Mehl mit einem Teelöffelstiel gut auf, zerdrücken Sie die Klumpen, damit Sie wirklich ein sehr feines Senfmehl erhalten. Selbst wenn sich das trockene Mehl zwischen den Fingern schon recht feingemahlen anfühlt, können nach dem Aufquellen immer noch recht große Senfbrocken entstehen. Und das ist für viele Sorten nicht günstig.

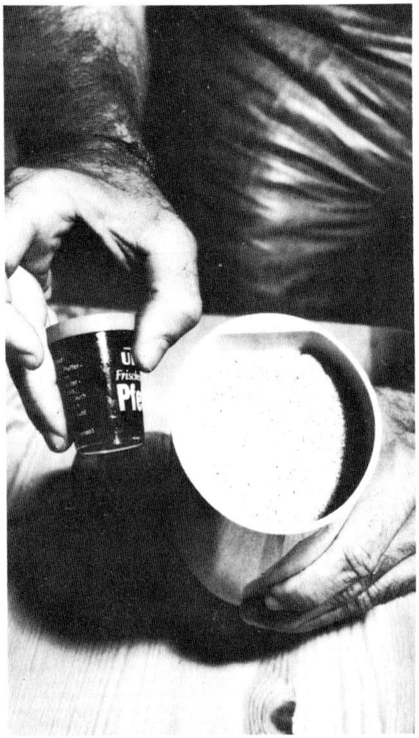

*Abb. 5:* Tun Sie Gewürze – wie z.B. grünen Pfeffer – gleich mit in die Mühle.

Nach insgesamt 5 Minuten, einschließlich der Pausen, müßten Sie aber zum Ziel gekommen sein.
Wenn Sie sich ein Rezept ausgesucht haben, in dem *trockene Gewürze* wie Pfeffer, Piment, Nelken, Koriander usw. vorkommen, dann tun Sie diese Gewürze gleich mit in die Kaffeemühle.
Wenn Sie nun einen Senf mit *feuchten Gewürzen* mischen wollen, wie z.B. mit Zwiebeln, Knoblauch, frischen Kräutern, Peperoni, grüner Pfeffer usw., dann können Sie diese Zutaten zu-

nächst extra zerkleinern und dann unter das Senfmehl mischen. Viel bequemer geht es aber, wenn Sie diese Zutaten zum Schluß in der Kaffeemühle mit Schlagmesser gleich mit vermahlen. Wir haben es ausprobiert: es geht. Das trockene Senfmehl zieht die Feuchtigkeit z.B. von Zwiebeln sofort an sich, so daß Sie keine Angst zu haben brauchen, daß Ihnen die Mühle verklebt. Bei dieser Methode wird das Mehl mit seinen Zutaten besonders gut vermischt.

Das feine Senfmehl wird nun – mit oder ohne zusätzliche Gewürze – mit dem Wasser, dem Weinessig, Salz und Zukker in ein Gefäß gegeben und kräftig mit einem elektrischen Rührgerät oder einem Mixer verrührt. Bei diesem Mischen sollten Sie ruhig etwas Geduld haben; denn je länger gerührt wird, um so besser wird der Senf. Feinschmekker genehmigen sich für diesen Prozeß 5 Minuten.

Sie werden merken, daß der Brei zunächst noch recht flüssig ist. Das gibt sich aber bald, weil das Senfmehl zu quellen beginnt und der Masse zum Schluß die richtige Konsistenz gibt.

Ist alles gut verrührt und hat der Senf im Geschmack Ihren Beifall gefunden, dann füllen Sie ihn in ein vorbereitetes Töpfchen. Denken Sie aber daran, daß der Senf sein volles Aroma erst nach einiger Zeit entfaltet. Wir haben vorhin schon gesagt, daß sich erst unter der Einwirkung des Wassers und der im Senfmehl enthaltenen Fermente das *Senföl* entwickelt, das für die Schärfe des Senfs verantwortlich ist. Diese Schärfe mildert sich nach einigen Tagen.

Die Engländer, die entgegen landläufiger Meinung mindestens ebenso große

*Abb. 6:* Je gründlicher das Senfmehl mit den übrigen Zutaten vermischt wird, um so besser schmeckt der Senf.

Senfliebhaber wie die Franzosen sind, schwören auf frisch zubereiteten Senf. Dafür gibt es in England verschiedene fertige Senfpulver, die man während des Essens am Tisch mit Wasser frisch anrührt.

Kurz: nach einem Tag Lagerung sollten Sie sich einen kräftigen Klacks Senf auf Thüringer Rotwurst, geräucherten Fisch, in einer leckeren Senfsauce oder etwas ähnlichem gönnen – und Sie werden von Ihren eigenen Künsten als Hersteller delikater Gewürze überzeugt sein.

**Der Kräutersenf der Hobbythek**

Der folgende Senf enthält eine Mixtur verschiedener typischer Senfgewürze. Sie ergeben in ihrem Zusammenklang einen sehr interessanten Geschmack, den Sie natürlich nach eigener Vorliebe in der einen oder anderen Richtung abwandeln können. Probieren Sie das Rezept zunächst in dieser Form aus.

Hier die Zutaten:

50 g gelbe Senfkörner
5 g Salz
10 g Zucker
30 g Weinessig (5 %ig)
50 g Wasser
1 Zwiebelscheibe
¼ Lorbeerblatt
2 schwarze Pfefferkörner
1 Pimentkorn
3 Korianderkörner
1 Wacholderbeere
½ Messerspitze Cayennepfeffer
½ Messerspitze Kurkuma
1 Zweig frischer Estragon (oder 1 Messerspitze getrocknetes Kraut)
1 kleiner Zweig Thymian (oder entsprechend getrocknetes Kraut)
1–2 Nadeln Rosmarin

Bei diesem Rezept haben wir die Wassermenge auf 50 g erhöht, damit wegen der vielen trockenen Gewürze schließlich doch ein Senf in gewohnter Konsistenz entsteht.
Die trockenen Gewürze können Sie gleich von Anfang an mit in der Mühle mahlen. Die feuchten kommen später hinzu, wie vorhin beschrieben. Im übrigen geht alles genauso wie bei der Herstellung des Grundrezeptes.
Auch dieser Senf entfaltet sein volles Bukett nach einem Tag.

**Senf mit grünem Pfeffer**
Das folgende Rezept enthält eine Mischung aus gelben und schwarzen Senfkörnern, weil das diesem Senf eine zusätzliche pikante Nuance gibt. Wenn Sie schwarzen Senf nicht bekommen, erhöhen Sie die Menge des gelben Senfes entsprechend. Hier die Mengen:

45 g gelbe Senfkörner
5 g schwarze Senfkörner
5 g Salz
10 g Zucker
30 g Weinessig (5%ig)
40 g Wasser
1 Teelöffel grüner Pfeffer
¼ Lorbeerblatt
1 Pimentkorn
1 Zweig frischer Estragon (oder entsprechende Menge getrocknetes Kraut)

Vor dem Zerkleinern sollten Sie den grünen Pfeffer in einem Kaffeesieb unter kaltem Wasser abspülen, weil er sonst leicht ein wenig muffig schmeckt. Ansonsten geht die Zubereitung wie oben beschrieben.

*Abb. 7:* Der fertige Senf mit seinen Zutaten.

**Kapernsenf**
Sie werden schon bemerkt haben, daß unsere Senfsorten außer dem Gewürz, das dieser Sorte den Namen gibt, noch andere Gewürze enthält. Das hat seinen Grund. Wir haben lange herumprobiert, wie man die typischen Geschmacksrichtungen – hier also diejenige der Kapern – besonders zur Geltung bringen und abrunden kann. Dabei hat sich herausgestellt, daß man verschiedene andere Gewürze für das Hauptgewürz gewissermaßen zur Assistenz braucht. Und das sind bei Kapern eine ganze Reihe von Gewürzen, wie die folgende Aufzählung zeigt:

50 g gelbe Senfkörner
5 g Salz
10 g Zucker
30 g Weinessig (5%ig)
40 g Wasser
1 Teelöffel Kapern
1 Zwiebelscheibe
½ Messerspitze gemahlene Muskatnuß
½ Messerspitze Curry
1 kleiner Zweig frische Zitronenmelisse (ersatzweise etwas abgeriebene Schale einer ungespritzten Zitrone)
1 kleiner Zweig frischen Liebstöckl (ersatzweise eine Prise getrocknetes Kraut)
1 kleiner Zweig Estragon (ersatzweise eine Prise getrocknetes Kraut)
1 Prise getrocknete Dillspitzen

Falls Sie bei diesem Rezept nur getrocknete Kräuter verwenden, müssen Sie die Wassermenge um 5 bis 10 g erhöhen, damit Sie einen nicht zu trockenen Senf erhalten.

**Knoblauchsenf**
Das ist eine Senfsorte, die für Leute genau das Richtige ist, die mediterrane Küche lieben. Versuchen Sie diesen Senf einmal mit frisch gegrillten Lammkoteletts – Sie werden geradezu süchtig danach werden. Senf ist ja überhaupt eine Angelegenheit, die erst als Zutat ihren Charakter voll entfaltet. In der Kombination mit einem bestimmten

Fisch- oder Fleischgeschmack, aber auch mit Eiern und anderen Gerichten ergibt sich erst ein Gesamtaroma, das man nur mit Begriffen aus der Musik beschreiben kann. Aber da kommt es ganz auf die Kombination an. Knoblauchsenf schmeckt – wie gesagt – ganz wunderbar zu kräftigem Fleisch, wie z.B. Lamm. Ein zartes Fischfleisch würde dagegen vom Knoblauchsenf völlig totgeschlagen. Aber das muß man alles einmal ausprobieren. Als grobe Grundregel kann man immerhin nehmen, daß ein kräftig schmeckender Senf nicht zu zarten Gerichten gehört und umgekehrt.
Aber zurück zum Knoblauchsenf. Dies sind die Zutaten:

| | |
|---|---|
| 50 g | gelbe Senfkörner |
| 5 g | Salz |
| 10 g | Zucker |
| 30 g | Weinessig (5%ig) |
| 40 g | Wasser |
| 1 | Zwiebelscheibe |
| 1 | bis 2 Knoblauchzehen |
| ¼ | Lorbeerblatt |
| 1 | Pimentkorn |
| 2 | Korianderkörner |
| und falls beliebt: ½ Messerspitze Cayennepfeffer | |

Inzwischen wissen Sie schon, wie das mit dem Mahlen und Zusammenrühren geht.

### Scharfer Peperonisenf

Dies ist ein Senf, der durch seine zusätzlichen Gewürze, und nicht durch den Anteil der Senfkörner, relativ scharf ist. Er hat dadurch eine ganz andere Schärfe, als z.B. der extrascharfe Senf. Die Senfschärfe kennen Sie sicher; sie

*Abb. 8:* Ein saftiger Braten kann durch würzigen Senf nur gewinnen.

geht gewissermaßen durch die Nase und verschwindet bald wieder. Die Schärfe von Peperoni oder auch von Chilisauce ist aber nachhaltiger und bringt die gesamte Mundhöhle und den Schlund in Aufruhr. Letzteres ist bei verschiedenen fernöstlichen Gerichten genau der gewünschte Effekt.

Hier die Zutaten:

| | |
|---|---|
| 50 g | gelbe Senfkörner |
| 30 g | Weinessig (5%ig) |
| 40 g | Wasser |
| 5 g | Salz |
| 10 g | Zucker |
| 1 | frische Schote Peperoni oder 1 getrocknete Chilischote |
| ¼ | Lorbeerblatt |
| 1 | Messerspitze edelsüßes Paprikapulver |

Anstelle einer frischen scharfen Peperonischote können Sie natürlich auch eingelegte scharfe Peperoni verwenden. Geeignet sind aber auch Chilischoten oder 2 bis 3 Tropfen Tabascosauce, Sambal Olek oder ähnliches. Im Geschmack sind diese „Scharfmacher" natürlich nicht vollkommen gleich. In der Gesamtkomposition sind sie aber durchaus ähnlich.
Schneiden Sie die Peperoni- oder Chilischote auf und kratzen Sie die Kerne heraus. Sie sind so scharf, daß sie sämtliche anderen Aromastoffe dieser Senfmischung übertönen würden und das Ergebnis nur eine Art Höllenfeuer in Ihrem Mund wäre. Wer das mag, soll die Körner aber in der Mischung lassen.
In diesem Zusammenhang ein Tip, der in der Gewürzküche generell gilt: Wenn Sie Peperoni oder Chili oder andere

scharfe Sachen zerschnitten und zerkleinert haben, dann sollten Sie sich die Hände hinterher gründlich waschen. Das Zeug brennt nämlich nach einiger Zeit auch auf der Haut. Auf keinen Fall zwischendurch mit den Fingern durch das Gesicht oder gar die Augen gehen. Ist das nämlich passiert, dann hilft auch Wasser nicht mehr. Dann müssen Sie es einfach ertragen, daß die betroffenen Stellen 2 bis 3 Stunden brennen. Aber man stirbt ja nicht davon.
Die eigentliche Senfzubereitung geht genauso, wie oben beschrieben.

**Estragonsenf**
Estragon ist ein Kraut, das man nicht genug loben kann. Achten Sie darauf, daß Sie die französische Sorte mit dem feinen Anisgeschmack bekommen. Estragon paßt wunderbar zu Fisch, aber z.B. auch zu Avocados; also mehr zu Gerichten mit zarterem Geschmack. Wenn Sie diesen Estragonsenf mit ein wenig Joghurt oder auch Mayonnaise vermischen, vielleicht auch noch ein wenig Mango-Chutney dazugeben, dann haben Sie eine herrliche Avocadosauce (mehr über solche Soßen finden Sie ab *Seite 131*).

Dies sind die Zutaten:

| | |
|---|---|
| 50 g | gelbe Senfkörner |
| 5 g | Salz |
| 10 g | Zucker |
| 30 g | Weinessig (5%ig) |
| 40 g | Wasser |
| 3 bis 4 | Zweige frischer Estragon (ersatzweise ½ Teelöffel getrocknetes Kraut) |
| 1 | Zwiebelscheibe |
| 3 | schwarze Pfefferkörner |
| 1 | Prise Cayennepfeffer |

Die Zubereitung geht wie oben bei den anderen Senfsorten beschrieben.

**Dillsenf**
Dill schmeckt etwas kräftiger als Estragon, weshalb man hier auch mit einer geringeren Menge auskommt. Im übrigen ist die Zusammensetzung dieser Senfsorte genauso wie beim Estragonsenf.
Dillsenf schmeckt besonders gut als Zutat von kräftigeren Fischsorten.

**Ein paar zusätzliche Tips**
Mit diesen Rezepten haben Sie bereits eine Vielfalt erreicht, mit der Sie den Küchenalltag weit hinter sich lassen können. Aber natürlich gibt es auch hier noch viele Möglichkeiten der Variation. So könnten Sie z.B. den Estragonsenf abwandeln, indem Sie statt Estragon *Salbei, Thymian, Rosmarin* (damit aber vorsichtig umgehen) und andere Kräuter verwenden.
Eine Spezialität ist auch der *Meerrettichsenf.* Er läßt sich am besten mit dem Rezept zubereiten, das wir für den grünen Pfeffer empfohlen haben. Nehmen Sie statt dieses Pfeffers einen halben Teelöffel Meerrettich, der am besten schmeckt, wenn er frisch gerieben wird. Meerrettich verliert nämlich sehr schnell von seiner Schärfe. Natürlich eignet sich auch Meerrettich aus dem Glas oder aus der Tube.

## Grundrezept 2: Süßer Senf

Die Schärfe des Senfes kommt in der Regel nicht aus den anderen Zutaten, sondern aus dem Senf selber – genauer: aus dem Senföl, wie wir oben (*Seite 105*) im einzelnen beschrieben haben. Beim süßen Senf soll diese Schärfe möglichst zurückgedrängt werden. Deshalb verwendet man für diese Sorten ausschließlich den *gelben Senf.* Es gibt zusätzliche Möglichkeiten, die Schärfe der Senfkörner zu mildern, indem man sie auf über 70 °C erhitzt. Und das macht man so:
Mahlen Sie den Senf, wie oben beschrieben. Wenn Sie einen typisch bayerischen süßen Senf haben wollen, dann lassen Sie das Senfmehl ruhig etwas gröber sein.
Nach dem Mahlen werden 40 g Wasser aufgekocht und noch kochend über das Senfmehl gegossen. Lassen Sie alles etwa 5 Minuten zum Abkühlen stehen. Bei dieser Prozedur verliert das Senfmehl zwar ein wenig von seiner Quellfähigkeit; aber das stört hier keineswegs.
Statt des Zuckers kann man auch bis zu 30 g Honig dazugeben. Mehr als 30 g sollten es allerdings nicht sein, weil sonst der Senf zu flüssig wird. Wenn er Ihnen dann immer noch nicht süß genug ist, dann nehmen Sie noch ungefähr 10 g Zucker hinzu.

Dies sind die Zutaten für die *Grundmasse des süßen Senfs:*

| | |
|---|---|
| 50 g | gelbe Senfkörner |
| 5 g | Salz |
| 25 g | Zucker (oder 30 g Honig) |
| 30 g | Weinessig (5%ig) |
| 40 g | Wasser |

Wenn Sie diese Mischung unmittelbar nach dem Zusammenrühren kosten, werden Sie vielleicht enttäuscht sein. Die Masse schmeckt nämlich noch ziemlich scharf. Lassen Sie sich dadurch nicht irritieren; dieser Senf verliert erst nach 1 bis 2 Tagen seine Schärfe.

**Der süße Gewürzsenf der Hobbythek**

| | |
|---|---|
| 50 g | gelbe Senfkörner |
| 5 g | Salz |
| 25 g | Zucker (oder 30 g Honig) |
| 30 g | Weinessig (5%ig) |
| 40 g | Wasser |
| 1 | Kopf einer Gewürznelke |
| 2 | Korianderkörner |
| 1 | Prise gemahlenen Zimt |
| 1 | Zweig frischer Estragon (oder entsprechend getrocknetes Kraut) |

Dieser Senf hat einen milden, sehr runden Geschmack. Sie können ihn reichlich zu verschiedenen Wurst- und Fleischsorten verwenden. Besonders gut schmeckt er zu Bratwurst und natürlich auch zu echter bayerischer Weißwurst.

**Süßer Senf mit Zimt und Honig**

Dies ist eine Spezialität, die Sie unbedingt einmal zubereiten müssen. Den bekommen Sie sicher nicht zu kaufen.

Die Zutaten:

| | |
|---|---|
| 50 g | gelbe Senfkörner |
| 5 g | Salz |
| 10 g | Zucker |
| 30 g | Honig |
| 30 g | Weinessig (5%ig) |
| 40 g | Wasser |
| 1 | Prise gemahlenen Zimt |
| 2 | Korianderkörner |
| 1 | Zweig frischer Estragon (oder entsprechend getrocknetes Kraut) |
| evtl. 1 | Prise Kurkuma (vorsichtig damit umgehen) |

Durch den Honig und den Zimt hat dieser Senf eine bräunliche Farbe. Wen das stört, der kann dies mit dem gelben Kurkuma wieder ausgleichen. Kurkuma ist überhaupt ein wichtiges Senfgewürz. Man sollte damit aber doch ein wenig vorsichtig vorgehen, weil es leicht durchschlägt und die anderen Gewürze in den Hintergrund drängt.

## Grundrezept 3: Scharfer bis extrascharfer Senf

Wenn Sie einen scharfen Senf haben wollen, sollten Sie doch versuchen, *schwarze Senfkörner* zu bekommen. Schon beim Mahlen dieses Senfs werden Sie riechen, daß es sich hier tatsächlich um eine scharfe Sache handelt.

Das Grundrezept setzt sich folgendermaßen zusammen:

| | |
|---|---|
| 25 g | gelbe Senfkörner |
| 25 g | schwarze Senfkörner |
| 5 g | Salz |
| 10 g | Zucker |
| 30 g | Weinessig (5%ig) |
| 40 g | Wasser |

Je nach Geschmack können Sie das Mischungsverhältnis der beiden Senfsorten selbstverständlich verändern. Wenn Sie den Senf etwas milder haben wollen, dann nehmen Sie z.B. nur 10 g schwarze Senfkörner und 40 g gelben Senf. Umgekehrt wird es ein ziemlich scharfer Senf.

Der schwarze Senf ist übrigens etwas weniger quellfähig als der gelbe. Das macht sich allerdings bei unseren kleinen Mengen kaum bemerkbar. Sollten Sie aber trotzdem feststellen, daß der Senf zu dünnflüssig wird, dann nehmen Sie beim nächsten Mal einfach ein bißchen weniger Wasser.

Der berühmte Senf aus Dijon besteht übrigens ausschließlich aus schwarzem Senf. Da bei diesem industriell hergestellten Senf meistens die Schalen der Körner entfernt werden, macht sich das bei der Farbe nicht bemerkbar. Wir hingegen finden, daß die Farbe der Schalen dem Senf eine sehr angenehme Farbe geben. Schon aus diesem Grunde verarbeiten wir bei unseren Rezepten nur ungeschälte Senfkörner.

Auf der Basis dieses Grundrezeptes können Sie nun sämtliche Senfsorten herstellen, die wir vorhin schon beschrieben haben. Da hier aber die Grundmasse schon scharf ist – besonders dann, wenn der Anteil der schwarzen Senfkörner besonders hoch ist –, sollten Sie hier auf zusätzliche scharfe Gewürze wie Peperoni, Chili und Pfeffer verzichten oder zumindest vorsichtig damit umgehen.

## Ein Diätsenf

Alle unsere Senfrezepte enthalten Zukker, den Sie nach Belieben durch Honig ersetzen können. Dieser süße Bestandteil ist für einen guten Geschmack des Senfs unverzichtbar. Nun gibt es aber Leute, die aus ihren Speisen den Zucker heraushalten *müssen* – wie z.B. Diabetiker – oder *wollen* – wie z.B. alle, die gerade eine Schlankheitskur machen. Sie können den Zucker durch eine entsprechende Menge eines Süßstoffes ersetzen.

Am einfachsten geht das, wenn Sie flüssigen Süßstoff verwenden. Sie können aber auch die in den Rezepten angegebene Menge Wasser leicht erhitzen, den festen Süßstoff darin auflösen, das Wasser abkühlen und es dann nach Rezeptvorschrift verarbeiten.

# Essig selbstgemacht

*Abb. 1:* Im 18. Jahrhundert fuhren sogenannte Essigträger von Haus zu Haus und füllten den Köchinnen, Mamsells und Hausfrauen die Essigflaschen.

## Ein uraltes Genuß- und Heilmittel

Schon lange bevor die Menschen auf diesem Globus auftraten hat es Alkohol und Essig gegeben. Beides haben die Menschen nämlich nicht *erfinden* müssen – sie mußten es nur in der Natur *entdecken*. Was Alkohol und Essig miteinander zu tun haben, dazu gleich mehr.

Mit den Themen *Senf* (ab *Seite 104*), *Milchsäuregärung* (ab *Seite 141*) und mit dem *Essig* hat sich die Hobbythek drei Naturprodukte vorgenommen, die nicht nur besonders delikate „Genußmittel" sind, sondern zugleich auch Heilmittel. Nachdem die „Freßwelle" der 60er und 70er Jahre korrigiert wurde durch die Einsicht, daß dabei die Gesundheit auf der Strecke bleiben kann, kümmert man sich wieder um Heilkräfte in unseren Nahrungsmitteln. Man achtet also nicht nur auf schädliche (Konservierungs-)Stoffe in der Nahrung, sondern man fragt danach, welche Dinge von Natur aus heilende Wirkung haben. Und das trifft auf Senf, naturgesäuerte Gemüse und Essig zu.

In dieser doppelten Eigenschaft ist die Verwendung von Essig schon bei den Babyloniern, Assyrern und Ägyptern nachgewiesen. In diesen warmen Ländern hat Weinessig außerdem, mit Wasser verdünnt, als erfrischendes und durststillendes Getränk eine Rolle gespielt. Essig ist bei der Kreuzigung Jesu gegenwärtig: ein mitleidiger Soldat reicht ihm einen essiggetränkten Schwamm auf einer Lanze zur Linderung seines Durstes.

Schließlich hat der Essig, ebenso wie der Senf, auch rituelle Bedeutung gehabt. Im alten China galt der Krug mit dem Essig als Symbol des Lebens.

Ob Essig nun ein Genußmittel oder Medizin ist, ließ sich oft nicht klar voneinander trennen. Gegen Pest und Aussatz half aber wohl auch Essig nichts; wohl aber äußerlich angewendet gegen manche Entzündungen und eingenommen gegen Darmerkrankungen und Husten.

Mit der Erforschung der Wirkung von Essig hat schon im 8. Jahrhundert der damals sehr einflußreiche Gelehrte und Alchimist Dschabir ibn Hajn es-Sufi, genannt „Geber", begonnen. Aber auch berühmte Wissenschaftler der neueren Zeit haben Essigforschung betrieben. So der Mitbegründer der modernen Chemie *Antoine Laurent Lavoisier* (1743 bis 1794), *Justus von Liebig* (1803 bis 1873) und der Biologe *Louis Pasteur* (1822 bis 1896).

## Die Essigsäurebakterien sind wahre Alkoholiker

Sie sind es ohne die schlimmen Wirkungen, die übermäßiger Alkoholkonsum auf den Menschen hat. Was diese Bakterien zustandebringen, ist selbst *Liebig* und *Pasteur* noch verborgen geblieben. Bis um die Wende zu unserem Jahrhundert glaubte man nämlich noch, daß sich Essig wie Alkohol bildet: also durch die Wirkung von Hefezellen.

Dieser Irrtum war naheliegend. Wein und Essig sind eng miteinander verwandt, was unsere Vorfahren schon daraus erkannten, daß Essig entsteht, wenn man ein alkoholhaltiges Getränk

längere Zeit offen stehen läßt. Die Winzer waren darüber gar nicht glücklich; denn es war früher durchaus keine Seltenheit, daß der gesamte Weinbestand in Essig umschlug oder zumindest essigstichig wurde. Dagegen hilft heute nicht nur sterileres Arbeiten, sondern auch Einsatz von Schwefel. Der schützt den Wein zwar gegen das Umkippen in Essig, ist aber nicht gerade gesundheitsfördernd.
Heute wissen wir, daß für die Essigbildung nicht Hefen, sondern Bakterien verantwortlich sind. Was dabei passiert, wollen wir Ihnen jetzt beschreiben. Sie werden dann nicht nur mehr wissen als Liebig und Pasteur, sondern dieses Wissen bei der Essigherstellung auch gleich praktisch verwerten können.

**Am Anfang war der Zucker**

Zucker spielt im Stoffwechselhaushalt der Pflanzen und Lebewesen als Energielieferant und Energietransporteur eine entscheidende Rolle. Zucker ist ein besonders energiereicher Stoff. Vor allem die Pflanzen nutzen ihn neben der Stärke als Energiespeicher, der z.B. die aufgenommene Sonnenenergie besonders effektiv speichert. Deshalb verwundert es nicht, daß Zucker in der organischen Substanz auf unserem Globus in Hülle und Fülle vorhanden ist. Seine Menge ist wesentlich größer als die Menschen verbrauchen können. Würde der Zucker nicht ständig abgebaut, würde unsere Erde im wahren Sinne des Wortes verzuckert sein.
Durch Milchsäuregärung einerseits (vgl. dazu *Seite 141ff.*) und den Prozeß der Alkoholbildung andererseits wird der Zucker umgesetzt. Bei der Alkoholvergärung dient der Zucker bestimmten Hefezellen als Nahrung; ein Stoffwechselprodukt ist schließlich der Alkohol. Was bei der Milchsäuregärung vor sich geht, können Sie ab *Seite 141* nachlesen.
Aber der Alkohol ist eigentlich nur ein Zwischenprodukt der Natur. Er dient wiederum anderen Kleinstlebewesen – eben den *Essigbakterien* – als Nahrungsvorrat. Diese Bakterien nehmen den Alkohol in ihr Zellinneres auf; sie saufen sich sozusagen voll damit, und sie verdauen ihn schließlich zu Essigsäure. Dabei vermehren sie sich permanent.
Dieser Umwandlungsprozeß von Alkohol in Essig funktioniert allerdings nur, wenn *Sauerstoff* vorhanden ist, den diese Bakterien sozusagen atmen. Wissenschaftlich ausgedrückt handelt es sich dabei um eine biologische Oxidation von Alkohol. Essig kann deshalb auch nur entstehen, wenn ständig Sauerstoff an die Alkohollösung herankommt, was sowohl bei der industriellen wie bei Ihrer eigenen Herstellung von Essig wichtig ist.
Für den chemisch Interessierten hier die Beschreibung des Prozesses:
Alkohol – in diesem Fall Äthylalkohol ($C_2H_5OH$) – wird unter Sauerstoffaufnahme ($O_2$) zu Essigsäure ($CH_3COOH$) oxidiert. Die genaue chemische Formel lautet:

$$C_2H_5OH + O_2 \rightarrow CH_3CO\,OH + H_2O$$

Nun gibt es – wie bei den Hefen und der Weinherstellung – verschiedene Arten

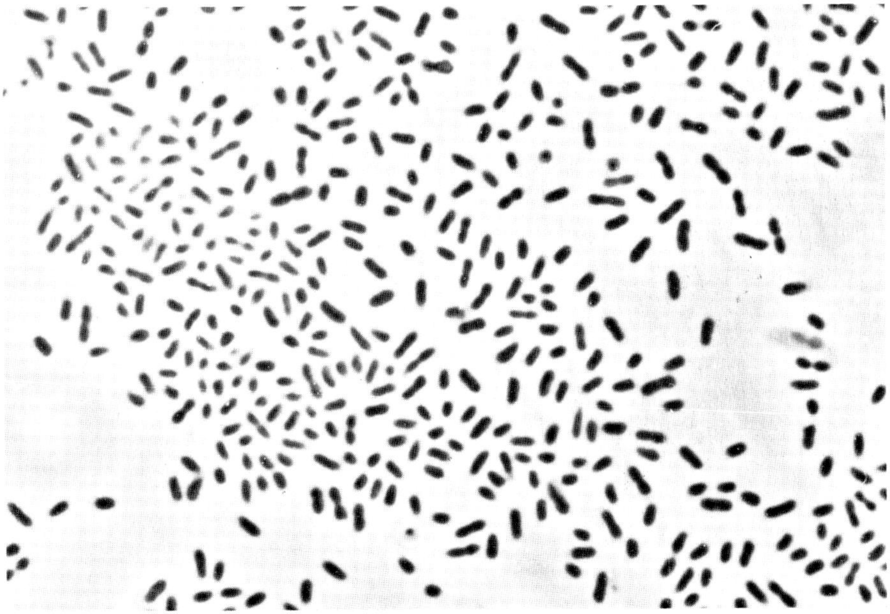

*Abb. 2:* So sehen Essigbakterien (Acetobacter rancens) unter dem Mikroskop aus.

von Essigbakterien, die zur Essigherstellung unterschiedlich gut geeignet sind. Die Kunst besteht nun darin, unter den Bakterien diejenigen zu finden, die den wohlschmeckendsten Essig erzeugen. Außerdem müssen Verfahren gefunden werden, wie man diese Bakterien möglichst effektiv mit Sauerstoff versorgt.
Essigbakterien gibt es praktisch überall. Sie schwirren in der Luft herum, sie sitzen auf und im Obst, und besonders in Wein- und Obstgegenden sind sie allgegenwärtig. Der folgende Versuch wird Ihnen in einer solchen Gegend sicher leicht gelingen. Aber vielleicht haben Sie damit sogar in der Stadt Glück.

**Machen Sie mit uns einen Versuch**

Nehmen Sie ein Glas oder eine dickbauchige Flasche und füllen Sie sie zur Hälfte mit verdünntem Wein (am besten einfacher Rotwein oder auch Obstwein). Stellen Sie das Gefäß auf die Fensterbank, möglichst Südseite; denn die Essigbakterien lieben Wärme. Wenn Sie Glück haben – und das ist auf dem Lande im Sommer und Herbst relativ wahrscheinlich–, dann haben sich innerhalb von 3 bis 4 Tagen auf dem Wein Bakterien niedergelassen. Die Übertragung kann auch durch sogenannte Essigfliegen erfolgen, die sich vor allem in Obst- und Weingegenden meist sehr schnell einstellen, wenn Essig oder Alkohol länger offenstehen.
Schließen Sie das Gefäß nach 3 bis 4 Tagen mit einem Baumwoll- oder Leinentuch ab. Nach 2 bis 4 Wochen müßte sich Essig gebildet haben, sofern tatsächlich Essigbakterien übertragen worden sind.
Man spricht hier vom sogenannten *Orleans-Verfahren*, genannt nach der französischen Stadt Orleans, wo die Essigfabrikation seit dem Mittelalter Tradition hat. Dort machte man es nicht viel anders als bei dem hier beschriebenen Versuch. Man ließ den Essig in offenen Fässern entstehen. Und da die Weinbauern in der Gegend von Orleans Glück hatten, und durch puren Zufall einen guten Bakterienstamm erwischten, entstand in der Gegend ein besonders wohlschmeckender Essig.
Beim Orleans-Verfahren bildet sich auf dem von Essigbakterien infizierten Wein eine gallertartige Haut, die sogenannte *Essigmutter*. Sie besteht aus einer Ansammlung von unzähligen Essigbakterien. Wenn nun die über die Essigmutter streichende Luft die Bakterien mit Sauerstoff versorgt, produzieren sie den begehrten Essig.
Probieren Sie diesen Essig schon in der Entstehungszeit von Zeit zu Zeit. Wenn er Ihnen schmeckt, dann sind Sie fein raus. Mit der so gewonnenen Essigmutter können Sie nämlich für längere Zeit immer wieder neuen Essig produzieren. Sie brauchen nur die Essigmutter in leicht verdünnten Wein zu legen, aus dem die Essigbakterien dann innerhalb von 3 Wochen wieder neuen frischen Essig produziert haben.
Dabei können Sie die Essigmutter, die ein ziemlich zähes Gelee bildet, durchaus teilen, ja Sie können Stücke davon sogar Freunden oder Bekannten weiterschenken. In südlichen Ländern, in denen die Wein- und Obstessig-Zubereitung in der Küche immer noch gang und gäbe ist, ist eine gute Essigmutter ein sehr begehrtes Geschenk. Warum sollen wir diese schöne Sitte nicht auch bei uns pflegen? Zum Verschenken nehmen Sie die Essigmutter vom fertigen Essig, schneiden ein Stück davon ab und legen es in verdünnten Rotwein, den Sie in eine hübsche Flasche füllen.

## Die verschiedenen Verfahren der Essigherstellung

Das Vertrauen, daß die in der Luft vorhandenen Essigbakterien das Geschäft der Essigherstellung schon besorgen würden, ist gut. Besser aber ist die wesentlich sicherere Methode, Essigbakterien direkt in den Wein zu bringen. Diese Methode wollen wir Ihnen dringend empfehlen. Zunächst aber noch kurz ein Blick auf die verschiedenen Herstellungstechniken von Essig, die Ihnen zugleich zeigen soll, warum die *Do-it-your-self-Methode* der Hobbythek ganz erhebliche Vorteile hat.
Billige Essigsäure wird in der Industrie heute in der Regel *synthetisch* aus Holz hergestellt. Essig braucht man nämlich nicht nur zum Würzen von Speisen, sondern in der chemischen Industrie z.B. auch als Rohstoff in der Kunststoffproduktion. Diese Essigsäure kommt in verdünnter Form als *Essigessenz* in den Handel. Will man sie als normalen Haushaltsessig verwenden, dann muß man sie noch weiter bis zu einem Säuregehalt von 5 bis 6 % weiterverdünnen. Aber von diesem Essig möchten wir doch abraten.
Wesentlich gesünder und auch besser schmeckend ist da schon der industriell gewonnene *Gärungsessig*, der auf der

Basis einer rein biologisch ablaufenden Gärung entsteht. Wenn Sie nach dem Lesen dieses Kapitels überhaupt noch Essig einkaufen, dann achten Sie doch einmal darauf, ob sich auf dem Etikett Hinweise wie z.B. „Gärungsessig" oder „biologische Gärung" finden.

Als Rohstoff für diesen Gärungsessig nimmt man *Branntwein*. Man verdünnt ihn auf etwa 10 bis 12 %. Die Essighersteller nennen diese Flüssigkeit *Maische*, obwohl es sich hier nicht um einen Fruchtbrei wie bei der Weinherstellung handelt. Diese Maische läßt man dann durch geeignete Essigbakterien zu Essig oxidieren.

Die Umwandlung der Maische in Essig geschieht in manchen Fabriken auch heute noch in riesigen Holzfässern, die bis zu 100000 Liter Fassungsvermögen haben (vgl. dazu *Abbildung 3*). Dazu werden die Fässer nicht etwa mit Maische gefüllt; da würden nämlich die Essigbakterien sehr schnell an Sauerstoffmangel leiden. Man füllt sie in den oberen zwei Dritteln vielmehr mit Buchenholzspänen, über die man die Maische ständig rieseln läßt. Zur noch besseren Sauerstoffzuführung werden die Späne in den Fässern ständig gelüftet. Dadurch haben die Bakterien auf den Buchenspänen geradezu ideale Lebensbedingungen, die sie mit ständiger Essigproduktion honorieren. Ist der Prozeß erst einmal in Gang gekommen, dann läuft er Jahrzehnte. In einer großen Hamburger Essigfabrik konnten wir nicht nur die größten Holzfässer der Welt besichtigen, sondern auch einige, die seit den 30er Jahren fast durchgehend in Betrieb sind.

Bei diesem Gärverfahren dauert es etwa 6 bis 8 Tage, bis der Alkohol aus dem verdünnten Branntwein zu Essig vergoren ist.

6 bis 8 Tage sind für die Industrie immer noch eine sehr lange Zeit. Deshalb benutzt man dort häufig das sogenannte *Submersverfahren*. Es hat die beiden Vorteile, daß der Herstellungsprozeß nur noch 24 Stunden dauert und daß die Bakterien direkt in der Maische die Essigsäureproduktion vollbringen können. Den dazu nötigen Sauerstoff erhalten sie durch Luftbläschen, die in die Maischebottiche eingeblasen werden.

Am aufwendigsten ist die Essigherstellung aus Trauben- oder Obstwein. Die natürlichen Weine sperren sich nämlich gegen die industrielle Methode der Essigherstellung ein wenig. Beim Durchrieseln der Holzspäne in den gewaltigen Fässern bilden sie oft einen Schleim, so daß die Späne häufig ersetzt werden müssen. Deshalb ist Wein- oder Obstessig auch erheblich teurer als Branntweinessig, obwohl beide auf der Basis biologischer Gärung entstehen.

Obwohl der Essig alle möglichen Nahrungsmittel konservieren kann, wird er von der Industrie häufig mit chemischen Mitteln noch einmal zusätzlich konserviert. Meistens wird er dann – ähnlich wie der Wein – geschwefelt. Dadurch wird verhindert, daß sich der Essig bei längerer Lagerung durch Essigmutter trübt. Das Schwefeln bedeutet freilich, daß der Essig „getötet" wird. Wir sind der Meinung, daß man eine eventuelle Trübung nach längerer Zeit in Kauf nehmen sollte. Sie ist überhaupt nicht schädlich, eher im Gegenteil, und sie ist ein Beweis dafür, daß es sich um ein chemisch unbehandeltes Naturprodukt handelt. Deshalb haben wir auch alles Klären vermieden und uns auf das Filtern durch ein Papierfilter beschränkt.

## Wichtig: die richtigen Essigbakterien

Bei wenigen Themen haben wir so lange herumexperimentiert wie beim Essig. Zuerst haben wir es mit Essigmutter versucht (vgl. dazu noch einmal *Seite 116*), und wir sind damit teilweise auch zu guten Ergebnissen gekommen. Aber eben nur teilweise, weil das Verfahren recht unsicher ist. Schließlich besorgten wir uns zusätzlichen Rat bei der Wissenschaft. Das *Institut für Mikrobiologie* der Universität Göttingen brachte uns mit der *Eidgenössischen Forschungsanstalt für Obst, Wein und Gartenbau* in Verbindung. Und dort fanden wir endlich, was wir suchten: ein Bakterium mit idealen Eigenschaften für die Essigzubereitung zu Hause. Dieses unscheinbare Bakterium, das Sie auf *Abbildung 2* sehen, trägt den wissenschaftlichen Namen *Acetobacter rancens*. Es kann inzwischen von mehreren Firmen auch in der Bundesrepublik Deutschland in kleinen Fläschchen bezogen werden (vgl. dazu Bezugsnachweis im Anhang). Es hat den Vorteil, daß man es nur einmal zu kaufen braucht. Denn die Essigkultur kann immer wieder durch neuen Essigaufguß am Leben und „in Produktion" gehalten werden.

Auch diese Bakterien bilden nach längerer Zeit eine gallertartige Haut – eine Essigmutter also. Sie läßt sich zerteilen und – in frischvergorenem Essig aufbewahrt – verschenken.

*Abb. 3:* Gärfässer in einer Hamburger Essigfabrik, die 100 000 Liter fassen (*oben*). So sehen die Buchenspäne aus (*unten*).

*Abb. 4:* Essigbakterien bekommt man in Plastikfläschchen.

## Der Naturessig der Hobbythek

### Wenige Geräte und Zutaten genügen

Wenn Sie viel Essig herstellen wollen, brauchen Sie einen *Glasballon* von 5 bis 10 Litern. Das Verfahren funktioniert allerdings auch in 2-Liter-Weinflaschen. Wichtig ist, daß das Gefäß möglichst bauchig ist; die Flüssigkeit darin also eine große Fläche bildet. Dadurch kommt möglichst viel Luftsauerstoff an die Flüssigkeit heran. Flaschen werden deshalb auch nicht bis zum schmalen Hals gefüllt, sondern nur so weit, daß die Oberfläche am größten ist. Das wäre im Hinblick auf die Geräte schon alles.

Der *Rohstoff* ist Wein. Wir überlassen es Ihnen, ob Sie Traubenwein oder Obstwein nehmen wollen. Wenn Sie

diesen Wein – vielleicht nach unserer Methode im *Hobbythek-Buch 2* – selbst herstellen, dann sind Sie fein dran. Sie können ihn dann nämlich ohne jeden Schwefelzusatz herstellen.
Das ist bei gekauften Weinen leider anders. Besonders ein süffiger Wein mit großer „Süßreserve" wird durch Schwefel am Weitergären gehindert; im übrigen dient Schwefel generell der Haltbarmachung von Weinen. Da aber nun ausgerechnet Schwefel der größte Feind der Essigbakterien ist, müssen

*Abb. 5:* Für die Essigherstellung sind Gefäße am besten geeignet, in denen das Wasser-Wein-Gemisch eine besonders große Oberfläche bildet.

Sie sehen, einen möglichst schwefelarmen Wein zu bekommen. Und dazu gehören glücklicherweise mehr die billigen Weine. Ein einfacher roter Tafelwein aus Frankreich, Italien oder Spanien tut es also durchaus.
Vielleicht haben Sie auch Gelegenheit, den Wein direkt beim Winzer zu kaufen. Dann können Sie ihm erklären, wozu Sie ihn brauchen, und daß er möglichst ungeschwefelt sein soll.
Wenn die Essigbildung einmal nicht klappen sollte, dann können Sie davon ausgehen, daß es am zu hohen Schwefelgehalt im Wein liegt.

## Ein Wort zum Säuregehalt

Tafelessig enthält in der Regel 5 bis 6 % Essigsäure. Da die Säure aus dem Alkohol im Wein entsteht, wird der Essig um so saurer, je hochprozentiger der Wein war. Wein hat in der Regel einen Alkoholgehalt von 10 bis 12 %; bei Obstweinen sind es 6 bis 10 %. Alkoholprozente und Säuregehalte entsprechen sich etwa; 10 % Alkoholgehalt ergeben 9 % Säure. Aus unverdünntem Wein hergestellter Essig wäre also viel zu sauer. Nun könnte man zwar später den Essig einfach etwas verdünnen. Wir haben aber die Erfahrung gemacht, daß die Umwandlung in Essig besser funktioniert, wenn man den Wein vorher verdünnt. Vielleicht hat das damit zu tun, daß dann auch der Schwefelgehalt im Wein mitverdünnt wird.
Unsere Empfehlung: Geben Sie dem Wein aus Trauben etwa 40 % Wasser hinzu (also 0,6 Liter Wein plus 0,4 Liter Wasser). Bei niederprozentigen Obstweinen nehmen Sie weniger, bei hochprozentigen Südweinen mehr.

## Starterkulturen für Essig

Vielleicht bekommen Sie die Bakterien inzwischen in einer Apotheke; sonst lassen Sie sie sich von einer der im Anhang genannten Adressen schikken. Sie sollten die Bakterien dann möglichst schnell ansetzen. Und das geht so: Füllen Sie eine gut ausgespülte Orangensaftflasche von einem Liter Inhalt mit einer Mischung aus 0,3 Liter schwefelarmem Wein und 0,2 Liter lau-

*Abb. 6:* In einer Orangensaftflasche wird die Starterkultur angesetzt.

warmem Wasser. Für das Ansetzen der Starterkultur ist es besonders wichtig, daß möglichst wenig Schwefel vorhanden ist. Später sind die Bakterien dann zahlreicher und auch robuster.

Gießen Sie in diese Mischung die Bakterien und rühren Sie gut um.

Nun wird die Flasche mit einem Papierküchentuch, einem Papiertaschentuch (ohne Menthol) oder einer umgestülpten Filtertüte so verschlossen, wie Sie es auf *Abbildung 6* sehen. Es muß ein kleiner Ballon entstehen, den Sie mit einem Bürogummi um den Flaschenhals befestigen. Durch diesen Papierballon kann genügend Luftsauerstoff an die Weinoberfläche kommen.

Stellen Sie nun die Flasche an einen möglichst warmen Ort. Die günstigste Gärtemperatur liegt bei 22 bis 26 °C. Wenn Sie diese Temperatur in Ihrer Wohnung nicht haben, dann tauchen Sie das Glas von Zeit zu Zeit in lauwarmes Wasser, das aber nicht wärmer als 30 bis 32 °C sein darf. Über 30 °C darf die Temperatur im Inneren der Flasche nämlich nicht steigen, sonst leiden die Bakterien.

Ein- bis zweimal am Tag müssen Sie die Flüssigkeit ein wenig bewegen, ohne daß Sie an die Papierhülle kommt.

Wenn Sie nach einer Woche einmal am Inhalt der Flasche schnuppern, werden Sie schon einen säuerlichen Geruch feststellen können. Probieren Sie auch ruhig einmal ein paar Tropfen. Stören Sie sich nicht an der Trübung oder ein paar kleinen weißen Flocken, die es hin und wieder gibt. Manchmal bildet sich auf der Oberfläche sogar eine dünne Haut – die Essigmutter also. Dies alles sind Zeichen dafür, daß die Bakterien am Werk sind.

Schmeckt die Flüssigkeit sauer, dann haben Sie gewonnen, und die Starterkultur steht für Ihre Essigfabrikation bereit.

Hier noch die Tip: Wenn Sie vom Erzeuger offenen Obstwein bekommen haben oder selbsthergestellten Wein benutzen wollen, dann sollten Sie vor dem Zusetzen der Bakterien den Wein sterilisieren. Erhitzen Sie ihn ganz kurz auf nicht mehr als 70 °C, und prüfen Sie das mit einem Thermometer nach. Sie verhindern damit, daß Fremdbakterien in den Wein kommen. Die Essigbakterien aber erst hinzufügen, wenn der Wein zusammen mit dem Wasser für die Verdünnung nicht wärmer als 30 °C sind.

### Die Essigerzeugung am laufenden Band

Mit unserer Starterkultur ist die eigentliche Essigerzeugung ein Kinderspiel. Mischen Sie zunächst Wasser und Wein. Dabei kommen auf 0,6 Liter Wein 0,4 bis 0,6 Liter Wasser. Das Wasser können Sie vorher abkochen. Bevor es in den Wein kommt, darf es aber auf keinen Fall wärmer als 30°C sein.

Füllen Sie die Flasche nicht ganz voll; also eine 2-Liter-Flasche nur mit etwa einem Liter oder eine bauchige 5-Liter-Ballonflasche mit etwa 3,5 Liter Flüssigkeit.

Füllen Sie Ihr Gefäß mit dem Wasser-Wein-Gemisch und versetzen Sie es mit Ihrer Starterkultur. Dabei rechnet man pro Liter Wein-Wasser-Gemisch mindestens 0,1 Liter Starterkultur. Je mehr Sie hinzufügen, um so schneller bildet sich Essig.

Dann schütteln Sie alles gut durch und verschließen die Flasche ballonartig mit einem Papiertuch, wie wir es bei der Starterkultur beschrieben haben. Auch jetzt wieder das Gärgefäß an einen möglichst warmen Ort stellen. Die Bakterien vermehren sich jetzt zwar auch bei normaler Zimmertemperatur; wenn es etwas wärmer ist, geht's aber noch wesentlich schneller. Außerdem beschleunigt fleißiges Schütteln oder Rühren den ganzen Prozeß erheblich. Ein- bis zweimal am Tag sollte es schon sein.

Ist der Alkoholgehalt unter 1 % gesunken, dann hört die Gärung praktisch auf. Dies ist nach frühestens 4 bis 6 Tagen und spätestens 10 Wochen der Fall. Machen Sie ruhig zwischendurch immer wieder einmal eine Geschmacksprobe. Wenn Ihnen der Essig ausreichend sauer erscheint, dann können Sie ihn verwenden, selbst wenn noch ein bißchen mehr als 1 % Alkohol in ihm steckt. Das kommt dem Geschmack eher zugute.

Vor der Verwendung müssen Sie diesen Essig allerdings *filtern*. Das geht am einfachsten mit einem ganz normalen Kaffeefilter. Bei stärkerer Trübung gießen Sie einfach zweimal durch. Ganz glasklar ist der Essig dann zwar noch nicht; aber das ist überhaupt kein Nachteil. Wenn Sie den Essig in kleinere Flaschen umfüllen wollen, dann geht er meistens noch durch eine Phase der Nachgärung. Danach wird der Essig klarer, weil die abgestorbenen Bakterien nach unten sinken. Damit aber diese Nachgärung auch zum Abschluß kommen kann, sollten Sie auch die kleinen Flaschen zunächst mit Papiertüchern zubinden.

Vergessen Sie nicht, in Ihrer großen Gärflasche stets einen ausreichenden Rest Essig zurückzulassen, der nun als Starterkultur wirkt. Auch den Inhalt der

*Abb. 7:* Filtern Sie den Essig durch einen ganz normalen Kaffeefilter.

Filtertüten können Sie wieder in das Gärgefäß zurückgeben. Gießen Sie sofort ein Gemisch aus Wein und Wasser nach; denn wenn die Bakterien erst einmal aktiviert sind, dann sind sie in ihrer Essigproduktion besonders emsig. Da werden sie geradezu zu Müllmännern im Weinkonsum, denn auch Weinreste brauchen Sie in Zukunft nicht mehr wegzuschütten; Sie können sie vielmehr zur Essigproduktion verwenden. Rot- und Weißwein dürfen sogar gemischt werden.

## Ist Essig gesund?

Ob Essig gesundheitsfördernd oder gar gesundheitsschädlich sei, war lange Zeit eine Streitfrage nicht nur unter den Gelehrten. Inzwischen ist man sich aber einig darin, daß die gesundheitsfördernden Wirkungen bei weitem überwiegen.

Der große russische Natur- und Verhaltensforscher *Iwan Petrowitsch Pawlow* (1849 bis 1936) hat die zunächst einmal sehr simpel wirkende Überlegung angestellt, daß es wohl Gründe haben müsse, daß der Mensch eine ausgesprochene Vorliebe für saure Speisen hat. Pawlow konnte nachweisen, daß Essig und Milchsäure die Bauchspeicheldrüse zu vermehrter Produktion von Verdauungssäften anregt, was dem Verdauungsvorgang insgesamt zugute kommt.

Gesunde Menschen bauen Essig im übrigen in ihrem Organismus völlig ab, bevor er in die Nieren gelangt. Im Harn läßt sich jedenfalls Essig nicht mehr nachweisen. Dies ganz im Gegenteil zur oft sehr hochgelobten Zitronensäure, die bei Überdosis vom Körper ausgeschieden wird und die Nieren belastet.

Daß Essigsäure dem menschlichen Körper nicht fremd ist, geht auch daraus hervor, daß in ihm selbst Essig entsteht. Pro Tag 50 bis 100 g. Wenn man dem entgegenhält, daß in 100 g Essig nur 5 bis 6 g Essigsäure enthalten sind, dann wird jedem klar, daß eine Überdosierung kaum möglich ist. Im Körper entsteht Essigsäure beim Abbau bzw. der Verdauung von Fetten und Kohlenhydraten. Das alte Ammenmärchen, daß Essig das Blut verdünne oder *Anämie* (Blutarmut) erzeuge, ist nachweislich falsch.

Nun sind wir von der Hobbythek nicht dafür ausgestattet, die medizinischen Wirkungen von Essig selbst zu überprüfen. Wir haben diesen Mangel ersetzt, indem wir Fachliteratur gewälzt und Experten befragt haben. Sie haben uns versichert, daß Obst- und Weinessig, und darunter vor allem der Apfelessig mit seinem hohen Gehalt an natürlichem Pektin (Apfelsäure) und Kalium, nicht nur in Salaten gute Dienste tut. Für Leute, die *abnehmen* wollen, wird sogar folgendes Rezept empfohlen: Trinken Sie zu jeder Mahlzeit 2 Teelöffel Obstessig in einem Glas Wasser. Sie werden zwischen den Mahlzeiten weniger Hungergefühl haben.

Selbstverständlich gilt auch hier, daß sich kranke Menschen an Sonderregelungen halten müssen. Wer also ein Magen- oder Nierenleiden hat, sollte vorher seinen Arzt fragen.

Auch äußerlich angewendet tut der Essig gute Dienste. Eine *Mundspülung* mit Essigwasser schützt gegen Mundgeruch, hemmt die Entzündung der Wangenschleimhaut und des Zahnfleisches, es wirkt gegen Zahnfleischbluten und Zahnsteinbildung (1 bis 3 Eßlöffel Essig auf 1 Glas Wasser).

Ein altes Hausmittel ist, bei *Fieber* Kompressen mit Essigwasser aufzulegen. Essig hat eine ähnliche Wirkung wie die Essigsaure Tonerde.

Und schließlich hat Essig auch noch eine wohltuende Wirkung für die *Haut*. Das leuchtet schon deshalb ein, weil durch Seife, mit der man sich wäscht, der pH-Wert der Haut erhöht wird (vgl. dazu *Seite 143*). Essig senkt ihn wieder auf den Normalwert von ungefähr 5,5. Fügen Sie Ihrem Badewasser ruhig ein wenig Essig bei. Dasselbe gilt für die Haarwäsche, bei der man in die letzte Spülung ebenfalls einen Schuß Essig geben sollte. Und schließlich: Zehnfach verdünntes Essigwasser verringert die *Schweißsekretion*.

# Rezepte, Rezepte . . .

Unser Wein- und Obstessig hat bereits ein angenehmes und rundes Aroma. Bei den folgenden Rezepten geht es deshalb auch weniger um eine Qualitätsverbesserung des Essig, sondern um Abwandlungen seines Geschmacks. Die Franzosen haben darin eine lange Tradition. Sie stecken schon seit alters her in ihre Essigflaschen Kräuterzweige; und sie verwenden diesen Essig nicht nur in der Küche, sondern auch als wohlriechenden Toilettenessig zur Schönheitspflege.
Die folgenden Rezepturen haben wir alle ausprobiert. Diese Essige schmekken nicht nur gut, sie sehen auch schön aus. Die Kräuter und Gewürze färben den Essig nämlich schon nach einigen Stunden. Benutzen Sie als Ausgangsstoff deshalb einen möglichst farblosen Essig. Er wird durch frische Kräuter grün oder durch Gewürzkörner hellbraun oder durch Himbeeren rot. Das sieht natürlich am schönsten aus, wenn Sie eine helle Flasche nehmen.
Der angesetzte Essig ist nach etwa einer Woche gebrauchsfertig. Das Aroma wird mit längerer Lagerzeit natürlich immer intensiver.
Bei den folgenden Rezepten wird jeweils von einer *0,7-Liter-Flasche* ausgegangen.

## Estragon-Essig

5 bis 6 frische Estragonzweige
1 Teelöffel weiße Pfefferkörner
1 Lorbeerblatt
3 Pimentkörner
½ Schalotte oder Zwiebel (längs in Streifen geschnitten)

## Estragon-Kräuter-Essig

6 bis 7 Zweige frischer Estragon
1 Zweig frischer Dill
1 Zweig Thymian
½ Zweig frische Minze
2 bis 3 Blättchen frischer Salbei
1 Blättchen frischer Liebstöckl
1 Spitze frisches Bohnenkraut

## Kräuter-Essig

1 Zweig Estragon
1 Zweig Majoran
2 Zweige Thymian
3 Zweige Zitronenmelisse
1 bis 2 Lorbeerblätter
1 Schalotte (längs in Streifen geschnitten)
1 Teelöffel Pfefferkörner
25 g Zucker

Der Estragon-Kräuter-Essig und der Kräuter-Essig eignen sich besonders gut zum Einmachen von Gurken.

## Dill-Essig

Mehrere Dolden frischer Dill
1 Eßlöffel Senfkörner
1 getrocknete Chilischote
3 Wacholderbeeren

## Minz-Essig

2 bis 3 Minze-Zweige
1 Teelöffel schwarze Pfefferkörner
2 Knoblauchzehen (längs halbiert)
2 Schalotten (längs in Streifen geschnitten)

*Abb. 8:* Ein paar Löffel Kräuteressig im Bad tun der Haut wohl.

## Petersilien-Essig

1 Büschel Petersilie
1 Zweig Liebstöckl
1 bis 2 Zweige Zitonenmelisse
je 1 Teelöffel schwarze und weiße Pfefferkörner
1 Schalotte (längs in Streifen geschnitten)

## Essig provencalisch (Knoblauch-Essig)

7 Knoblauchzehen (längs halbiert)
1 Zweig Estragon
1 Zweig Thymian
1 Zweig Rosmarin

### Salbei-Essig

2 Zweige Salbei
2 Zweige Zitronenmelisse
1 Eßlöffel Wacholderbeeren
1 Teelöffel weißer Pfeffer

### Zitronen-Essig

Die Schale einer ungespritzten Zitrone (in Form einer langen Schlange schneiden)
2 bis 3 Zweige Zitronenmelisse
1 Teelöffel schwarzer Pfeffer
3 Pimentkörner

### Kapern-Essig

1 Eßlöffel Kapern
1 Schalotte (längs in Streifen geschnitten)
2 Lorbeerblätter
1 Teelöffel weiße Pfefferkörner

### Grüner Pfeffer-Essig

2 Eßlöffel grüner Pfeffer (vorher in laufendem Wasser abspülen)
1 bis 2 Zweige Estragon
1 Schalotte (längs in Streifen geschnitten)
1 getrocknete rote Chilischote

### Peperoni-Essig

2 frische große, sehr scharfe Peperonischoten (am besten rote)
3 getrocknete Chilischoten
1 Teelöffel schwarze Pfefferkörner
1 Schalotte (längs in Streifen geschnitten)

Wenn Sie sich die Zutaten ansehen, werden Sie sofort erkennen, daß dieser Essig ganz schön scharf ist.

### Walnuß-Essig

100 g halbierte Walnüsse

Dies ist der einzige Essig, der ein wenig trüb wird und deshalb nicht ganz so attraktiv aussieht, aber sehr gut schmeckt.

### Himbeer-Essig

125 g frische oder tiefgefrorene Himbeeren

Dieser Essig bekommt eine ganz intensive rote Farbe. Er sieht deshalb nicht nur sehr hübsch aus, er schmeckt auch sehr stark nach Himbeeren. In Delikatessengeschäften kostet er ein Vermögen.

*Abb. 9:* Deutlich zu sehen sind die Farbunterschiede der verschiedenen Essigsorten.

# Ketchup – einmal ganz anders

Viele mögen Ketchup. Trotzdem hat diese rote Sauce keinen besonders guten Ruf. Denn bei dem Wort Ketchup fällt einem oft ein: Essen von Papptellern, der Ruf eines Kellners in die Küche „Einmal Pommes mit Majo und Ketchup" usw. In der allgemeinen Vorstellung steht also das Wort Ketchup für Gleichmacherei, für Mangel an Individualität und Eßkultur, für oberflächlichen Lebensstil. Für manche bedeutet Ketchup „American way of life" schlechthin.

Nun ist das Angebot an Ketchup ja tatsächlich alles andere als vielfältig und verführerisch. In der Regel ist das eine Tomatensauce, mehr oder weniger süß, mit dem ewig gleichen Geschmack. Dabei gibt es überhaupt kein Gesetz, das vorschreibt, daß Ketchup immer rot sein und aus Tomaten bestehen muß. Wir haben für Sie Ketchup-Sorten ausprobiert, die rot, grün, gelb, braun sind und aus den verschiedensten Gemüsen und Zutaten bestehen, zu denen selbstverständlich *auch* die Tomate gehört.

Daß Ketchup immer mit Amerika – oder genauer: mit den USA – verbunden wird, hat seinen Grund darin, daß diese Sauce von dort aus ihren Siegeszug um die Welt angetreten hat. Ketchup ist für die USA ebenso zu einem Nationalsymbol geworden wie Coca-Cola oder Kaugummi.

Dabei stammt das Wort *Ketchup* gar nicht aus Amerika, sondern aus dem malaiischen Wortschatz, und es heißt soviel wie „scharfe Sauce".

Nach seinem Umweg über Amerika ist die Sauce allerdings schon längst nicht mehr scharf. Das gibt es eigentlich nur noch bei ein paar sehr guten englischen Sorten. In Malaysia und später auch in Indien und ganz Südostasien gab es nicht zuletzt schon deshalb unendlich viele Abwandlungen des Ketchups, weil das für viele die einzige Möglichkeit war, den täglich gleichen Reis abwechslungsreicher zuzubereiten.

Bei uns ist das heute umgekehrt. Wir bedecken die unterschiedlichsten Speisen mit gleichmacherischem Tomatenketchup, so daß hinterher alles gleich schmeckt. Es gibt sogar Leute, die ketchupsüchtig sind, und die von der Fachwelt als Intensivverbraucher bezeichnet werden. Sie haben mit dazu beigetragen, daß sich nach dem Zweiten Weltkrieg Ketchup geradezu zu einem Hit der Lebensmittelindustrie entwickeln konnte. Wurden 1955 in der Bundesrepublik nur rund 300 Tonnen Ketchup im Jahr verbraucht, so waren es 20 Jahre später schon mehr als 20.000 Tonnen. Man stelle sich das einmal vor: Jedes Jahr 700 bis 1000 Güterwagen voll Ketchup!

Trotz der Beliebtheit dieser Sauce schreit die Ketchup-Kultur sozusagen nach Verbesserung. Und diesem Ruf hat sich die Hobbythek nicht verschlossen. Wir sind also den Ursprüngen des Ketchup nachgegangen, was uns zunächst einmal von der Tomate weggeführt hat.

## Wie wird Ketchup eigentlich zubereitet?

Nichts ist einfacher als das. Da gibt es kein stundenlanges Kochen, und man braucht auch nicht viele Geräte. Es genügen ein Mixer, ein Pürierstab oder ein Universalzerkleinerer mit rotierenden Messern, ein paar Küchenmesser zum Zerkleinern von Gemüse, ein paar Schüsseln zum Rühren, eine Küchenwaage und – für kleinere Mengen – vielleicht auch eine Briefwaage.

Wenn Sie sich bereits der Senfherstellung verschrieben haben, besitzen Sie all diese Geräte schon.

Ketchup ist im Grunde nichts anderes als eine Mischung aus zerkleinertem Gemüse und Obst mit Essig und verschiedenen Gewürzen. Je nach verwendeten Zutaten kommt noch mehr oder weniger Wasser dazu, außerdem ein wenig Stärke – das ist schon alles.

So einfach dies klingt, so vielfältig sind die Möglichkeiten, die verschiedensten Sorten und Geschmacksrichtungen zu komponieren.

## Das Ketchup-Grundrezept

Bevor wir Sie mit einzelnen Rezepten bekanntmachen wollen, die wir selbst ausprobiert haben, hier die Grundzusammensetzung von Ketchup und eine Beschreibung der Zubereitung. Ketchup setzt sich zusammen aus:

800 g Gemüse, Obst und – je nach Feuchtigkeit Ihrer Zutaten – mehr oder weniger Wasser
200 g Weinessig (5%ig)
20 g Salz
80 g Zucker
5 bis 20 g Stärke (Mondamin oder ähnlich)
Kräuter und Gewürze

Der *Wasseranteil* richtet sich danach, welche Gemüsesorten Sie verwenden wollen. Sellerie, Porrée, Zwiebeln usw. enthalten zum Beispiel wenig Wasser. In diesem Fall geben Sie zu 600 g Gemüse etwa 200 g Wasser hinzu.

Bei einem Ketchup hingegen aus frischen Tomaten und ähnlich wasserhaltigen Zutaten brauchen Sie überhaupt kein Wasser. Hier nutzen Sie die Menge von 800 g voll für das Gemüse aus.

Bei doppelt konzentriertem Tomatenmark schließlich ist das Mischungsverhältnis mit Wasser höchstens 1 : 1. Auf 400 g Mark kommen also maximal 400 g Wasser. Wir empfehlen jedoch, immer ein wenig frisches Gemüse dazuzugeben, weil das die Konsistenz des Ketchups verbessert. Wenn Sie außer dem Tomatenmark noch 200 g trockene Gemüsesorten hinzunehmen wollen, dann mischen Sie folgende Mengen miteinander:

Zu 200 g Tomatenmark kommen 200 g Wasser = 400 g. Hinzu kommen 200 g Gemüse, das noch einmal 200 g Wasser benötigt. Sie können die Anteile variieren – je nachdem, wie flüssig Sie den Ketchup haben wollen. Zum Schluß haben Sie wieder die Gesamtmenge von 1000 g des Grundrezeptes.

Vor allem bei der Verwendung von Obst, das sehr wasserhaltig sein kann, müssen Sie den Anteil des zusätzlichen Wassers einfach ausprobieren. Lieber mit zu wenig als zuviel Wasser anfangen; nachverdünnen kann man immer.

<table>
<tr><th></th><th>a</th><th>b</th><th>c</th><th>d</th></tr>
<tr><td rowspan="5">Gesamtmenge jeweils 800 g</td><td rowspan="5">800 g frische Tomaten</td><td>200 g Wasser</td><td rowspan="2">400 g Wasser</td><td rowspan="2">400 g Wasser</td></tr>
<tr><td rowspan="4">600 g trockene Gemüsesorten</td></tr>
<tr><td rowspan="2">300 g Tomatenmark (doppelt konz.)</td><td>200 g Tomatenmark</td></tr>
<tr><td rowspan="2">200 g trockene Gemüsesorten</td></tr>
<tr><td>100 g Gemüse</td></tr>
</table>

*Abb. 1:* Damit Sie sich die Mengen der einzelnen Zutaten besser vorstellen können, hier eine schematische Darstellung der Mischungsverhältnisse: *a)* Frische Tomaten brauchen gar keinen Wasserzusatz; *b)* Bei saftigen Gemüsen kommen Sie mit wenig Wasser aus, bei trockenen Gemüsen mischen Sie mit Wasser im Gewichtsverhältnis 1:1; *c)* Doppelt konzentriertes Tomatenmark im Verhältnis von maximal 1:1 mit Wasser mischen; *d)* Tomatenmark und trockenes Gemüse brauchen zusammen noch einmal etwa die gleiche Menge Wasser.

Obwohl wir bei den einzelnen Rezepten genau beschreiben werden, wie man sie zubereitet, seien hier schon ein paar immer wiederkehrende Verfahrensweisen beschrieben.

Alle frischen Obst- und Gemüsearten, wie z. B. *Paprika*, *Äpfel*, *Zwiebeln* usw. werden nach dem Waschen im Universalzerkleinerer oder mit einem Mixer püriert oder mit einer Handreibe gerieben. Wenn Sie das Gemüse und das Obst gut zerkleinern, dann brauchen Sie später keine langen Kochzeiten. Und das ist nicht nur für die Erhaltung von Vitaminen wichtig; es garantiert auch einen frischen Geschmack.

Bei ausgesprochen harten Gemüsesorten wie z. B. *Sellerie* und *Porree*, kommt man um eine Kochzeit von etwa 15 Minuten nicht herum.

*Tomaten* werden übrigens nicht mit dem Mixer zerkleinert – aber dazu bei entsprechender Stelle mehr.

Die pürierten Gemüse- und Obstsorten (Sellerie, Porree usw., wie gesagt, 15 Minuten vorgekocht) werden anschließend mit Wasser, Essig und den Gewürzen in einen Kochtopf gegeben. Dort läßt man alles zusammen kurz einmal aufkochen.

Wenn der Ketchup noch zu flüssig ist, bindet man ihn mit Stärke (Mondamin, Maizena oder ähnlichem). Diese Stärke rührt man vorher in einigen Eßlöffeln kaltem Wasser an. Diese Mischung wird unter kräftigem Rühren mit einem Schneebesen in die kochende Ketchupmasse gerührt. Da müssen Sie schon ein wenig fix sein; denn es bilden sich leicht Klumpen, wenn Sie nicht kräftig und schnell genug rühren.

*Abb. 2:* An unserem Ketchup-Sortiment sehen Sie: Er muß nicht immer rot sein.

Ob der Ketchup gelungen ist, können Sie zuverlässig erst feststellen, wenn die Masse abgekühlt ist. Man kann dann immer noch nachwürzen.

### Wie ist es eigentlich mit der Haltbarkeit?

Wie beim Senf (vgl. vorhergehendes Kapitel) und bei den milchsauren Gemüsen (vgl. ab *Seite 141*) arbeiten wir auch hier vollkommen *ohne Konservierungsstoffe*. Das ist das Schöne an der Hobbyküche, daß die Dinge nicht monatelang haltbar sein müssen. Wir wollen Sie ja nicht tagelang zu irgendeinem Händler durch die Gegend fahren, wie die Industrie das tun muß. Außerdem können wir jederzeit nachproduzieren.

Natürlich begrenzt das Fehlen von Konservierungsstoffen die Lagerzeit. Durch den Essiganteil beträgt diese Zeit beim Ketchup jedoch mehrere Monate. Wollen Sie hingegen den Essiganteil aus Geschmacksgründen verringern, dann reduziert sich auch die Lagerzeit ein wenig. Außerdem sollten Sie dann Ihren Ketchup immer im Kühlschrank aufbewahren.

Aber nun zu den Rezepten.

*Abb. 3:* Alle weicheren Gemüsesorten lassen sich in einem Universalzerkleinerer leicht pürieren.

### „Jardinière" – der grüne Ketchup der Hobbythek

Hier sind die Zutaten:

100 g Spinat (frisch oder tiefgekühlt)
200 g grüne Paprikaschoten
150 g Sellerie (keine Konserve, sondern frische Knolle, die es auch im Winter gibt)

100 g Porree
100 g Zwiebeln
150 g Wasser
200 g Weinessig (5%ig)
20 g Salz
50 g Zucker
1 Knoblauchzehe
1 Messerspitze Curry
1 Messerspitze Cayennepfeffer
1 Messerspitze schwarzer Pfeffer
3 Zweige Petersilie
1 Zweig Dill
2 Zweige Estragon
1 Zweig Liebstöckl
15 g Stärke

Verwenden Sie vom *Porree* nur die weißen und gelbgrünen Teile und nicht die dunkelgrünen Blattenden. Sie sind hart, und sie würden in einem Ketchup auch ein wenig penetrant und bitter schmecken. Porree hat außerdem ziemlich lange harte Fasern. Damit Sie sich nicht um das rotierende Messer Ihres Küchengerätes wickeln, schneiden Sie den Porree in möglichst dünne Scheiben.

Die *Sellerieknolle* wird sorgfältig geschält und in kleine Stücke geschnitten. Anschließend können Sie im Universalzerkleinerer pürieren.

Den Brei aus Porree und Sellerie lassen Sie nun in einem Kochtopf kurz einmal aufkochen und dann noch 15 Minuten lang ziehen. Während dieser Zeit können Sie den Paprika kleinschneiden und zusammen mit dem Spinat, den Zwiebeln sowie sämtlichen Kräutern pürieren.

*Abb. 4:* Das sind die Zutaten zu unserem Ketchup „Jardinière".

Geben Sie dies alles nach den 15 Minuten Kochzeit in die Sellerie-Porree-Mischung. Außerdem kommen noch das Wasser, der Essig, Salz und Zucker hinzu. Zum Schluß noch einmal alles zusammen kurz aufkochen lassen.
Eigentlich ist Ihr Ketchup jetzt schon fertig. Wir wollen es Ihrem Geschmack überlassen, ob Sie die Sauce anschließend mit Stärke noch etwas eindicken oder ob Sie von vornherein die Wassermenge etwas verringern.
Vielleicht haben Sie gemerkt, daß wir bei diesem Rezept gegenüber dem Grundrezept die Zuckermenge um 30 g reduziert haben. Zucker paßt nämlich zu diesem Rezept nur in geringerer Menge.
Natürlich können Sie dieses Rezept noch nach der einen oder anderen Richtung leicht verändern – da folgen Sie ruhig einmal Ihrer Experimentierlust und Ihrer Phantasie.

### Auberginen-Ketchup

450 g Auberginen
150 g rote Paprikaschoten
100 g Zwiebeln
100 g Wasser
200 g Essig (5%ig)
20 g Salz
80 g Zucker
1 große Knoblauchzehe
1 Stiel frisches Rosmarin (oder entsprechend getrocknetes Kraut)
1 Zweig frischer Estragon (oder entsprechend getrocknetes Kraut)
1 Zweig frischer Thymian (oder entsprechend getrocknetes Kraut)
3 Blätter frischer Salbei (oder entsprechend getrocknetes Kraut)
10 g Stärke

Die Auberginen werden gewaschen und mit der Schale gewürfelt. Das gleiche machen Sie mit den Paprikaschoten, aus denen Sie *vor* dem Abwiegen die Kerngehäuse herausgeschnitten haben. Die Zwiebeln ebenfalls in Stücke schneiden und alles zusammen solange pürieren, bis eine ziemlich glatte Masse entsteht. Die verschiedenen Kräuter sollen dabei gleich mitpüriert werden. Die harten Stiele vorher entfernen.
Auberginen-Ketchup schmeckt ausgezeichnet zu Fleisch und kaltem Gemüse.

### Curry-Ketchup „Madras"

200 g grüner Paprika
200 g Äpfel
100 g Sellerie
100 g Zwiebeln
200 g Wasser
200 g Essig (5%ig)
15 g Salz
50 g Zucker
30 g Honig
1 gestrichener Eßlöffel Curry
1 Zweig frischer Dill (oder entsprechend getrocknetes Kraut)
1 Zweig frischer Estragon (oder entsprechend getrocknetes Kraut)
20 g Stärke

Die verschiedenen Bestandteile werden zerkleinert wie beim Grundrezept beschrieben, und auch die übrige Zubereitung dürfte Ihnen jetzt keinerlei Schwierigkeiten mehr bereiten.
Dieser Curry-Ketchup schmeckt durch die süßsauren Äpfel besonders frisch. Er eignet sich gut zu kaltem Rindfleisch, aber auch – wie alle Dinge mit Curry – zu Fisch und zu Speisen mit hartgekochten Eiern. Selbst die berühmten russischen Eier, die durch lieblose Zubereitung sehr zu Unrecht in Verruf gekommen sind, lassen sich damit zu einer delikaten Vorspeise aufmöbeln.

### Ananas-Ketchup „Ceylon"

500 g Ananas (aus der Dose oder besser noch frisch)
100 g grüne Paprika
100 g Äpfel
100 g Zwiebeln
200 g Essig (5%ig)
10 g Salz
10 g Zucker
80 g Honig
1 Teelöffel Senf (möglichst selbstgemacht)
½ Teelöffel Curry
1 Teelöffel kleingeschnittene frische Minze
2 Stengel frische Zitronenmelisse (ersatzweise geriebene ungespritzte Zitronenschale)
1 Nelke
10 g Stärke

Vor dem Pürieren müssen Sie die Ananasstücke zwei- bis dreimal quer zur Faser zerschneiden. Sonst wickeln sich – ähnlich wie beim Porree – die Fasern um das Messer Ihres Küchengerätes.
Die übrige Zubereitung geht wie beim Grundrezept.
Dieser Ketchup ist besonders fruchtig. Er eignet sich sehr gut als Sauce zu frischen Avocados; dann aber auch zu Geflügelfleisch (warm oder kalt), zu Fisch und anderen Seetieren. Vielleicht probieren Sie einmal eine ganz andere Kombination aus. Dieser relativ süßschmeckende Ketchup paßt nämlich hervorragend zu kräftig schmeckenden Käsesorten wie z.B. bulgarischem Schafskäse, französischem Ziegenkäse und den pikanten blauschimmligen Käsesorten.

### Champignon-Ketchup

500 g frische Champignons (oder Dosenchampignons)
100 g Zwiebeln
200 g Wasser
200 g Essig (5%ig)
20 g Salz
80 g Zucker
1 Teelöffel Sojasauce
½ Teelöffel edelsüßes Paprikapulver
1 Messerspitze Piment
1 Messerspitze schwarzer Pfeffer
1 Lorbeerblatt zermahlen
1 Zweig Thymian (oder entsprechend getrocknetes Kraut)
2 Zweige Estragon (oder entsprechend getrocknetes Kraut)
20 g Stärke (10 g bei Dosenchampignons)

Wenn Sie für diesen Ketchup frische Champignons verwenden, dann wird er dunkelbraun. Uns hat das nicht gestört. Auf jeden Fall machen frische Pilze den Ketchup aromatischer.
Natürlich kann man statt der Champignons auch andere Pilzsorten verwenden, sofern sie kurz gekocht einen guten Geschmack haben. Das ist zum Beispiel bei Pfifferlingen nicht der Fall. Pfifferlinge müßten Sie also etwa 15 Minuten vorkochen. Experimentieren Sie mit anderen Pilzsorten nur, wenn Sie sich auf diesem Gebiet gut auskennen.

Im übrigen ist auch bei dieser Sauce die Zubereitung nicht schwieriger als bei den anderen Rezepten.
Um Ihnen zu zeigen, daß wir gegen *Tomaten* im Ketchup ganz und gar nichts einzuwenden haben, sondern daß wir nur meinen, man könnte interessantere Tomatenketchup-Sorten zusammenstellen als die üblichen Sorten im Laden, hier ein paar Beispiele für „rote" Ketchups.

### Tomaten-Ketchup „Provence" aus frischen Tomaten

Hier die Zutaten:

- 500 g reife Tomaten
- 200 g rote Paprikaschoten
- 100 g Zwiebeln
- 200 g Essig (5%ig)
- 20 g Salz
- 80 g Zucker
- 1 Teelöffel Sojasauce
- 1 Knoblauchzehe
- 1 Lorbeerblatt
- 1–2 Nadeln frisches Rosmarin (oder entsprechend getrocknetes Kraut)
- 2 Blätter frischer Salbei (oder entsprechend getrocknetes Kraut)
- 1 Zweig frischer Thymian (oder entsprechend getrocknetes Kraut)
- 1 gestrichener Teelöffel edelsüßer Paprika
- 1 Messerspitze scharfes Paprikapulver
- 20 g Stärke

Suchen Sie sich für diesen Ketchup möglichst reife Früchte aus. Trotzdem hat ein Ketchup aus frischen Tomaten keine ganz so intensive rote Färbung wie ein Ketchup aus Tomatenmark (Rezept folgt gleich). Ein wenig Farbe bringt allerdings auch noch der rote Paprika. Aber warum muß Tomatenketchup eigentlich immer knallrot sein? Worauf es ankommt, ist schließlich der Geschmack. Und der ist hier ganz exzellent.
Die Tomaten brauchen Sie nicht zu schälen. Sie werden nur gewaschen, in Würfel geschnitten und zusammen mit dem Lorbeerblatt in einem Kochtopf kurz aufgekocht. Wasser kommt nicht hinzu, denn es bildet sich aus den Tomaten sehr schnell von selbst. Lassen Sie alles etwa 15 Minuten ziehen und streichen Sie dann die Masse durch ein Küchensieb. Die Haut der Tomaten und die Kerne sind auf diese Weise beseitigt.
Anschließend mischen Sie das Tomatenmus mit dem in der Zwischenzeit zubereiteten Paprika-Zwiebel-Püree, mit Essig, Salz, Zucker und den anderen Gewürzen und Kräutern.
Wie es weitergeht, können Sie unter den Angaben zum Grundrezept noch einmal nachlesen.

### Tomatenketchup aus frischen Tomaten mit Gartenkräutern

Dieses Rezept ist eine Abwandlung des Rezeptes für Tomatenketchup „Provence". Verändert sind lediglich die Kräuterzutaten, die aber dieser Sauce einen völlig anderen Geschmack geben.

Hier die Zutaten:

- 500 g reife Tomaten
- 200 g rote Paprikaschoten
- 100 g Zwiebeln
- 200 g Essig (5%ig)
- 20 g Salz
- 80 g Zucker
- 1 Teelöffel Sojasauce
- 1 gestrichener Teelöffel edelsüßes Paprikapulver
- 1 Messerspitze Cayennepfeffer
- je ein Büschel Petersilie, Schnittlauch, Dill und Liebstöckl
- 20 g Stärke

Wie dieses Rezept zubereitet wird, können Sie unter Tomatenketchup „Provence" nachlesen.

### Tomatenketchup „Pomodore"

Unsere bisherigen Rezepte für Tomatenketchup basierten immer auf der Verwendung von *frischen Tomaten*. Hier noch einige Tips, bei denen *Tomatenmark* verwendet wird. Es läßt sich leichter verarbeiten, bringt in den Ketchup eine intensivere rote Farbe, und es hat auch einen etwas anderen Geschmack als frische Tomaten.

Hier die Zutaten:

- 300 g Tomatenmark, doppelt konzentriert
- 200 g grüne Paprikaschoten
- 300 g Wasser
- 200 g Essig (5%ig)
- 20 g Salz
- 80 g Zucker
- 2 Zwiebeln
- 1 Knoblauchzehe
- 1 Teelöffel Sojasauce
- 1 gestrichener Teelöffel edelsüßes Paprikapulver
- 1 Messerspitze Cayennepfeffer
- 1 Zweig frischer Thymian (oder entsprechend getrocknetes Kraut)
- 10 g Stärke

Die Zubereitung ist unter dem Grundrezept beschrieben.

*Abb. 5:* Süße und fruchtige Ketchups – wie dieser Ananas-Ketchup – passen sehr gut zu Avocados.

**Tomatenketchup „Mexiko"**

Dieses Rezept ist eine Variante des vorhergehenden Rezeptes – sozusagen die feurige Ausführung.

Die Zutaten:

| |
|---|
| 300 g Tomatenmark, doppelt konzentriert |
| 200 g grüne Paprikaschoten |
| 100 g Zwiebeln |
| 200 g Wasser |
| 200 g Essig (5%ig) |
| 20 g Salz |
| 80 g Zucker |
| 1 Teelöffel Sojasauce |
| 1 gestrichener Teelöffel edelsüßes Paprikapulver |
| 1 frische scharfe Peperonischote oder 1 getrocknete Chilischote |
| 1 Teelöffel grüner Pfeffer (vor dem Verwenden in Wasser abspülen) |
| 1 Messerspitze Currypulver |
| je 1 Teelöffel frischer kleingeschnittener Schnittlauch und Petersilie |
| 10 g Stärke |

Bei Peperoni weiß man vorher nie genau, ob die Schote sehr scharf ist oder mild. Lecken Sie einmal vorsichtig an einer Schnittstelle. Brennt es scharf auf der Zunge, dann schneiden Sie die besonders scharfen Kerne lieber heraus. Bei einer milderen Peperonisorte können Sie die Kerne ruhig drinlassen.

Wer es besonders scharf haben will, kann dem fertigen Ketchup noch ein bis zwei Tropfen *Tabascosauce* hinzufügen.

Bei diesem Ketchup haben wir die Wassermenge reduziert. Auf ein Andicken mit Stärke können Sie evtl. verzichten. Dieser scharfe Ketchup eignet sich besonders gut zu kräftigen Steaks und zu Reisgerichten, seien sie nun balkanisch oder indonesisch.

**Indisches Tomaten-Ketchup „Bombay"**

Dieser Ketchup hat eine etwas eigenwillige Note. Probieren Sie einmal aus, ob er Ihnen schmeckt.

Hier die Zutaten:

| |
|---|
| 200 g Tomatenmark, doppelt konzentriert |
| 300 g Äpfel |
| 100 g Zwiebeln |
| 100 g Sellerie |
| 100 g Wasser |
| 200 g Essig (5%ig) |
| 20 g Salz |
| 80 g Zucker |
| ½ Teelöffel Senf (selbstgemacht) |
| 2 Pimentkörner, gemahlen |
| 1 Prise getrocknetes Basilikum |
| 1 Prise gemahlener Zimt |
| 10 g Stärke |

Die Zubereitung brauchen wir nun sicher nicht mehr zu beschreiben; notfalls finden Sie alles unter dem Grundrezept. Dieser Ketchup paßt besonders gut zu Gerichten aus der chinesischen und indonesischen Küche, also zu Speisen mit Reis, Fleisch und Fisch.

# Salatsaucen und Dressings

Noch nie hat es bei uns derart viele Gemüse- und Salatsorten gegeben. Und zwar nicht nur im Sommer, sondern das ganze Jahr über. Das ist einer der Vorteile, die uns die Europäische Gemeinschaft beschert hat, und natürlich auch ein Ergebnis moderner Verkehrstechnik. Viele Salatarten verderben schnell, wenn sie nicht binnen Stunden auf dem Markt sind.
Gemüse und Salate sollten Sie möglichst auf einem Wochenmarkt oder doch in einem speziellen Gemüsegeschäft kaufen, die es jetzt wieder in großer Zahl gibt. Wenn Sie dort irgendeine Gemüseart nicht kennen, dann wird man Sie Ihnen sicher gern erklären. Hand aufs Herz: Immer wieder derselbe grüne Salat, der dazu als Treibhauspflanze oft recht wässrig schmeckt, und bei dem bei Lebensmittelkontrollen doch relativ oft Rückstände von Schädlingsbekämpfungsmitteln gefunden worden sind, da sollten Sie sich einmal Abwechslung gönnen. Salat kann man eben nicht nur aus dem klassischen Kopfsalat, dem Feldsalat (Rapunzel), Eisbergsalat usw. zubereiten, sondern aus fast allen *Gemüsearten*. Wir nennen nur Auberginen, Chicorée, Paprika, Broccoli, Artischocke, Zucchini – aber auch Möhren (roh feingerieben oder in Scheiben geschnitten gekocht), Porree (in 5 cm lange Röllchen geschnitten und gekocht), Blumenkohl – und schließlich einige Stauden, die man am besten roh in eine Salatsauce stippt, wozu sich z. B. Fenchel und Staudensellerie hervorragend eignen.
Wenn wir über einen Markt oder durch ein Gemüsegeschäft gegangen sind, haben wir oft bedauert, daß man die schönen Dinge nicht alle auf einmal essen kann. Aber – so haben wir uns gefragt – warum muß es eigentlich immer nur eine einzige Gemüse- oder Salatsorte sein? In Frankreich ist es z. B. gar nichts Ungewöhnliches, ein opulentes Essen mit einer Salatplatte aus 6 bis 10 Sorten zu beginnen. Oft bleibt es sogar bei diesen Salaten. Die Salate und Gemüse werden auf einer Platte hübsch angeordnet serviert; und schon das ist ein Augenschmaus. Dazu gibt es dann verschiedene Saucen, mit denen sich jeder selbst und nach eigenem Geschmack seine Salate zubereiten kann.

*Abb. 1:* Für die Fernsehaufnahmen haben wir uns einfach einen Gemüsestand ins Studio geholt.

## Machen Sie doch einfach einmal eine Salat-Party

Wenn Sie das nächste Mal Gäste bewirten wollen, dann ersetzen Sie doch einfach einmal den inzwischen nicht mehr allzu originellen Waldorfsalat, die hartgekochten Eier und den Nudelsalat durch ein Buffet, auf dem die ganze bunte Vielfalt von Salaten und kalten Gemüsen aufgebaut ist, zu denen es verschiedene Saucen gibt. Dazu vielleicht verschiedene selbstgebackene Brotsorten (alles, was Sie dazu wissen müssen, finden Sie im *Hobbythek-Buch 2*). Sie werden sehen, Ihre Gäste jubeln. Selbst diejenigen, die mit ihrem Körpergewicht Probleme haben, können endlich einmal kräftig zulangen, sofern sie nur die ölhaltigen Saucen vermeiden (vgl. *Seite 134*).

Natürlich hat die Lebensmittelindustrie längst herausbekommen, daß man mit Salatsaucen ein Geschäft machen kann. Und das Geschäft scheint nicht schlecht zu sein; denn die Preise für diese Saucen oder Dressings sind doch recht saftig. Nicht zuletzt diese Tatsache hat uns auf die Idee gebracht, doch selbst einmal mit solchen Saucen zu experimentieren. Hinzugekommen ist, daß eine frisch angerührte Sauce eben doch besser schmeckt, und daß sie vor allem ohne Konservierungsstoffe zubereitet werden kann. Trotzdem halten unsere Saucen auch außerhalb des Kühlschranks etwa 4 Wochen und, gekühlt aufbewahrt, noch länger.

Kurz: alles spricht dafür, sich seine Salatsauce oder sein Dressing – wie man sie heute auf neudeutsch auch nennt – selbst zu machen.

## Kleine Salatsaucen-Kunde

Obwohl einige unserer Salatsaucen keinen Tropfen Öl enthalten, ist *Öl* doch einer der ganz wichtigen Stoffe in der Salatsaucenküche. Was die Südländer längst entdeckt haben, setzt sich auch in der deutschen Küche allmählich durch: die Erkenntnis nämlich, daß Öl die Aromastoffe in Salaten und Gemüsen erst voll zur Entfaltung bringt. Der *Essig* – der andere wichtige Bestandteil solcher Saucen – wirkt da ja gegenteilig. In Essig eingelegte Zwiebeln oder gar Knoblauch schmecken kaum noch scharf. Ganz anders ist es, wenn man z.B. Knoblauch in Olivenöl einlegt. Es gibt da ein ganz einfaches und trotzdem wunderbares Rezept, mit dem Sie das ausprobieren können:

Legen Sie in reichlich *Olivenöl* mehrere Stücke bulgarischen oder griechischen *Schafskäse* (man bekommt ihn in Plastiktöpfchen), tun Sie einige Zehen *Knoblauch* hinzu sowie verschiedene Kräuter wie etwa *Rosmarin, Basilikum, Oregano*. Das Öl muß sämtliche Zutaten bedecken. Lassen Sie das Ganze eine Woche in einem abschließbaren Gefäß stehen. Danach wird der Käse aus dem Öl wieder herausgefischt und zu trockenem Weißbrot gegessen. Servieren Sie diese Köstlichkeit aber wirklich nur Gästen, die nichts gegen Knoblauch haben. Das Öl hat nämlich das typische Knoblaucharoma aus den Zehen herausgezogen und diesen Geschmack auf den Käse übertragen. Für Liebhaber südländischer Küche ist diese Spezialität, die hier eigentlich nur zur Demonstration der Wirkung von Öl genannt worden ist, eine absolute Spitzendelikatesse.

Aber zurück zum Öl.

**Die Sache mit der Emulsion**

Öl und Essig bzw. Wasser – die klassischen Bestandteile von Salatsaucen – mischen sich nur sehr ungern. Eine beständige Mischung von Öl und Wasser nennt man eine *Emulsion*. Wohlgemerkt, dabei handelt es sich nicht um eine Lösung z.B. des Öls im Wasser, sondern um eine besonders stabile *Mischung*. Solche Emulsionen gibt es auch in der Natur. Milch gehört z.B. dazu. Milch oder Sahne sind geradezu ideale Emulsionen, die in dieser Perfektion kaum nachzuahmen sind. Sie entstehen durch einen in der Milch enthaltenen Stoff, der die Ölteilchen zugleich bindet und sie den Wasserteilchen anlagert. Er bildet gewissermaßen eine Brücke zwischen Öl- und Wasserteilchen. Diesen Stoff nennt man einen *Emulgator*. (Die alten Freunde der Hobbythek kennen die Zusammenhänge vielleicht noch aus dem Kapitel „Kosmetik zum Selbermachen", das im *Hobbythek-Buch 3* zu finden ist.)

Aber zurück zu unseren Salatsaucen. Für Saucen, die Öl enthalten, brauchen auch wir einen Emulgator. Geeignete und natürliche Emulgatoren sind z.B. Eier, Joghurt und Sahne oder auch Gelatine. Entsprechend diesen Emulgatoren werden die Salatsaucen in drei Klassen eingeteilt:

1. Salatsaucen mit *Joghurt, Sahne* oder *Creme fraiche* als Emulgator,
2. Saucen mit *Ei* als Emulgator,
3. Saucen mit *Gelatine* als Emulgator.

Unabhängig von dieser Einteilung gibt es noch die große Unterscheidung zwischen Salatsaucen, die keinerlei Öl ent-

halten, und Salatsaucen mit Öl, wobei der Ölanteil zwischen 10 und 80% schwanken kann.
Wir beginnen mit Salatsaucen *ohne* Öl. Sie sind besonders frisch und leicht und vor allem für diejenigen geeignet, die kalorienärmer essen wollen oder müssen. Diese Saucen haben sich durchgesetzt, als die Welle der „Neuen Küche" aus Frankreich zu uns herüber schwappte, die unter Fachkennern „Nouvelle cuisine" genannt wird.

## Das Grundrezept unserer Salatsaucen „Nouvelle cuisine"

### Saucen auf Sahne/Joghurt-Basis

Wie bei der Zubereitung von Senf, gibt es auch bei den drei Arten von Salatsaucen jeweils ein Grundrezept. Es setzt sich bei der ölfreien Salatsauce zusammen aus:

150 g saure Sahne oder Joghurt
70 g Weinessig (5%ig)
280 g Wasser
10 g Salz
1 Prise Zucker
10 g Stärke
evtl. ½ Teelöffel Senf

Als Grundsubstanz kann man anstelle der sauren Sahne oder des Joghurt auch Sauermilch (Dickmilch) verwenden. Quark eignet sich hingegen nicht, weil dann die Sauce nicht „glatt" genug wird und etwas sämig und pappig schmeckt.
Damit die Saucen an Salaten oder Gemüsen auch hängenbleiben, müssen die meisten von ihnen etwas angedickt werden. Das geht bei dieser ölfreien Sauce am einfachsten mit Stärke, Mondamin oder etwas ähnlichem.
Rühren Sie zunächst die saure Sahne, den Joghurt oder die Dickmilch mit dem Essig und – falls Sie es wünschen – dem Senf zusammen. Ein elektrischer Handrührer ist dabei wichtig. Mit der Hand gerührte Emulsionen fallen oft nach wenigen Tagen wieder auseinander.
Von den 280 g kaltem Wasser nehmen Sie einige Eßlöffel ab und rühren damit die Stärke an. Das geht sehr einfach in einer Tasse. Das restliche Wasser wird zum Kochen gebracht. In das sprudelnde Wasser wird die kurz noch einmal durchgerührte Stärke hineingegeben, während Sie mit einem *Schneebesen* das heiße Wasser kräftig und schnell rühren. Hier kommt es darauf an, daß sich keine Klumpen bilden. Sollte das nicht beim ersten Anlauf gelingen, dann wiederholen Sie die an sich einfache Prozedur ruhig noch einmal.
Jetzt das Wasser mit der Stärke kurz noch einmal aufkochen lassen und den Topf sofort von der Herdplatte nehmen. Es entsteht eine glatte, etwas glasig aussehende Masse.
Diesen Stärkebrei geben Sie noch heiß und unter Rühren mit dem elektrischen Handrührer in die Joghurt-Essig-Mischung. Auch hier müssen Sie schnell arbeiten, damit sich keine Klümpchen bilden. Sind die nämlich erst einmal entstanden, dann lösen sie sich nicht wieder auf. Aber wir sind sicher, daß es Ihnen gelingen wird, eine vollkommen glattgerührte Sauce zu erzielen.
Durch die Mischung mit dem kalten Joghurt und Essig ist die Sauce jetzt schon so kühl, daß Sie ohne Aromaverlust gleich sämtliche anderen Zutaten hineinrühren können, die wir in den folgenden Rezepten nennen. Also außer Salz und Zucker die verschiedenen Kräuter und Gewürze. Schmecken Sie zum Schluß alles noch einmal ab. Vergessen Sie dabei nicht, daß später die Sauce ja nicht pur gegessen wird, sondern in einer Mischung mit Salaten und kalten Gemüsen. Da diese Dinge nie ganz trocken sind, verdünnt sich die Salatsauce gewissermaßen ein wenig, wodurch sie z.B. weniger salzig und insgesamt milder schmeckt.
Die fertige Salatsauce wird nun in eine hübsche Flasche oder ein verschraubbares Glas gefüllt. Diese Behälter müssen sehr sauber sein, damit die Sauce auch wirklich 4 Wochen und länger hält. Spülen Sie sie mit kochendem Wasser aus. Damit das Glas dabei nicht springt, hier ein Tip: Wenn man das Glas oder die Flasche vor dem Eingießen des kochenden Wassers auf ein nasses Tuch stellt, dann wird die Hitze gleich abgeleitet und das Glas kann nicht springen.
Die Aufbewahrung im Kühlschrank verlängert – wie gesagt – die Lagerungsfähigkeit. Vor dem Servieren sollten die Saucen allerdings Gelegenheit haben, *Zimmertemperatur* anzunehmen. Dasselbe gilt übrigens für die Salate. Nichts ist scheußlicher und unaromatischer als die eisgekühlten Salate, die man leider oft in schlechten Restaurants oder Imbißstuben bekommt. Das Aroma sowohl der Saucen wie der Salate entfaltet sich erst bei Zimmertemperatur.

*Abb. 2:* Überraschen Sie Ihre Gäste mit einem Buffet, auf dem Salate, kalte Gemüse und selbstgerührte Saucen hübsch aufgebaut sind.

*Abb. 3:* Beim Anrühren der Stärke kommt es darauf an, daß keine Klumpen entstehen.

*Abb. 4:* Beim Rühren einer Emulsion mit Öl als Emulgator das Öl ganz langsam in die gerührte Masse fließen lassen.

**Eine Variante: unser Grundrezept mit Öl**

Wir haben oben schon gesagt, daß bei der Entfaltung der Aromastoffe im Salat Öl eine ganz wichtige Rolle spielt. Deshalb hier eine Abwandlung unseres Rezeptes, die rund 16 % Öl enthält.

150 g saure Sahne oder Joghurt
80 g Sonnenblumenöl
70 g Weinessig (5%ig)
200 g Wasser
10 g Salz
1 Prise Zucker
10 bis 15 g Stärke
evtl. ½ Teelöffel Senf

Während man bei einer italienischen Salatsauce mit kräftigschmeckendem Olivenöl arbeiten sollte, empfiehlt sich bei dieser milderen Sauce ein neutraler schmeckendes Öl. Wir empfehlen deshalb, Sonnenblumenöl zu nehmen. Das gilt übrigens auch für Mayonnaise, zu der ein Olivengeschmack nicht paßt. Außerdem wird Sonnenblumenöl nicht ranzig.

Zunächst wird wieder die saure Sahne oder der Joghurt bzw. die Dickmilch mit dem Essig und möglicherweise mit dem Senf mit Hilfe eines elektrischen Rührgerätes vermischt. Bei noch laufender Maschine wird nun das Öl ganz langsam in einem dünnen Faden in die Masse hineingeträufelt. Achten Sie darauf, daß das Öl nicht am Rand oben auf der Masse liegenbleibt, sondern gleich mit in den Strudel des sich drehenden Rührgerätes gerät. Wenn Sie das Öl zu schnell hineinlaufen lassen, bildet sich keine Emulsion. Öl und wässrige Bestandteile trennen sich nach einiger Zeit also wieder.

Kochen Sie dann, wie bei dem Grundrezept beschrieben, wieder einen dünnen Stärkebrei. Der wird diesmal etwas dicker, weil ja die Wassermenge zugunsten des Öls verringert wurde und der Stärkeanteil sogar noch etwas höher ist. Deshalb muß dieser Brei noch kochendheiß möglichst schnell mit einem elektrischen Rührgerät in die Joghurt-Essig-Öl-Mischung gegeben werden.
Wenn Sie eine richtige Küchenmaschine haben, dann geht das alles natürlich sehr einfach, weil Sie dann beide Hände freihaben. Aber vielleicht machen Sie dieses Saucenrühren auch zu zweit?
Sobald die Sauce glattgerührt ist, fügen Sie Salz, Kräuter und Gewürze hinzu und füllen alles wieder in eine Flasche oder ein Glas ab.
Wer diese Sauce noch weiter verfeinern will, kann zusätzlich noch ein *Eigelb* hinzufügen. Dieses Eigelb wird gleich zu Anfang mit dem Joghurt und dem Essig verrührt.
Auf der Basis dieser beiden Grundrezepte können Sie nun eine große Zahl von Saucen selbst komponieren. Die folgenden Rezepte können nur Anregung sein.

## Kräutersauce

Damit wir uns nicht ständig wiederholen müssen, geben wir hier nur diejenigen Zutaten an, die zu dem Grundrezept hinzugegeben werden können. Dabei überlassen wir es Ihrem Geschmack, ob Sie das Grundrezept mit oder dasjenige ohne Öl wählen wollen. Wie gesagt: ein kleiner Ölanteil verfeinert den Geschmack der Sauce und verbessert ihre aromaaufschließende Wirkung.

Die zusätzlichen Bestandteile einer Kräutersauce sind:

½ Teelöffel Senf (sofern nicht schon in der Grundsubstanz enthalten)
10 g Zucker
½ Zwiebel
kleingehackte Petersilie, Schnittlauch, Dill, Estragon, Liebstöckl, Zitronenmelisse

Bei den Kräutersaucen sollten Sie auf jeden Fall nur frische Kräuter nehmen. Wenn Sie die im Winter nicht bekommen, dann überlegen Sie doch, ob Sie sich nicht auf der Fensterbank einen kleinen Vorrat für das ganze Jahr züchten sollten. Mehr darüber finden Sie in den *Hobbythek-Büchern 1* und *5*.
Eingerührt werden all diese Bestandteile in das Grundrezept dann, wenn die Stärke bereits in die übrigen Bestandteile der Sauce gemischt worden ist. Notfalls vorn noch einmal nachlesen.

## Kräutersauce der Provence mit Knoblauch

1 bis 2 Knoblauchzehen
½ Teelöffel Senf (falls nicht schon in der Grundsubstanz enthalten)
½ Zwiebel
viel kleingehacktes Estragon, etwas weniger Thymian und Salbei, sehr wenig Rosmarin

## Haselnuß-Dressing

60 g geriebene Haselnüsse
10 g Zucker
½ gestrichener Teelöffel edelsüßes Paprikapulver
1 Teelöffel kleingeschnittenes frisches Selleriekraut oder ersatzweise Petersilie

Die geriebenen Haselnüsse werden leicht angeröstet. Das geht ganz einfach in einem Backofen, den man auf 200°C vorheizt. Breiten Sie die Haselnüsse auf dem Backblech aus, und lassen Sie sie etwa 10 Minuten im Backofen rösten.
Dieses Haselnuß-Dressing paßt besonders gut zu rohem, grobgeriebenem Sellerie oder auch zu grünem Salat.

## Kapern-Dressing

Hier kommen zum Grundrezept:

1 bis 2 Eßlöffel Kapern
½ Teelöffel Senf (falls nicht schon in der Grundsubstanz enthalten)
½ Messerspitze Kurkuma (gemahlen)

Diese Kapernsauce kann man im übrigen nicht nur zu Salaten, sonder z.B. auch zu kaltem Fischfleisch reichen.

## Muskat-Dressing

½ Teelöffel gemahlener Muskat
kleingehacktes Estragon, Zitronenmelisse

Der Muskatgeschmack dringt bei diesem Dressing relativ stark durch. Dieses Aroma paßt aber ausgezeichnet zu kaltserviertem Blumenkohl oder auch zu Brokkoli.

## Peperoni-Dressing

Dies ist eine sehr scharfe Sauce, die noch schärfer wird, wenn Sie aus der Peperonischote die Kerne nicht herausschneiden. Wenn Sie aber ein Salat- und Gemüsebuffet zusammenstellen, ist es immer gut, wenn man auch eine scharfe Sauce darunter hat. Viele benutzen diese Sauce dann nicht nur zu Salat und Gemüse, sondern z. B. auch zu kaltem Fleisch.

Dies sind die zusätzlichen Zutaten zum Grundrezept:

> 1 halbe frische Peperonischote
> 1 halbe Zwiebel
> evtl. 1 halbe Knoblauchzehe
> kleingehackte frische Petersilie

Die Peperonischote wird in sehr kleine Würfel geschnitten, die sich später beim Zusammenrühren der Sauce in kleine Teile zerlegen. Sie sollten darauf achten, daß hinterher keine zu großen Brocken in der Sauce schwimmen.

## Dressing mit grünem Pfeffer

> 1 bis 2 Teelöffel grüner Pfeffer
> ½ Zwiebel
> ½ Teelöffel Senf (falls nicht in der Grundsubstanz enthalten)

Den eingelegten Pfeffer müssen Sie vor der Verwendung in einem kleinen Sieb unter kaltem laufendem Wasser waschen, damit er nicht muffig schmeckt. Verarbeitung ansonsten wie beim Grundrezept beschrieben.

## Dill-Dressing

> 1 großes Büschel Dill
> ½ Teelöffel Senf (falls nicht schon in der Grundsubstanz enthalten)
> 10 g Zucker

Das Dillkraut schön klein schneiden und zum Schluß in die Masse rühren.

## Senf-Dressing

> 1 Eßlöffel Senf (selbstgemacht)
> 20 g Zucker (zusätzlich zur Menge im Grundrezept)
> evtl. kleingehacktes Estragon

Den Charakter dieser Sauce können Sie durch die Wahl der Senfsorte bestimmen. Wenn Sie die Vorschläge des vorangegangenen Kapitels in die Wirklichkeit umgesetzt haben, sind Sie ja reichlich mit den verschiedensten Senfsorten versorgt.

## Rotes Dressing

Diese Sauce hat ihren Namen vom *Tomatenmark*, das dieser Sauce zugleich einen angenehmen frischen Geschmack gibt. Hier die Zutaten, zusätzlich zum Grundrezept:

> 1 Eßlöffel Tomatenmark, doppelt konzentriert
> ½ Zwiebel
> 1 gestrichener Teelöffel edelsüßes Paprikapulver
> je 1 Eßlöffel gewürfelten frischen grünen und roten Paprika
> kleingehacktes Estragon

## Orangen-Dressing

Der Orangengeschmack läßt sich – so angenehm er ist – leicht durch andere Aromen unterbuttern. Deshalb weichen bei diesem Rezept die Mengenangaben auch etwas vom Grundrezept ab.

Nehmen Sie:

> 70 g saure Sahne
> 70 g Essig
> 200 g frisch gepreßten Orangensaft (entspricht etwa der Menge aus 2 Orangen)
> 160 g Wasser
> 5 g Salz
> 15 g Zucker
> ½ Teelöffel Senf
> 1 Prise gemahlener schwarzer Pfeffer
> 10 g Stärke

Falls Sie den Orangengeschmack noch etwas verstärken wollen, können Sie zusätzlich nehmen:

> 1 Teelöffel Orangenschalen-Aroma, granuliert
> oder die abgeriebene Schale einer ungespritzten Orange

Falls Sie dies nicht haben, nehmen Sie:

> kleingehackte Zitronenmelisse

Wie beim Grundrezept wird die saure Sahne zunächst mit dem Orangensaft kräftig verrührt. Essig und Wasser werden diesmal *zusammen* aufgekocht und mit der Stärke gebunden. Diese Stärkemischung sofort nach dem Aufko-

Abb. 5

Abb. 6

chen zu dem Gemisch aus saurer Sahne und Orangensaft hinzugeben und die Sauce glattrühren. Anschließend werden noch die Gewürze hinzugefügt und alles noch einmal kräftig mit dem elektrischen Handrührer vermengt.

## Salatsaucen auf der Basis von Mayonnaise

Obwohl wir im vorausgegangenen Abschnitt bereits eine Abwandlung unseres Grundrezeptes mit einer geringen Menge Öl gebracht haben, kommen wir erst jetzt zu den Saucen mit *kräftigem Ölgehalt*, bei denen als Emulgator *Eigelb* verwendet wird.
Das Grundrezept für diese Art von Saucen hat einen Ölgehalt von nahezu 80%. Trotzdem schmecken sie relativ leicht. Sie werden nicht viel anders als Mayonnaise hergestellt, bleiben aber wegen des höheren Essiganteils wesentlich flüssiger.

**Das Grundrezept**

Sie brauchen diese Zutaten:

1 Eigelb
400 g Sonnenblumenöl
100 g Essig (5%ig)
1 Teelöffel Senf
8 g Salz
1 Prise Zucker

Das Öl und der Essig würden keine beständige Verbindung miteinander eingehen, wenn das Eigelb hier nicht als *Emulgator* wirken würde. Damit sich diese Wirkung auch wirklich entfalten kann, kommt es bei diesen Saucen besonders auf sorgfältiges und nicht zu kurzes Rühren an. Ein elektrischer Handrührer ist hier also kaum zu ersetzen. Die Beständigkeit der Mischung wird in diesem Fall auch noch durch den Senf unterstützt, so daß sich Öl und Essig für mindestens 14 Tage kaum trennen dürften. Sollte es danach doch einmal vorkommen, dann brauchen Sie die Flasche oder das Glas nur kräftig vor Gebrauch zu schütteln.
Wie bei der Mayonnaise-Herstellung sollten vor dem Zusammenrühren alle Bestandteile dieser Sauce die *gleiche Temperatur* haben (am besten Zimmertemperatur).
Und so wird die Sauce gemacht:
*Eigelb, Essig* und *Senf* werden mit dem elektrischen Handrührgerät oder mit einer Küchenmaschine etwa 5 Minuten lang kräftig durchgerührt. Dann lassen Sie unter ständigem Weiterrühren das *Öl* in einem dünnen Faden möglichst langsam in diese Mischung laufen. Wenn Sie ganz sichergehen wollen, dann lassen Sie zunächst nur ein paar Tropfen Öl in die Mischung fallen, damit sich die Emulsion allmählich aufbaut. Ist sämtliches Öl eingerührt, dann werden zum Schluß alle *Gewürze* hinzugegeben, die Sauce noch einmal abgeschmeckt und anschließend in eine Flasche oder ein Glas gefüllt. Im Kühlschrank kann sie dann mindestens 4 Wochen lang aufgehoben werden,

weil der Essiganteil bei uns höher ist als bei normaler Mayonnaise.
In diese Grundmischung können Sie praktisch sämtliche Gewürzmischungen einrühren, die wir beim Saucentyp „Nouvelle cuisine“ vorgeschlagen haben. Die andere Zusammensetzung des Grundrezeptes läßt Saucen entstehen, die sich im Geschmack von den Saucen auf Joghurt- oder Saure-Sahne-Basis deutlich unterscheiden.
Natürlich sind Saucen mit diesem Ölgehalt kompakter als die vorhin genannten Mischungen ohne oder mit nur sehr wenig Öl. Dafür erschließen die hier genannten sehr ölhaltigen Saucen allerdings auch noch mehr Aroma.
Besonders gut auf den Geschmack dieses Grundrezepts abgestimmt sind folgende Mischungen:

*Abb. 8:* Eine Vinaigrette, die wir mit Gelatine andicken.

*Abb. 7:* Die Zutaten für eine Salatsauce auf Mayonnaisebasis.

**Sauce à la „Macaronni“**
In Köln gibt es ein Restaurant mit dem Namen „Macaronni“, dessen Koch uns folgendes Rezept verraten hat:

Nehmen Sie zum Grundrezept auf Mayonnaise-Basis:

| |
|---|
| 1 Teelöffel Dillspitzen<br>nach Belieben schwarzen gemahlenen Pfeffer |

Seien Sie mit dem Pfeffer nicht allzu vorsichtig. Die Sauce ist dann zwar recht scharf, im Geschmack aber z.B. von dem Peperoni-Dressing völlig verschieden. Das müssen Sie einfach einmal ausprobieren und vergleichend kosten. Zwei schärfere Saucen machen sich in einer größeren Auswahl immer gut.

**Curry-Sauce, süß-sauer**
Dies sind die Zutaten zusätzlich zum Grundrezept auf Mayonnaise-Basis:

| |
|---|
| ½ Teelöffel Curry |
| 20 g Zucker |
| 1 Teelöffel Honig |
| 1 Zwiebel, gewürfelt |
| ½ Apfel, gewürfelt |
| 1 Eßlöffel gewürfelter frischer grüner Paprika |

Diese überaus pikante Sauce paßt zu Gerichten, die einen fernöstlichen Charakter haben. Zu einem Buffet mit kalten Gemüsen kann man nämlich durchaus auch kalte gedünstete Bambusspitzen nehmen. Und dazu diese Curry-Sauce – Sie werden sich in diese Kombination verlieben.

## Salatsaucen vom Typ „Vinaigrette"

Eine französische *Vinaigrette* (der Name kommt von französisch Vinaigre = Essig) besteht im Prinzip lediglich aus Essig, Öl und verschiedenen Kräutern. Die Franzosen binden diese Saucen nicht, was neben einigen Vorteilen den Nachteil hat, daß das Öl immer auf dem Essig schwimmt. Bevor man sich diese Sauce über den Salat gießt, muß man immer erst einmal kräftig rühren. Da eine klassische Vinaigrette aber keinerlei Vorbereitungen braucht, sondern die Einzelbestandteile im Grunde nur über den Salat gegossen werden müssen, gehört sie zu den verbreitetsten Salatsaucen. Wir aber wollen Ihnen jetzt das Rezept für eine gebundene Vinaigrette geben, die sich nur unter Verwendung eines *Emulgators* herstellen läßt. In diesem Falle ist der Emulgator ganz normale *Gelatine*, die man in Form von dünnen Blättern kaufen kann.
Wie schon bei der Salatsauce auf Joghurt-Basis gibt es auch hier die Möglichkeit, die Sauce mit oder ohne Öl zuzubereiten.

**Grundrezept einer Vinaigrette mit Öl**

| |
|---|
| 150 g Weinessig (5%ig) |
| 40 g Sonnenblumenöl |
| 300 g Wasser |
| 15 g Salz |
| 1 Prise Zucker |
| 1 bis 2 Blatt Gelatine |

und hier auch gleich noch das

**Grundrezept einer Vinaigrette ohne Öl**

| |
|---|
| 150 g Weinessig (5%ig) |
| 350 g Wasser |
| 15 g Salz |
| 1 Prise Zucker |
| 1 Blatt Gelatine |

Die Zubereitung dieser beiden Varianten unseres Grundrezeptes ist sehr ähnlich, so daß wir uns hier auf die Beschreibung des Grundrezepts *mit* Öl beschränken können.
Zunächst wird die Blattgelatine in einem kleinen Kochtopf mit dem Wasser etwa 10 bis 15 Minuten lang eingeweicht.
Sie können diese Zeit nutzen, um Essig, Öl, Salz, Zucker, die kleingeschnittene Zwiebel und sämtliche Kräuter und Gewürze zu vermischen. Da Sie jetzt noch keinen Emulgator dazugegeben haben, wird sich auch bei längerem Rühren keine beständige Emulsion bilden. Das ist aber gar nicht tragisch, weil diese Mischung gleich weiterverarbeitet wird.
Erwärmen Sie jetzt die Gelatine mit dem Wasser unter ständigen Rühren vorsichtig auf kleiner Flamme. Gelatine hat einen relativ niedrigen Schmelzpunkt. Die Mischung darf *auf keinen Fall aufkochen*, weil sonst die Gelatine ihre Gelierfähigkeit verliert.
Sobald sich die Gelatine vollständig verflüssigt hat, nehmen Sie den Topf von der Herdplatte. Geben Sie jetzt unter ständigem kräftigem Rühren die Gelatinelösung in die Essig-Öl-Mischung. Dort kühlt sie sich sehr schnell soweit ab, daß sie ihre Wirkung als Emulgator entfalten kann. Allerdings ist diese Mischung jetzt noch nicht dauerhaft stabil. Stellen Sie die Sauce nach dem Abkühlen also in den Kühlschrank. Dort wird die Gelatine gerade so fest, daß sie die Trennung von Essig und Öl verhindert, andererseits aber die Sauce eine ganz normale Konsistenz behält.
Die feine Verteilung der Öltröpfchen in den wässrigen Bestandteilen der Sauce bewirkt übrigens, daß solche Mischungen immer trüb sind. Das ist aber bei einer Salatsauce eher ein Vorteil.
Ein weiterer Vorteil des Gelatinezusatzes ist, daß er die feingehackten Kräuter in der Sauce in der Schwebe hält. Bei einer normalen Vinaigrette ist es ja so, daß dort die Kräuter immer am Boden liegen.
Auch in dieses Grundrezept können Sie sämtliche Zusatzmischungen, die wir bei den anderen Saucen schon genannt haben, untermischen.
Und jetzt wünschen wir Ihnen für Ihre erste – oder vielleicht auch nächste – Salat- und Gemüseparty viel Vergnügen, guten Appetit und heitere Gäste.

# Sauer macht lustig

Wie wir am Anfang dieses Kapitels über Saures und Pikantes schon angekündigt haben, kommen wir jetzt zu einer ganz besonderen Spezialität der Hobbythek: Die Säuerung von Gemüse auf der Basis von *Milchsäuregärung*.
Drei Vorteile der Milchsäuregärung, mit deren Hilfe man Sauerkraut, Salzgurken und vieles andere herstellt, haben uns fasziniert:

1. Milchsäuregärung macht Gemüse gewissermaßen im Rohzustand *haltbar*;
2. milchsaure Gemüse enthalten besonders viele lebenswichtige *Vitamine* – und wenig Kalorien;
3. milchsaure Gemüse haben verdauungsfördernde, entzündungshemmende und insgesamt *heilende* Wirkung.

Nicht zu vergessen schließlich: Milchsaures Gemüse *schmeckt einfach gut*. Und dies vor allem, wenn es nicht aus einer gekauften Dose stammt, in der es in der Regel sogar eingekocht wurde, wodurch natürlich der ganze Rohkostcharakter zum Teufel geht.

Lange Experimente, Gespräche mit Wissenschaftlern und die Lektüre ganzer Stöße von Fachliteratur haben uns schließlich überzeugt, daß es keine Hexerei ist, solche Sachen selbst zuzubereiten – und daß wir Sie unbedingt dazu bringen sollten, es uns nachzutun.
Die Milchsäuregärung kennen die Menschen seit Urzeiten. Sie ist die natürlichste Säuerung, die es gibt. Während man ursprünglich die Milchsäuregärung vor allem zum Haltbarmachen benutzte, kam man im Laufe der Zeit dahinter, daß sie auch noch andere Vorteile hat.
Ohne die Zusammenhänge im einzelnen zu kennen, hat man schon vor Jahrhunderten herausgefunden, daß Sauerkraut eine *heilende Wirkung* hat. Die sogenannte „Pest des Meeres" – der Skorbut – war bis ins 17. Jahrhundert eine Geißel nicht nur der Christlichen Seefahrt. Bei dieser Krankheit lokkern sich die Zähne und es kommt zu anderen scheußlichen Mangelerscheinungen. Als man dahinterkam, daß diese schlimme Krankheit mit Sauerkraut zu heilen war, wurde im 17. Jahrhundert in der englischen und deutschen Marine die Vorschrift erlassen, auf den Schiffen große Vorräte von Sauerkraut mitzuführen. Davon profitierte auch der berühmte englische Weltumsegler *James Cook*, als er im Jahr 1768 zu seiner ersten großen Reise aufbrach. Er soll 60 Sauerkrautfässer mitgenommen haben, wodurch seine Mannschaft von Skorbut verschont blieb. Wenn das kein Beweis für die gesundheitsfördernde Wirkung von Sauerkraut ist!
Und schließlich: Sauerkraut und andere milchsaure Gemüse sind für die Ernährung von Zuckerkranken besonders geeignet. Der Kohlehydratgehalt der Gemüse wird nämlich durch die Milchsäure weitgehend vergoren. Trotzdem sättigen diese Gemüse durch ihren hohen Füllstoffgehalt sehr gut, obwohl z.B. 100 g Sauerkraut lediglich 15 Kalorien enthalten.

**Milchsäuregärung – ein wichtiger Naturprozeß**

Die Milchsäuregärung wird durch bestimmte *Bakterien* in Gang gesetzt, die praktisch allgegenwärtig sind. Deshalb brauchten unsere Urahnen und Ahnen auch keine Chemiker zu sein, um zum Beispiel Sauerkraut herzustellen. Wenn man Weißkohl hobelt und fest in ein Schraubglas drückt, das anschließend verschlossen wird, setzt bereits in wenigen Stunden die Milchsäuregärung ein. Die dabei ablaufenden Prozesse werden wir gleich noch beschreiben.
Nun verrichten bei diesem Prozeß die Milchsäurebakterien ihr Werk nicht konkurrenzlos. Es kann vorkommen, daß auch noch andere Keime in die Mischung kommen und sogar die Oberhand gewinnen. Dann kommt es zur Fäulnis. Und um dies zu vermeiden, haben die Leute früher dem Sauerkraut, den Faßbohnen oder den Salzgurken ziemlich große Mengen Salz hinzugefügt. Entsprechend salzig war das Ergebnis. Das Sauerkraut mußte vor dem Essen gewässert werden – ebenso die Gurken –, wodurch eine Menge Vitamine verlorengingen. Das ist wohl auch der Grund, weshalb von den vielen natursauren Gemüsen nur das Sauerkraut in Mode geblieben ist.
Wir hoffen, daß sich dieses ändert; denn wir können heute wesentlich mehr Rücksicht auf die Erhaltung von Vitaminen, auf angenehmen Ge-

*Abb.: 1*

schmack und auf Bekömmlichkeit nehmen. Statt der bis zu 6% Salz, die unsere Urgroßmütter noch in die Sauerkrauttonne werfen mußten, kommen wir heute mit 1 bis 1,5% Salz aus. Damit außerdem keine Fäulnisbakterien die Milchsäuregärung stören können, arbeiten wir heute mit *Starterkulturen* – und vor allem mit mehr *Hygiene*. Das Ergebnis ist ein derart mildes und frisches Sauerkraut, das man sich danach früher alle zehn Finger geleckt hätte.
Aber die Hobbythek wäre nicht die Hobbythek, wenn wir Ihnen nicht zunächst einmal erklären würden, was eigentlich Milchsäuregärung im einzelnen ist, was bei diesem Prozeß passiert, und wie man sich die Ergebnisse der Wissenschaft zunutze machen kann, um zu einem besonders guten Ergebnis zu kommen.

## Wie entsteht eigentlich Sauerkraut?

### Die Milchsäuregärung

Früher nahm man für die Sauerkrautherstellung 6% Salz. Das sind bei einem durchschnittlichen Kohlkopf immerhin 100 bis 200 g Salz. Bei den sauren Faßbohnen ging man sogar auf 10% Salz. Wir sagten schon, daß dieser hohe Salzanteil nicht notwendig war, um die Milchsäuregärung in Gang zu bringen. Er diente vielmehr der Haltbarmachung. Wir kommen bei unserer Methode mit 1 bis 1,5% Salz aus, was möglich ist, da wir erstens *steril* arbeiten und zweitens das Sauerkraut unter *Luftabschluß* in Gläsern halten. Früher nahm man zur Sauerkrautherstellung ja ein Faß mit einem lockeren Deckel, auf den einfach ein schwerer Stein gelegt wurde, der das Sauerkraut zusammenpreßte.
Besonders haltbar und bekömmlich wird unser Sauerkraut – und natürlich auch die Salzgurken und alles andere –, weil wir uns beim Ingangsetzen des Gärungsprozesses nicht auf den Zufall verlassen. Und damit wären wir auch schon beim Thema Milchsäuregärung.

### Die Wirkung von Bakterien

*Milchsäurebildende Bakterien* gibt es praktisch überall. Nur kann es vorkommen, daß die Milchsäurebakterien ihren Kampf gegen solche Bakterien verlieren, die den Kohl, die Gurken usw. faulen lassen. Haben aber erst einmal die Milchsäurebakterien ein bestimmtes Quantum an Milchsäure gebildet, dann werden dadurch die Bedingungen für Fäulnisbakterien immer ungünstiger. Mit anderen Worten: Die Milchsäure im Sauerkraut dient zugleich der Konservierung.
Die Haltbarmachung durch Milchsäuregärung hat den Vorteil, daß die Vitamine erhalten bleiben. So enthält z.B. ein Liter Sauerkrautsaft – Sauerkraut besteht zu fast 90% aus Wasser – ungefähr ein Viertel Gramm Vitamin C. Auch der Gehalt an verschiedenen B-Vitaminen ist relativ hoch. Nach neuesten wissenschaftlichen Erkenntnissen könnte ein Mensch aus einer Tagesration von 1 Pfund Sauerkraut bzw. dem Preßsaft aus derselben Menge seinen gesamten Tagesbedarf an Vitaminen bis etwa zur Hälfte decken. Bei einer Konservierung z.B. durch Einkochen

würde man diese Werte niemals erreichen.

Die Milchsäure, die all dies bewirkt, wurde zum ersten Mal im Jahre 1780 in saurer Milch nachgewiesen, weshalb man auch von Milchsäuerung spricht. Aber erst im Jahr 1857 erkannte *Louis Pasteur*, daß Bakterien für die Milchsäurebildung verantwortlich sind.

Ausgangssubstanzen für die Milchsäure sind die verschiedenen Zuckerarten, die auch in Gemüsen enthalten sind. Für diejenigen unter Ihnen, die es genauer wissen wollen: Die Hauptrolle bei der Umsetzung spielen Glucose und Fructose (Fruchtzucker); aber auch Saccharose (Rübenzucker), der allerdings erst durch bestimmte Enzyme in Fruchtzucker aufgespalten werden muß.

Diese Zuckerarten – sozusagen das Grundnahrungsmittel der Milchsäurebakterien – sind in *trocken* eingelegten Gemüsen wie dem Weißkohl in aller Regel ausreichend vorhanden. Trocken eingelegt werden z. B. Sauerkraut und Bohnen. Bei Gurken hingegen, die in einer Lake aus Wasser und Salz eingelegt werden, ist im ersten Stadium, wenn die Fruchtsäfte noch nicht ausgetreten sind, meist zuwenig Zucker vorhanden. Deshalb setzen wir hier zur Sicherheit etwas Zucker zu. Allzu großzügig sollte man dabei allerdings nicht sein, sonst bildet sich nebenbei auch noch Alkohol. Trotzdem brauchen Sie keine Angst zu haben, beim Essen Ihrer Salzgurken betrunken zu werden. Der Alkohol ist in sehr geringen Mengen vorhanden, und er verschwindet auch bald wieder.

**Die Sache mit dem pH-Wert**

Wichtig ist, daß der Prozeß der Milchsäuregärung möglichst *schnell* in Gang kommt, damit Fäulnisbakterien gar nicht erst eine Chance erhalten. Wie schnell dieser Säuerungsprozeß in Gang kommt, können Sie sogar auf sehr einfache Weise messen. Man mißt mit einem sogenannten *Indikator-Papier*, das man in Apotheken kaufen kann, den sogenannten pH-Wert. (Von diesem pH-Wert ist jetzt sehr oft im Zusammenhang mit dem sauren Regen die Rede). Je niedriger dieser pH-Wert ist, um so saurer ist eine Mischung. Die Milchsäurebakterien haben bei einem pH-Wert von 3,8 bis 3,6 geradezu ideale Bedingungen. Sinkt dieser Wert noch weiter, dann vermehren sich diese Bakterien nicht weiter – bleibt der Säuerungsprozeß von selbst stehen. Das hat seinen Vorteil; denn ein allzu saures Sauerkraut schmeckt nicht.

So wohl sich die Milchsäurebakterien bei einem niedrigen pH-Wert fühlen, so groß ist die Abneigung der Fäulnisbakterien gegen diesen niedrigen Wert. Die Bakterien, die z. B. die eklig riechende Buttersäure erzeugen, können über die Milchsäurebakterien also nur die Oberhand gewinnen, solange der pH-Wert durch die Milchsäuregärung noch nicht abgesenkt worden ist.

**Hefe schadet nichts**

Eine Ausnahme bilden die *Hefen*. Dabei handelt es sich allerdings nicht um Bakterien, sondern um Pilze. Hefepilze wachsen auch bei einem pH-Wert unter 3,6 noch weiter. Deshalb sind Sauerkraut und vor allem Salzgurken hin und wieder von einer weißen Schicht bedeckt. Bei dieser Schicht handelt es sich um Hefe, die schlimmstenfalls etwas muffig schmeckt. Man kann diese weiße Schimmelschicht mit einem Löffel abnehmen – und alles ist in Ordnung. Bei der industriellen Herstellung von sauren Gemüsen geht man sogar von einer Hefeschicht aus, die bis zu 5 % des Gesamtgewichtes ausmachen kann. In der Industrie nennt man dies „Abraum“.

Ist hingegen die Schicht auf der Oberfläche nicht weiß, sondern grünlich oder bläulich, dann handelt es sich um schädlichen Schimmel. In der Regel riecht der Glasinhalt muffig. Werfen Sie ihn dann lieber weg.

**Was passiert chemisch?**

Ausgangsstoffe für die Milchsäuregärung sind – wie gesagt – Stärke und Zucker. Sie sind die Nahrung der Milchsäurebakterien. Die Stoffwechselprodukte der Bakterien sind zum einen *Milchsäure* und zum anderen *Kohlendioxid* ($CO_2$), das man besser unter dem Namen Kohlensäure kennt. Dieses Gas sprudelt auch im Mineralwasser; es ist absolut ungiftig. Das Kohlendioxid steigt in Blasen an die Oberfläche und bildet unter dem Deckel des Glases einen Druck, den Sie spüren können, wenn Sie den Deckel in der Gärphase vorsichtig öffnen. Wir kommen darauf noch zurück.

Diese Entstehung von Kohlendioxid ist sogar erwünscht. Mit ihr erreicht man nämlich eine Art „Gaswäsche“. Das $CO_2$ betätigt sich sozusagen als ein *Schutzgas*, das den Sauerstoff aus dem Glas vertreibt. Sauerstoff ist nämlich für viele Fäulnisbakterien eine Voraussetzung für ihr Gedeihen. Fehlt aber Sauerstoff, dann gehen auch diese schädlichen Bakterien ein. Sie sehen, daß die Natur hier sehr sinnreich vorgeht.

Dieser Umwandlungsprozeß – die sogenannte Hauptgärung – dauert beim Sauerkraut etwa 3 bis 4 Tage. Nach 8 Tagen ist die Gärung völlig abgeschlossen, und man kann dann die sauren Sachen schon essen. Im Kühlschrank oder an einem anderen kühlen Ort, in einem fest verschlossenen Glas aufbewahrt, kann man die Dinge dann mindestens ein Vierteljahr lagern.

## Kleine Milchsäurebakterien-Kunde

Nun ist Milchsäure noch lange nicht = Milchsäure. Es gibt verschiedene Arten, von denen *eine* für den Menschen besonders gut verträglich ist. Und das ist die sogenannte *rechtsdrehende Milchsäure*. Was ist denn das nun?

Rechtsdrehende Milchsäure (abgekürzt geschrieben: L(+)-Milchsäure) kommt auch im menschlichen Körper vor. Sie regelt dort vor allem Vorgänge der Verdauung. Rechtsdrehend heißt diese Milchsäure deshalb, weil sie in polarisiertem Licht die Polarisierungsebene ein wenig nach rechts dreht. Bei der linksdrehenden Milchsäure (D (–)-Milchsäure) ist es genau umgekehrt. Ernährungsfachleute gehen heute davon aus, daß die L (+)-Milchsäure gesünder sei als die D (–). Eine entsprechende Empfehlung der Weltgesundheitsorganisation WHO berücksichtigt diese wissenschaftliche Erkenntnis. Sie gibt für Nahrungsmittel eine mengenmäßige Beschränkung der D (–)-Milchsäure an, während sie für die rechtsdrehende Milchsäure unbegrenzte Mengen zuläßt. Man hat nämlich herausgefunden, daß ein erhöhter Anteil von linksdrehender Milchsäure im Blut des Menschen eine Veränderung des physiologischen pH-Wertes von 6,8 bis 7,2 durch Verschiebung in den sauren Bereich bewirkt. Simpel ausgedrückt bedeutet das, daß bei einem zu hohen Anteil von linksdrehender Milchsäure in der Nahrung Ihre Körpersäfte zu sauer werden. Die rechtsdrehende Milchsäure schadet dem Körper überhaupt nicht. Im Gegenteil: sie fördert die Verdauung und den Abbau giftiger Stoffe. Inzwischen beginnen auch die Reformhäuser, sich solche Einsichten zunutze zu machen. So erhält man z. B. schon in verschiedenen Geschäften Joghurt, Käse, Sauerkraut, Gurken und natursaure Säfte, die ausschließlich *rechtsdrehende Milchsäure* enthalten. Allerdings sind diese Dinge oft überteuert. Sie können also eine Menge Geld sparen, wenn Sie Ihr Gemüse selbst säuern. Außerdem haben Sie die Garantie, es stets frisch und vor allem unsterilisiert und nicht chemisch konserviert zu haben.

### Der Trick mit der Starterkultur

Um solch ein rechtsdrehend gesäuertes Gemüse zu erhalten, müssen wir einen Trick anwenden. Damit die Säuerung möglichst *schnell* und vor allem auch mit den *richtigen* rechtsdrehenden Bakterien in Gang kommt, impfen wir das Gemüse mit Fremdbakterien vom richtigen Stamm. Möglicherweise vorhandene linksdrehende Milchsäurebakterien werden dadurch von den rechtsdrehenden überwuchert. Der natürliche Vorgang wird dabei nicht durch einen künstlichen ersetzt, sondern in seiner Natürlichkeit nur unterstützt.

Bakterien für die Starterkultur bekommen Sie auch in Reformhäusern. Dort werden sie in gefriergetrockneter Form z. B. unter dem Namen „Bioferment (L+)" angeboten. Normalerweise benutzt man sie, um zu Hause Joghurt, Sauermilch oder Quark herzustellen. Wir haben mit diesen Bakterien experimentiert und vor allem mit dem Sauermilch-Bioferment gute Erfahrungen gemacht. Wo Sie die Bakterien außerdem herbekommen können, sagen wir Ihnen im Anhang. Bei diesen Bakterien handelt es sich in der Regel um *Kugelbakterien* (Streptokokken; vgl. dazu *Abbildung 3*).

Besser geeignet und dazu noch wesentlich billiger sind aber Bakterien, die speziell für natursaures Gemüse gezüchtet worden sind. Dazu gehört vor allem der *Lactobacillus xylosus*, ein Stäbchenbakterium, das besonders milde rechtsdrehende Milchsäure erzeugt. (Auch hier nennen wir im Anhang einen Bezugsnachweis.) Bei Verwendung dieser Starterkulturen können Sie sicher sein, auch bei geringer Salzkonzentration sehr schnell ein haltbares und dazu mildes natursaures Gemüse zu erhalten.

Die Verwendung dieser gefriergetrockneten Starterkulturen ist ausgesprochen unkompliziert.

Sie bekommen diese Bakterien in Röhrchen. Wenn Sie sie nicht sofort verwenden können, dann lassen sie sich im Gefrierschrank monatelang aufheben.

Vor Gebrauch müssen Sie die Bakterien 1 bis 2 Stunden in etwa 50 g lauwarmen Zuckerwasser einweichen. Rühren Sie die Flüssigkeit ein paarmal um und geben Sie sie später nach und nach während des Einstampfens in das gehobelte Weißkraut oder gießen Sie sie in das Glas, in dem Sie z. B. Gurken oder

Bohnen bereits hineingestapelt haben. Erst danach wird die Lake eingefüllt. Das erklären wir aber noch einmal ganz genau bei den Rezepten.

Es gibt keine ganz festen Regeln dafür, wieviel man von den Bakterien braucht. Bei der *Dickmilchkultur* reicht ein Röhrchen für 2 bis 3 kg Gemüse. Beim *Lactobacillus xylosus* reicht ein Röhrchen sogar für 5 kg. Lesen Sie dazu die jeweilige Gebrauchsanweisung gut durch.

Man kann diese Starterkultur sogar selbst vermehren. Und das geht so:

Wenn Sie hygienisch gearbeitet haben, und ein gutes natursaures Gemüse entstanden ist, dann können Sie die Lake ohne jede weitere Behandlung als Starterflüssigkeit verwenden. Sie enthält ausreichend viele Milchsäurebakterien. Man rechnet auf 1 kg Gemüse eine halbe Tasse dieser Lake. Bei Sauerkraut oder Faßbohnen, für die keine besondere Lake hergestellt wird, können Sie den jeweiligen Gemüsesaft nehmen, der reichlich anfällt.

Allerdings müssen Sie diese Lake als Starterkultur möglichst sofort nach dem Abgießen verwenden. Sollte das nicht möglich sein, dann füllen Sie sie in einen Plastikbecher oder einen kleinen Beutel und frieren Sie den Saft ein. Er hält sich dann etwa 3 bis 6 Monate. Zur Sicherheit nehmen Sie nach dem Auftauen die doppelte Menge als Starterkultur.

Sie können aber auch den Saft oder die Lake von gekauften natursauren Gemüsen als Starterkultur verwenden. Dann aber darauf achten, daß das Gemüse nicht sterilisiert ist, weil sonst sämtliche Bakterien abgestorben sind.

### Wir nutzen einen sinnreichen Mechanismus der Natur

Als wir uns mit all diesen Vorgängen intensiv beschäftigt haben, ist uns klar geworden, wie sinnreich in der Natur alles aufeinander abgestimmt ist. In jeden Lebensprozeß ist seine Auflösung bereits einprogrammiert. So sind auch die Milchsäurebakterien in der lebenden Materie bereits vorhanden. Ebenso wie die Hefepilze, die aus den Zuckerbestandteilen Alkohol bilden, werden diese Mikroorganismen in Schach gehalten, solange die Wirtszellen leben. Sterben sie aber ab, dann kommt die Stunde der Milchsäurebakterien. Im Wettlauf mit anderen Keimen sind sie meist Sieger. Die Säure, die diese Bakterien bilden, entzieht den meisten anderen Keimen die Lebensgrundlage. Dies allerdings nur für begrenzte Zeit, denn schließlich gewinnen die Hefen meist doch die Oberhand.

Wenn es diese sinnvollen biologischen Mechanismen nicht gäbe, wäre unser Globus längst aus dem Gleichgewicht geraten. Hoffen wir, daß der Mensch diesen labilen Balancezustand der Natur nicht durch brutale Eingriffe doch noch durcheinanderbringt.

### Vorbereitende Arbeiten für die Milchsäuregärung

Das frisch gehobelte Kraut, die Gurken und die anderen Gemüse sind in der ersten Gärphase anfällig für unerwünschte Bakterien. Dies nicht zuletzt deshalb, weil wir ja besonders *wenig* Salz verwenden wollen. Wir müssen deshalb wesentlich hygienischer arbeiten, als es unsere Großmütter taten. Aber das ist heute in jeder normalen Küche ohne großen Aufwand möglich.

Um den Gärprozeß unter Luftabschluß ablaufen lassen zu können, verwenden wir statt der guten alten Steintöpfe oder Fässer ganz normale, verschließbare Einmachgläser. Am besten eignen sich Gläser von 1 ½ bis 2 Liter Größe, die man entweder mit einem Schraubdekkel oder einem Klemmverschluß schließen kann (sehen Sie sich die Gläser auf *Abbildung 9* einmal an).

### Der Patent-Abstandhalter der Hobbythek

Als wir die chemischen Abläufe bei der Milchsäuregärung beschrieben, sagten wir schon, daß das aufsteigende Kohlendioxidgas zwar vor unerwünschtem Sauerstoff schützt, zugleich aber auch einen Nachteil hat. Die Blasen, die viel Volumen beanspruchen, verdrängen den Saft bzw. die Lake. Wenn wir das Gärglas also bis oben hin füllen würden, dann würde der Saft beim Gären aus den Deckelseiten herausgedrückt. Um dies zu verhindern, muß ein ausreichend großer Gärraum vorhanden sein. Das Glas darf also nicht bis oben hin gefüllt werden.

Aber das allein reicht nicht aus. Das Kohlendioxidgas treibt das Kraut und das Gemüse selbst auseinander und damit auch nach oben. Es würde nach kurzer Zeit aus dem eigenen Saft oder der Lake herausragen, und das wäre nicht gut.

Wir haben deshalb ein Patent ausgetüftelt, das auf verblüffend einfache Weise diese Nachteile verhindert, und das Sie sehr leicht selbst bauen können.

Früher bedeckte man das Sauerkraut mit einem beweglichen Deckel, auf dem ein schwerer Stein lag. Wir machen das heute so:

*Abb. 2:* Handeslübliche Starterkulturen

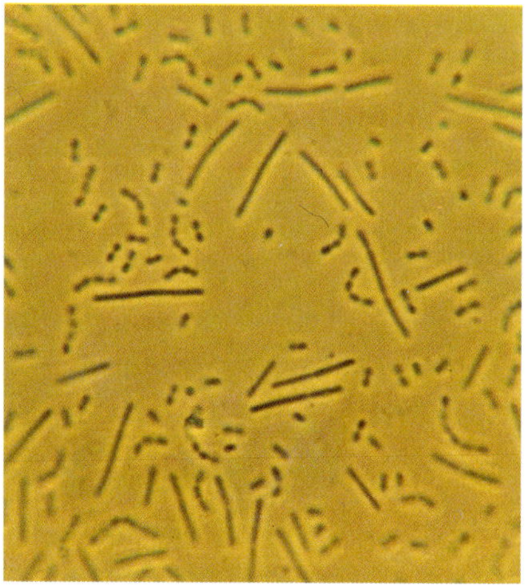

*Abb. 3:* Milchsäurebakterien. Bei den Stäbchen handelt es sich um *Lactobacillus xylosus*; bei den Kügelchen um *Steptokokken* (Joghurt- und Dickmilch-Bakterien).

Wie auf *Abbildung 5* zu sehen ist, wird das gehobelte Kraut durch einen *Holzstempel*, der gegen den Glasdeckel stößt, nach unten gedrückt. Dadurch wird verhindert, daß das Kraut beim Gären nach oben schwimmt und dadurch mit Sauerstoff in Berührung kommt. Das ist für den Gärprozeß nicht günstig.

Der Holzstempel hat überdies den Vorteil, daß er im oberen Teil des Glases einen genügend großen Raum freihält, in dem sich das Kohlendioxid ansammeln kann.

Und so werden die Stempel hergestellt: Sägen Sie aus Rundholz (Besenstiel oder ähnlich) die Stempel zurecht. Sie sind bei 0,7 l-Gläsern 5 cm lang; bei 1 l-Gläsern 6 cm; bei größeren Gläsern 7 bis 8 cm. Dann schneiden Sie sich mit einer Laubsäge aus etwa 5 mm dicken Brettchen runde Scheiben zurecht, die auch im gequollenen Zustand noch durch die Öffnung des Glases passen müssen. Sperrholz für diese Scheiben nur verwenden, wenn es auch wirklich wasserfest verleimt ist.

Mit einem nichtrostenden Nagel (Nirosta) werden die Scheiben nun an die Stempel genagelt (Eisen- und selbst Messingnägel greift die Lake an!). Fertig ist unser praktischer Abstandhalter.

Damit keine schädlichen Bakterien durch das Holz in die Gläser kommen, sterilisieren wir es vor der Verwendung in kochend heißem Wasser, dem 15% Salz und 5% Essig (also pro Liter 150 g Salz und 50 g Essig) zugefügt worden sind. Lassen Sie darin die Scheiben etwa 15 bis 30 Minuten liegen. Die Stempel später möglichst nicht mit bloßen Fingern anfassen, sondern Gummihandschuhe, Papierküchentücher oder eine Gurkenzange verwenden.

Damit die ganze Sauberkeit nicht für die Katz ist, müssen natürlich auch die Gläser und alle anderen Handwerkszeuge vorher mit kochendem Wasser gut abgespült worden sein.

**Wir machen unser Sauerkraut selbst**

Außer den Gläsern, den Holzstempeln und dem üblichen Küchenhandwerkszeug brauchen Sie nur noch einen *Hobel* für den Kohl. Das braucht kein teurer Holzhobel zu sein, wie Sie ihn auf *Abbildung 6* sehen; es genügt ein kleiner Hobel, wie man ihn auch für Salatgurken verwendet.

Schneiden Sie den Weißkohlkopf, von dem Sie die äußeren unansehnlichen Blätter entfernt haben, nach gründlichem Abspülen in Viertel. Die dicken Strünke lassen sich jetzt einfach herauskerben. Und nun muß der Kohl in Schnitzel gehobelt werden.

*Abb. 4:* So kommt der Patent-Abstandhalter der Hobbythek ins Glas; der Deckel drückt ihn herunter (*S. 147*).

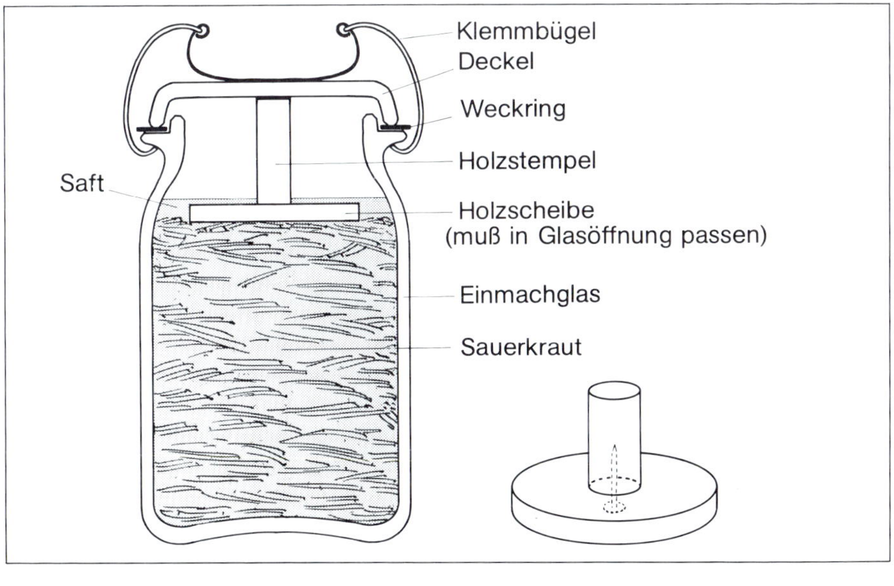


*Abb. 5:* Die Abstandhalter sind ganz einfach herzustellen.

Diese Schnitzel werden anschließend in einer sauberen Schüssel mit 1% Salz vermischt. Das heißt, auf 1 kg Kohl kommen lediglich 10 g Salz – das ist etwa 1 gestrichener Eßlöffel voll.

Die gut mit dem Salz vermischten Kohlschnitzel lassen Sie etwa 2 bis 3 Minuten stehen. In dieser Zeit entzieht das Salz dem Kohl schon etwas von seinem Saft.

Spätestens an dieser Stelle müssen Sie sich entscheiden, ob Sie mit *Starterkulturen* arbeiten wollen oder nicht. Wir sagten schon, daß der Gärprozeß in der Regel auch ohne den Zusatz von Milchsäurebakterien in Gang kommt. Früher hat man sie ja auch nicht benutzt. Sicherer ist aber das Verfahren, dessen Vorteile wir oben beschrieben haben und das wir bei unseren Rezepten auch immer benutzt haben.

Abraten möchten wir übrigens von einem *Molke*-Zusatz. Molke enthält – als ein Bestandteil von Milch – zwar eine Menge Milchsäurebakterien. Aber sie hat sich bei unseren Versuchen nicht bewährt, weil es doch öfter zu Fäulnisprozessen gekommen ist.

Hier also die Angaben für die Verwendung von Starterkulturen:

Die Zuckerlösung mit den Bakterien wird tropfenweise unter das Kraut gemischt. Erleichtern Sie sich die Arbeit, indem Sie das Kraut schichtweise in das Glas füllen und immer ein paar Tropfen dazugeben.

Wichtig ist, daß die Kohlschnitzel fest in das Glas gestampft werden. In ein 1½ l-Glas gehen etwa 1½ Kilo Kohl.

Damit wir oben im Glas einen *Gärraum* behalten, müssen Sie z.B. bei einem 1½ l-Glas etwa 7 bis 8 cm unter dem Glasrand mit dem Stampfen aufhören.

*Abb. 6:* Ein billiger Krauthobel tuts auch *(links)*. Dieser komfortable und teure Hobel lohnt sich erst bei großen Mengen *(rechts)*.

Auf den Zentimeter genau brauchen Sie es aber nicht zu nehmen, weil natürlich der Kohl immer noch etwas elastisch ist. Er muß nur genügend gegen den Stempel drücken. Außerdem brauchen Sie keine Angst zu haben, daß das Glas beim Gären platzen könnte. Selbst in einem Schraubglas erzeugt das entstehende Kohlendioxid keinen höheren Druck als beim Einkochen.

Nun wird auf das Kraut der sterilisierte *Holzstempel* gedrückt und das Glas verschlossen. Bei einem Schraubglas wird der Deckel aufgeschraubt, bei einem Einmachglas ein Weckring aufgelegt und der Glasdeckel mit einer Klemmspange festgehalten. Prüfen Sie nach, daß der Holzstempel im Glas wirklich festsitzt. Rutscht er lose hin und her, dann müssen Sie noch etwas Kraut nachfüllen. Sollte der Saft weit über das Brettchen hinausstehen, dann gießen Sie so viel ab, daß es gerade noch bedeckt ist. Während des Gärens steigt der Saft nämlich noch erheblich an.

In der Regel beginnt die Gärung sofort. Bereits nach 1 bis 2 Stunden bilden sich in dem Krautsaft die ersten Bläschen. Bei unserer Methode mit dem hölzernen Abstandhalter brauchen Sie den Deckel im Grunde nur einmal – etwa nach 24 Stunden – kurz zu liften. Öffnen Sie den Deckel dabei nur vorsichtig einen kleinen Spalt. Das genügt schon. Diese „Lüftung" hat den Vorteil, daß das Kohlendioxid den Luftsauerstoff aus dem Glas herausdrängt. Das $CO_2$ wirkt nun wie ein Schutzgas gegen Fäulnisbakterien. Für den Fall, daß beim Öffnen Saft herausspritzt, stellen Sie zur Sicherheit das Glas auf ein Tablett, in eine Schüssel oder auf eine Lage Zeitungen. Darauf sollten Sie es während der Hauptgärung auch stehen lassen; denn selbst bei geschlossenem Glas kann immer noch etwas Saft oder Lake heraustreten.

Für die Hauptgärung in den ersten 4 bis 8 Tagen sollte das Glas ruhig zimmerwarm stehen. Also in der Küche oder in einem Heizungskeller.

Nach etwa 8 Tagen haben Sie ein zwar noch etwas festes, aber bereits sehr mild und aromatisch schmeckendes Sauerkraut. Mit der Zeit wird es dann etwas weicher, weil es einen Teil des vorher abgegebenen Saftes wieder aufnimmt. Dabei kann es vorkommen, daß die oberste Schicht des Sauerkrautes trocken und dadurch ein wenig grau wird. Wenn Sie das stört, dann heben Sie diese Schicht einfach ab. Tun Sie das aber erst, wenn Sie das Kraut essen

*Abb. 7:* Wir kommen bei unserem Sauerkraut mit wenig Salz aus.

wollen. Bei jedem Öffnen des Glases besteht Gefahr, daß Fäulnisbakterien hineingelangen.

Wollen Sie das Sauerkraut besonders lange lagern, dann kann man es nach etwa 8 bis 10 Tagen einfrieren. Besser ist es aber, es etwa alle Vierteljahr – solange hält es sich ja – neu einzulegen. Sie haben dann immer frisches Sauerkraut.

Abraten wollen wir Ihnen von der Methode der Industrie, die das Sauerkraut in Dosen *sterilisiert*, was nichts anderes heißt: sie kocht es ein. Der Vorteil des milchsauren Gemüses ist ja, daß es praktisch Rohkost ist. Dieser Vorteil geht natürlich beim Einkochen verloren.

**Saure Gurken**

Herkömmlicherweise nennt man diese Gurken *Salzgurken*. Das ist aber eigentlich ein falscher Ausdruck; denn sie müßten eigentlich milchsaure Gurken heißen. Da man aber früher eine Salzlake mit 10 % Salzanteil verwendete, schmeckten diese Gurken entsprechend salzig. Man mußte sie deshalb vor dem Essen wässern. Das ist heute anders. Die Gurken nach unserem Rezept schmecken mild und außerdem viel stärker nach Gurke als die Essiggurken.

Am besten eignen sich kleine Einmachgurken, die Sie auf dem Markt oder in Gemüsegeschäften bekommen. Leider bekommt man sie nur in der Erntezeit im Sommer. Diese Gurken werden sorgfältig gewaschen und mit einer noch neuen Nagelbürste gebürstet. Schlechte Stellen müssen sorgfältig weggeschnitten werden, sofern Sie diese Gurken nicht gleich aussondern.

Dann werden die Gurken, roh wie sie sind, möglichst dicht auf dicht in das Einmachglas geschichtet (stehend oder waagerecht). Schichten Sie sie gerade so hoch auf, daß unser hölzerner Abstandhalter oben im Glas nicht verrutschen kann.

Während Sie dies alles vorbereiten, können Sie bereits die gefriergetrockneten Bakterien der *Starterkultur* in ein wenig Zuckerwasser einweichen (vgl. dazu *Seite 144*). Im Gegensatz zum Sauerkraut sollten Sie bei Gurken oder anderen Gemüsen, die in Lake eingelegt werden, auf keinen Fall auf eine Starterkultur verzichten. Gurken, Paprikaschoten usw. sind derart große Stücke mit relativ fester Haut – wir schnitzeln sie ja nicht –, daß die Gärung schwerer als bei Sauerkraut in Gang kommt. Geeignet sind Starterkulturen mit *Lactobacillus xylosus*; aber auch *Lactobacillus casei* oder *Lactobacillus plantarum* und Dickmilchkulturen. Notfalls tun es sogar Joghurtbakterien aus Drogerie oder Reformhaus.

Zu guter Letzt müssen die Gurken noch mit soviel Salzlake übergossen werden, daß der Wasserstand gerade über dem runden Brettchen des Abstandhalters endet. Die Lake besteht aus einer 5 %igen Salzlösung; das heißt, Sie müssen in einem Liter Wasser 50 g Salz auflösen. Tun Sie außerdem noch einen Eßlöffel Zucker hinzu und genausoviel Essig. Dann haben es die Bakterien bei ihrem Start leichter.

Nun wird das Glas geschlossen und genauso behandelt, wie beim Sauerkraut beschrieben.

Bei Gemüsen, die wie Gurken in eine Lake eingelegt werden, wird diese Flüssigkeit durch den Gärprozeß sehr schnell trüb. Diese *Trübung* wird durch die Milchsäure und Hefen bewirkt, und sie ist ganz normal.

Auch auf der Oberfläche der Lake kann sich eine weiße Hefeschicht bilden. Sie ist zwar nicht schädlich; aber wenn Sie es stört, dann tröpfeln Sie nach der Hauptgärung auf die Lake eine dünne Schicht *Sonnenblumenöl*, das nicht ranzig wird (bei Verwendung von Weckringen aus Gummi, Vorsicht! Kein Öl an das Gummi bringen).

Im Vergleich zum Sauerkraut mit 1 oder 1,5 % Salzanteil erscheint der Salzan-

*Abb. 8:* Diese Mengen geben eine 5%ige Salzlake *(oben)*. Die Starterkultur wird über die Gurken geträufelt *(unten)*.

teil in der Lake der Gurken mit 5 % relativ hoch. Bedenken Sie aber, daß ja zur Lake noch die Gurken hinzukommen, so daß sich der Gesamtprozentsatz des Salzes wieder verringert. Außerdem wollen Sie ja nicht die Lake trinken, sondern die Gurken essen.

Nach etwa 2 Wochen haben die Salzgurken ihren herrlichen Geschmack voll entwickelt. Sie halten sich im Kühlschrank mindestens 2 bis 3 Monate.

Was Sie jetzt im Glas haben, ist aber gewissermaßen nur die Standardausführung der sauren Gurken. Da sich in dieser Form aber das Rezept besonders klar beschreiben läßt, haben wir es bei dieser einfachen Zusammenstellung gelassen.

Wer seine Gurken noch aromatischer haben will, der kann sie jetzt noch mit *Kräutern* und *Gewürzen* verfeinern. Zur Not tun es auch Trockenkräuter. Wesentlich besser geeignet sind aber frische Kräuter, die man heute fast das ganze Jahr über bekommt. Versuchen Sie es einmal mit einem Büschel *Dill*, einem Stück *Ingwerwurzel, Lorbeerblättern* (sie dürfen getrocknet sein), *Senfkörnern, Piment*, einer *Chilischote* und nicht zuletzt ganz normalen *Zwiebelringen*. Die Senfkörner verfeinern nicht nur den Geschmack; sie verhindern zugleich auch die Schimmelbildung.

Bevor Sie diese Kräuter und Gewürze zwischen den Gurken verstauen, müssen sie sehr sorgfältig gewaschen werden.

Und nun wünschen wir guten Appetit.

**Senfgurken**

Im Sommer gibt es auf den Märkten eine besondere Gurkenart, die schon

*Abb. 9*

*Abb. 10*

*Abb. 11*

im frischen Zustand den Namen Senfgurke trägt. Sie sind ziemlich groß, gelblich, und sie haben einen relativ weichen Innenteil mit den Kernen. Man schält sie, schneidet sie der Länge nach auf, entfernt die Kerne und zerlegt sie in handliche Stücke.
Wenn Sie diese Gurken nicht bekommen, tun es auch *Salatgurken*. Sie werden ebenfalls geschält, längs aufgeschnitten, mit einem Löffel entkernt und in Stücke zerlegt.
Nun kommen die Gurkenstücke in ein Glas und die in Zuckerlösung aufgeschwemmte Starterkultur wird darüber gegossen. Geeignet sind vor allem *Lactobacillus xylosus* oder *Lactobacillus plantarum*. Bei anderen Bakterien werden nach unserer Erfahrung die Gurken leicht ein wenig zu weich oder geradezu matschig. Bei den richtigen Senfgurken ist diese Gefahr allerdings geringer.
Und dann geht alles weiter wie bei den Salzgurken.

## Saure Bohnen

Milchsaure Bohnen sind zwar nicht ganz so berühmt wie Sauerkraut, sie gehörten früher aber ebenso zum Vorrat wie das Kraut.
Bohnen lassen sich auf zweierlei Weise säuern. Einmal in geschnippelter Form – dann sind es *Bohnen nach Rheinischer Art* –, und dann in unzerkleinerter Form. Bei den Rheinischen Bohnen kommen Sie ohne Lake aus, bei den unzerteilten Bohnen brauchen Sie, ähnlich wie bei den Gurken, eine dünne Salzlösung.
Im Unterschied zum Sauerkraut müssen die Bohnen bei beiden Zubereitungsweisen vorher kurz heiß abgebrüht oder – wie die Fachleute sagen – *blanchiert* werden. Rohe Bohnen sind nämlich, was die meisten Leute nicht wissen, leicht giftig.

## Rheinische Bohnen

Rheinische Bohnen werden geschnippelt. Dafür gibt es einfache Maschinen; notfalls geht es auch mit der Hand. Nach dem Blanchieren werden sie in einem sauberen Handtuch leicht abgetrocknet.
Geben Sie dann die Bohnen in eine Schüssel, wo sie mit 2% Salz vermischt werden müssen (auf 1 Kilo Bohnen kommen 20 g oder zwei gestrichene Eßlöffel Salz).
Weiter geht es, wie beim Sauerkraut beschrieben.

**Ganze Bohnen**

Sie werden nach dem Abschneiden von Stiel und Spitze und ggfs. nach dem Ziehen der Fäden senkrecht oder quer möglichst dicht in das Glas gestapelt. Wir empfehlen, wie bei den Salzgurken, mit einer Starterkultur den Gärprozeß zu beschleunigen. Schließlich kommt eine 2- bis 4%ige Salzlake hinzu, die außerdem noch mit Zucker und Essig versetzt wird, damit die Bakterien bessere Lebensbedingungen vorfinden. Hier die Zusammensetzung der *Lake*, deren Menge natürlich verringert oder erhöht werden kann:

| |
|---|
| 1 Liter Wasser |
| 20 bis 40 g Salz |
| 10 g Zucker |
| 10 g Essig (5%ig) |

Bei den unzerteilten Bohnen können Sie den Geschmack noch verbessern, indem Sie *Zwiebeln, Bohnenkraut* und evtl. *schwarze Pfefferkörner* hinzufügen.

Im übrigen wird alles so angesetzt, wie bei den Salzgurken beschrieben.

Während Rheinische Bohnen am besten gekocht mit Speck, Schinken oder mit Wurst schmecken, kann man die unzerteilten Bohnen sehr gut als rohen Salat essen.

**Natursaure Möhren**

Schaben oder schälen Sie die Möhren und schneiden Sie sie entweder mehrfach in Längsrichtung durch oder in 2 bis 3 mm dicke Scheiben. Auch sie werden möglichst dicht in das Glas gepackt. Die Lake ist genauso zusammengesetzt wie bei den unzerteilten Bohnen. Allerdings würden wir hier den *Zuckeranteil verdoppeln*, weil das gut zum Geschmack der Möhren paßt.

Als zusätzliche Gewürze können Sie kleingehacktes *Selleriekraut* und *Petersilie* hinzugeben.

Dann geht alles so wie bei den Salzgurken. Allerdings beträgt die Reifezeit wegen des festen Fleisches der Möhren hier etwa 3 Wochen.

**Natursaurer Sellerie**

Schälen Sie eine Sellerieknolle, und schneiden Sie sie in etwa 5 mm dicke Scheiben. Nach Wunsch können Sie sie auch noch einmal unterteilen. Dann kommt alles wieder wie bei den anderen Gemüsen – außer bei den Bohnen – *roh* in das Glas.

Die Lake setzt sich wie bei den Gurken zusammen. Den *Essiganteil* können Sie hier *leicht erhöhen*, weil er nicht nur die Säuerung fördert, sondern die Selleriescheiben zugleich davor bewahrt, braun zu werden. Um das zu verhindern, sollten Sie die Lake auch möglichst bald über die mit Starterkultur geimpften Selleriescheiben gießen.

Als zusätzliche Gewürze eignen sich hier *Selleriekraut* und *Senfkörner*.

Die Reifezeit beträgt etwa 2 bis 3 Wochen.

**Natursaurer Kohlrabi**

Er wird genauso zubereitet wie Sellerie. Als zusätzliche Gewürze eignen sich *schwarze Pfefferkörner, Senfkörner, 1 Lorbeerblatt*, der Kopf einer *Nelke* und, falls beliebt, *Piment*.

**Natursaurer Blumenkohl**

Zerlegen Sie den Kopf in kleine Röschen. Sie werden, wie die Bohnen, ganz kurz *blanchiert*.

Als Zusatzgewürze eignen sich *schwarze Pfefferkörner* und – wenn Sie es ein wenig schärfer mögen – auch ein Stück *Chilischote*. Außerdem empfehlen wir ein *Lorbeerblatt*, evtl. etwas *Piment* oder ein Stückchen *Muskat*. Abgerundet wird alles durch frischen *Dill*.

Alles übrige geht genauso wie bei den Salzgurken.

**Natursaure Rote Beete**

Natürlich werden auch sie *roh* eingelegt. Schälen Sie die runden Rüben und schneiden Sie sie in Scheiben. Bei zusätzlichen Gewürzen würden wir uns hier auf ein paar *Zwiebelringe* und ein paar Würfel vom *frischen Meerrettich* beschränken.

**Naturgesäuerte Paprikaschoten**

Geeignet sind ebenso der rote wie der gelbe oder grüne Paprika. Waschen Sie die Schoten, halbieren oder vierteln Sie sie, entfernen Sie die Kerne und die weißen Teile. Dann alles möglichst dicht im Glas stapeln.

Zusätzliche Gewürze sind *Senfkörner, Pfefferkörner, 1 Chilischote, Dill, Zwiebeln*.

Ansonsten geht alles wie bei den Salzgurken.

Paprika schmeckt bereits nach 8 Tagen wunderbar. Dann sind die Schoten auch noch richtig knackig. Später werden sie etwas weich.

**Gesäuerte Peperoni**

Wer es gerne scharf mag, für den sind milchgesäuerte Peperoni eine besondere Delikatesse.

Die kleinen Schoten werden gewaschen und unzerteilt möglichst senkrecht stehend in ein Glas gestapelt. Bei

längeren Schoten brauchen Sie also ein entsprechend hohes Glas.
Bei Peperoni ist es besonders wichtig, daß unser Abstandhalter sie unter der Oberfläche der Lake hält. Sonst setzen sich nämlich leicht Hefepilze an.
Peperoni gibt es fast das ganze Jahr über. Sie sind zwar nicht ganz billig; aber eingelegt sind sie im Geschäft noch teurer.
Im Gegensatz zu Peperoni, die in Essig eingelegt werden, bleibt bei *natursauren* Peperoni die Schärfe weitgehend erhalten – ja, sie wird durch Säuerung noch runder und aromatischer.
Zusätzliche Gewürze möchten wir hier nicht empfehlen.

**Natursaure Zwiebeln**

Sie gehören zu den besonders wohlschmeckenden Sauergemüsen. Sie haben eine angenehme Schärfe, ohne daß sich – wie bei frischen Zwiebeln – der Zwiebelduft noch stundenlang bemerkbar macht.
Nehmen Sie möglichst kleine oder höchstens mittelgroße Zwiebeln. Sehr gut, aber auch ein wenig schärfer, schmecken *Schalotten*. Natürlich eignen sich auch die sogenannten *Silberzwiebeln*, die man jetzt wieder häufig bekommt.
Schälen Sie die Zwiebeln und stapeln Sie sie unzerteilt im Glas.
Zusätzliche Gewürze sind *Pfeffer, Piment, 1 Lorbeerblatt*, ggfs. *Dill*. Weiter geht es wie bei den Salzgurken.

**Natursaurer Mais**

Maisfelder gibt es auch bei uns inzwischen überall. Nur möchten wir Ihnen abraten, sich auf dem Acker zu bedienen; denn dort wächst in der Regel *Futtermais*. Seine Körner sind relativ klein und hart. Auf dem Markt hingegen bekommen Sie inzwischen überall *Gemüsemais*, der wesentlich weichere Körner hat.
Wenn der Mais noch nicht allzu reif ist, können Sie ganze Kolben einlegen. Beginnen die Körner aber schon gelb zu werden, dann reiben Sie sie mit drehender Bewegung von den Kolben und füllen Sie damit das Glas.
Für den Mais brauchen Sie eine 2%ige Salzlake. Als Gewürze empfehlen wir *Dill, Zwiebeln, 1 Lorbeerblatt*; wenn Schärfe gewünscht wird, auch eine *Chilischote*. Die weitere Prozedur entspricht der bei den Salzgurken.

**Natursaure Sojasprossen**

Diese Sprossen gibt es als Bohnen- oder Sojabohnensprossen inzwischen nicht nur in alternativen Läden, sondern in fast jedem Gemüsegeschäft. Sie sind ein unverzichtbarer Bestandteil der fernöstlichen Küche. Wir haben damit herumexperimentiert und herausgefunden, daß die *rohen* Sojasprossen naturgesäuert besonders gut schmecken und daß sie überaus vitaminreich sind.
Waschen Sie die Sprossen sorgfältig und breiten Sie sie auf einem sauberen Küchentuch zum Trocknen aus. Dann werden sie so hoch in ein Glas gefüllt, daß der Abstandhalter sie leicht nach unten zusammendrückt.
Darüber gegossen wird eine 2%ige Salzlake. Ein wenig Zucker und Essig nicht vergessen.
Als zusätzliche Gewürze empfehlen wir eine *Chilischote, Selleriekraut, Petersilie* und *Dill*.
Alles weitere wie bei den Salzgurken.

**Der natursaure Rohkostsalat der Hobbythek**

Er setzt sich aus verschiedenen Gemüsen zusammen, und er sieht durch die bunten Farben besonders hübsch aus.
Mischen Sie rote, grüne und gelbe Paprikastücke mit Maiskörnern, Möhrenscheiben, Kohlrabistücken, Selleriewürfeln usw. In Frage kommen praktisch alle Gemüsearten, die wir bisher schon verwendet haben.
Hinzu kommt zum Schluß Weißkohlkraut, das hier eine dominierende Rolle spielt.
Der Salzanteil wird auf das *Gemüsegewicht* bezogen. Pro Kilogramm rechnet man 10 bis 15 g Salz.
Mischen Sie die Gemüsestücke mit dem Salz und verstauen Sie alles im Glas. Darüber kommt nun eine Lake aus einem Liter Wasser, 10 g Zucker und 10 g Essig. Das Salz befindet sich ja schon im Gemüse.
Als zusätzliche Gewürze eignen sich *Lorbeer, Zwiebeln* und verschiedene frische Kräuter Ihrer Wahl.
Im übrigen geht alles genauso vor sich wie bei den Gurken.
Am besten schmeckt dieser Salat nach 10 bis 14 Tagen.
Dieser Ausflug in die Vielfalt der natursauren Gemüse hat Ihnen vielleicht gezeigt, daß der Küchenzettel nach Sauerkraut und sauren Gurken noch lange nicht zu enden braucht. Dabei haben wir Ihnen hier noch gar nicht einmal sämtliche Rezepte aufschreiben können, die einem beim Herumprobieren immer wieder einfallen. Aber wir hoffen, daß wir Sie jetzt auf den Geschmack gebracht haben, und daß Sie nun auch mit eigenen Einfällen weitermachen.
Guten Appetit!

*Abb. 12:* Natursaure Möhren.

*Abb. 14:* Besonders empfehlen wir den natursauren Rohkostsalat.

*Abb. 13:* Natursaurer Paprika sieht besonders schön aus.

*Abb. 15:* Wer diesen Vorrat hat, wird niemals an Vitaminmangel leiden.

# Bezugsquellen

Sollten Sie irgendwelche Schwierigkeiten bei der Lieferung der hier genannten Dinge haben, so schreiben Sie uns bitte (Jean Pütz, c/o vgs, Postfach 180269, 5000 Köln 1).

## Bier, selbstgebraut

Das Biersteuergesetz verbietet, Bierbrau-Sets zu verkaufen. Sie können aber bei den unten genannten Firmen die Zutaten einzeln bestellen, z.B. für Malzmengen von 2 kg, 5 kg oder 10 kg. Geben Sie bitte bei Ihrer Bestellung diese Mengen an.
Am einfachsten und preiswertesten werden Sie die Zutaten in einer Brauerei in Ihrer Nähe erhalten können, wenn Sie sich ein bißchen um guten Kontakt kümmern. Wenn Sie dort frische Bierhefe (ober- oder untergärig) bekommen können, dann nehmen Sie ein sauberes Schraubglas mit. Oft gibt es die Hefe dann kostenlos.
Sie können die Zutaten aber auch von folgenden Versandfirmen beziehen (erfragen Sie telefonisch das preiswerteste Angebot):

*Malzfabrik Altfraunhofen*, 8311 Altfraunhofen,
Tel.: 08705/1253
*August Beverages Ltd.*, Mühlenstraße 18, 4520 Melle 1,
Tel.: 0521/324292
*Bunge* (Naturbiologische Erzeugnisse), Bismarkstraße 33,
2080 Pinneberg, Postfach 1206, Tel.: 04101/23295
*Hofmark-Brauerei,* Postfach 112, 8490 Cham-Loifling 7,
Tel.: 09971/3301
*Kronen-Apotheke,* Heinrichstraße 11, 4690 Herne,
Tel.: 02323/52986
*Friedrich Sauer,* Lenzhalde 66, 7302 Ostfildern 3,
Tel.: 07158/8868

## Lampen und Möbel aus Acrylglas

Acryl- bzw. Plexiglas ist ein normaler Haushaltsartikel, den man fast überall in Fachgeschäften in allen Stärken und Größen sowie Formen (Stäbe, Rohre, Platten, Blöcke usw.) erhalten kann. Es gibt gegossenes und extrudiertes (stranggepreßtes) Material; ersteres ist klarer und vollkommen frei von inneren Spannungen, deshalb einfacher zu verarbeiten, dafür aber leider erheblich teurer.
Die Suche nach einem Fachgeschäft erleichtern Ihnen die „Gelben Seiten" Ihres Fernsprechbranchenverzeichnisses; Sie finden es meistens unter den Stichworten „Acrylglas", „Kunststoffe" oder „Kunststoffverarbeitende Betriebe". Rufen Sie dort an und erfragen Sie die Preise, ein Preisvergleich lohnt sich immer. Am preiswertesten werden Reste sein, die vor allem in kunststoffverarbeitenden Betrieben anfallen; wenn Sie Ihre Entwürfe danach richten, können Sie viel Geld sparen. Erfragen Sie auch eventuelle Zuschnittkosten, die Ihnen berechnet werden können.

**Einige Acrylglas liefernde Firmen:**
*Stintmann GmbH & Co, Drosselstraße 9, 4000 Düsseldorf 12,*
*Tel.: 0211/275027*
*Niklas-Rohde*, Kaygasse Nr. 0, 5000 Köln 1,
Tel.: 0221/234518 (auf Wunsch mit Laser maßgeschnitten, Kanten dadurch fertig poliert)
*Gebr. Jakobs Kunststoffe*, Am Leveloh 2, 4322 Sprockhövel 1,
Tel.: 02324/7513

*Herbert Zimmermann KG*, Postfach 901, 4050 Mönchengladbach-Rheydt, Tel.: 02166/80016
*P.A. Lückenhaus*, Hatzfelderstraße 14, 5600 Wuppertal 2, Tel.: 0202/8902246
*Schilk GmbH*, Waldenserstraße 7a, 1000 Berlin 21, Tel.: 030/3958574 (nur für unsere Berliner Hobbythek-Freunde)
*Hugo Schmidt*, Kupferstraße 62, 4670 Lünen, Tel.: 02306/1515
*Cadillacplastik*, 6800 Mannheim, Tel.: 0621/739051 (hat sehr viele Niederlassungen in Deutschland; die nächste Zweigstelle erfragen Sie am besten dort oder Sie schauen in die Gelben Seiten. s.o.)

**Weitere Informationen:**

**Kleber:**
*Acrylfix 90* und *Katalysator 20*, erhältlich im Kunststoffhandel.
*Acrylfix 92* (Einkomponentenkleber mit Lichthärtung), erhältlich in Baumärkten oder beim Kunststoffhandel oder bei:
*Röhm GmbH*, Chemische Fabrik, Postfach 4242, 6100 Darmstadt, Tel.: 06151/8061
*Tensolcement 12* (lichthärtend), Bezugsadressen zu erfragen bei:
*Deutsche ICI GmbH*, Postfach, 6000 Frankfurt a.M. 71, Tel.:0611/66001

**Spezialklebebänder:**
(zum Abgrenzen der Klebeflächen)

*Scotch Nietenhalteband 685* oder *Tesaband 541*
Beide erhältlich in Ihrem Fachgeschäft oder bei
*Koch & Schröder*, Klebetechnik GmbH, Felix-Klein-Straße 2, 4000 Düsseldorf 30, Tel.: 0211/438764

**Reinigungs- und Antistatikmittel:**
Antistatischer Kunststoff-Reiniger und -Pfleger, erhältlich in Baumärkten und Kaufhäusern. Weitere Adressen zu erfragen bei:

*Burnus GmbH*, Abteilung VIN, Postfach 4241, 6100 Darmstadt, Tel.: 06151/181
*Plexiklar* konzentriert; Bezugsadressen zu erfragen bei
*Röhm GmbH* (s. Bezugsnachweis Kleber)

**Dimmer für den Biegetisch:**
Netzspannungsregler für ohmsche und induktive Last *NS 22*, erhältlich bei:

*Arlt – Radio – Elektronik GmbH*, Am Wehrhan 75, 4000 Düsseldorf, Tel.: 0211/350597

## Essig selbstgemacht

Die Essigbakterien vom Stamm Acetobacter rancens können Sie beziehen bei:

*Bunge*, Naturbiologische Erzeugnisse, Bismarckstraße 33, 2080 Pinneberg, Tel.: 04101/23295

Preis ca. DM 10,— incl. Porto, Verpackung und Mehrwertsteuer. Diese Bakterien sind zur Zeit nur in Rotwein in kleinen 10-ml-Flaschen lieferbar. Dies reicht im ersten Ansatz für 2 l Weinessig aus. Sie können aber daraus später durch Nachgießen bis zu 50 l gewinnen (vergl. *Seite 117 f.*).
An der Gefriertrocknung wird noch gearbeitet. Ob sie zu gleich guten Ergebnissen wie bei den Milchsäurebakterien führt, ist abzuwarten.

## Sauer macht lustig (Milchsäuregärung)

Die gefriergetrocknete Dickmilch – bzw. Sauermilchbakterien (L+) erhalten Sie im Reformhaus oder bei der Firma:

*Bunge*, Naturbiologische Erzeugnisse, Bismarckstraße 33, 2080 Pinneberg, Tel.: 04101/23295.
Preis ca. DM 9,— bis DM 11,— (ausreichend für 6 – 10 kg Gemüse)

Den speziell auf (L+)-Gärung für Gemüse angepaßten Milchsäurebazillus Lactobazillus Xylosus können Sie – nach unserer Meinung sehr preiswert – beziehen bei:

*Rudolf Müller*, Gießener Straße 94, 6301 Pohlheim 1, Tel.: 06403/65645/5.
Preis: DM 2,70 incl. Versandkosten und Mehrwertsteuer. Die Menge reicht für 5 kg Gemüse aus.